Guy Saupin

La France à l'époque moderne

Quatrième édition

ARMAND COLIN

Collection U

Du même auteur :

Les villes atlantiques européennes : une comparaison entre l'Espagne et la France (1650-1850) (PUR, 2017)
Histoire sociale du politique : les villes de l'Ouest atlantique français à l'époque moderne (PUR, 2011)
L'Édit de Nantes en 30 questions (Geste Éditions, 2006)
Villes atlantiques dans l'Europe occidentale du Moyen Âge au XXe siècle (dir. PUR, 2006)
Économie et société dans la France de l'Ouest : du Moyen Âge aux Temps modernes (PUR, 2004)
Le pouvoir urbain dans l'Europe atlantique du XVIe au XVIIIe siècle (dir. Nantes, 2002)
Les villes en France à l'époque moderne, XVIe-XVIIIe siècles (Belin, 2002)
Naissance de la tolérance en Europe aux Temps modernes (PUR, 1998)
Nantes au XVIIe siècle : Vie politique et société urbaine, 1598-1720 (PUR, 1996)

Document de couverture : Simon Vouet, Louis XIII entre deux figures de femmes symbolisant la France et la Navarre, Paris, Louvre
Mise en pages : Nord Compo

Armand Colin est une marque de Dunod Éditeur, 11 rue Paul Bert, 92247 Malakoff cedex

ISBN 978-2-200-62618-1

Chapitre 1

Le royaume de France

Le royaume de France s'inscrit comme une grande puissance dans l'Europe des Temps modernes grâce à une forte densité de population travaillant sur un grand espace compact et bien situé. L'ampleur d'un territoire en continuelle extension confère à cet ensemble politique une allure très bigarrée qui n'empêche pas une réelle cohésion, centrée sur le renforcement d'un sentiment national dynastique.

Une puissance naturelle

Un espace en extension

Le territoire sur lequel règne le roi de France est renforcé, soit par saisie de terres extérieures relevant de couronnes étrangères, soit par agrandissement du domaine royal par intégration de vastes fiefs tenus par de grands vassaux de manière quasi indépendante. Deux phases sont prépondérantes : la transition entre le Moyen Âge et les Temps modernes (1477-1532) où dominent les réductions féodales et le règne de Louis XIV (1643-1715), marqué par les conquêtes militaires.

Les réductions féodales

Dans la première expansion, les hasards biologiques, qui valorisent les potentialités des alliances matrimoniales, s'additionnent à la résolution militaire favorable des conflits féodaux. Louis XI triomphe des ducs de Bourgogne, Charles VIII bénéficie de l'héritage de la Maison d'Anjou, tout en épousant Anne de Bretagne, héritière du duché. Louis XII rattache les terres du premier lignage collatéral des Valois tout en se remariant avec la reine-duchesse, tandis que François Ier ramène les possessions du second lignage Valois, tout en confisquant l'énorme ensemble féodal de Charles de Bourbon, accusé de trahison au profit de Charles Quint, avant d'intégrer définitivement la Bretagne au royaume. La fin des Valois et l'arrivée des Bourbons sur le trône (1589) permettent d'introduire dans le domaine royal un vaste ensemble de terres s'étendant des Pyrénées jusqu'au rebord sud-ouest du Massif central.

Les conquêtes militaires

Les guerres menées par les rois de France contre les Habsbourg d'Espagne ont fait reculer les frontières du Nord et de l'Est par retouches successives dès Henri II (1559), mais principalement sous Louis XIV qui annexe ainsi l'Alsace, la Franche-

La France au XVIe siècle

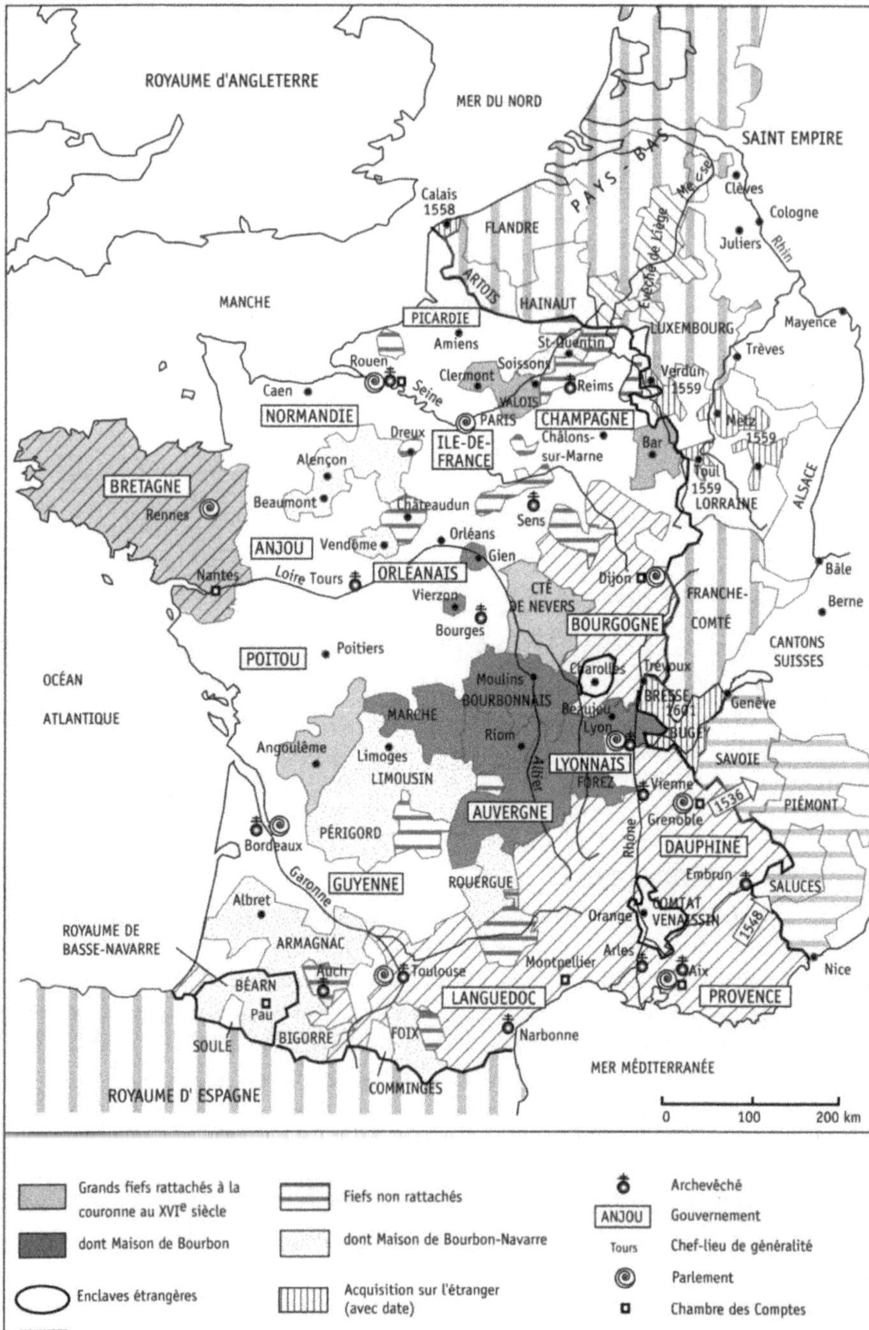

D'après M. Péronnet, *Le XVIIe siècle*, Paris, Hachette U., 1981, Atlas 9.

Comté et surtout l'Artois, le Hainaut et une partie des Flandres. Malgré son allure moins guerrière, le XVIIIe siècle apporte néanmoins la Lorraine et la Corse.

Une France d'outre-mer

Que ce royaume métropolitain ne fasse pas oublier la constitution d'une première France d'outre-mer. Après les tentatives manquées du XVIe siècle en Floride et au Brésil, le premier succès est à inscrire au nom de Champlain qui crée la Nouvelle-France dans la vallée du Saint-Laurent (Québec 1608, Montréal 1642). Une lente progression via la zone des Grands Lacs vers la vallée de l'Ohio permet la descente exploratoire du Mississippi par Cavelier de La Salle et la fondation de la Louisiane en 1682. La pénétration dans les îles Caraïbes passe par Saint-Christophe en 1625, puis la Martinique et la Guadeloupe en 1635, avant l'arrivée en 1665 sur la partie ouest de Saint-Domingue qui ne devient la « perle des Antilles » qu'en 1730. À partir des années 1670, la France est présente dans l'océan Indien grâce aux îles Bourbon et de France et aux comptoirs du Deccan. Ce domaine colonial est sévèrement amputé par la perte du Canada et des avancées territoriales en Inde (traité de Paris, 1763) au profit du Royaume-Uni.

Les avantages géographiques

Une diversité d'aptitudes

L'espace français, qui atteint déjà 450000 km^2 au XVIe siècle, offre une diversité de paysages dans lesquels les conditions physiques favorables l'emportent nettement sur les milieux répulsifs. Certes, le territoire connaît une barrière de hautes montagnes, mais celle-ci se trouve plutôt en position périphérique. Si les sols acides et lessivés des vieux massifs hercyniens pénéplanés obligent les agriculteurs à concentrer leurs cultures sur les terres chaudes bien exposées en laissant les terres froides en pâture, les sols limoneux du Bassin parisien, les riches fonds alluviaux des vallées fluviales et des plaines littorales et même les molasses de la Gascogne offrent de bien meilleures aptitudes. L'étendue qui nuance le climat océanique – tant par continentalité que par latitude – et l'intégration du Sud-Est dans la zone méditerranéenne favorisent une variété climatique propre à diversifier les productions. Si toute la gamme des céréales traditionnelles et tous les types d'élevage se déclinent, des cultures plus spécifiques comme la vigne, le maïs ou l'olivier créent un décalage avec l'Europe du Nord. Les forêts et les rivières de régime océanique sont suffisamment nombreuses pour doter le pays de combustible et d'énergie. Quatre grands fleuves avec tous leurs affluents forment la trame de base de la circulation des marchandises, même si les conditions de transport demeurent très difficiles. Au total, malgré le retard des régions enclavées sur les espaces ouverts sur un marché de plus en plus prégnant, les potentialités d'un développement sont bien présentes.

Une bonne position géostratégique

Par son aspect compact, la France se différencie de sa principale rivale des XVIe et XVIIe siècles, l'Espagne des Habsbourg, qui n'est qu'une addition de royaumes différents dans un ensemble très éclaté. Aubaine pour le roi de France qui peut alors aisément redéployer ses forces sur ses périphéries. La disposition des possessions espagnoles le long des frontières françaises permet de comprendre la crainte obsessionnelle de la monarchie quant à la sanctuarisation de son territoire, spécialement du côté des frontières du Nord et de l'Est. Les troupes basées aux Pays-Bas forment une menace permanente sur Paris. Il est impossible d'appréhender la logique de la politique extérieure française sans prendre conscience de l'intensité du sentiment de vivre dans une forteresse assiégée. La longue façade atlantique compense quelque peu en rendant problématique la liaison maritime entre la péninsule Ibérique et la Flandre, à tel point que l'Espagne a toujours préféré les routes terrestres par les cols alpestres ou la Comté et la Lorraine alliée.

La triple ouverture sur l'Atlantique, la mer du Nord et la Méditerranée, est un privilège que la France ne partage avec nulle autre puissance. Cette pluralité, qui offre des potentialités à exploiter, est aussi source de problèmes dans la définition de la politique extérieure. La France est-elle puissance continentale ou maritime ? A-t-elle les moyens des deux expansionnismes ? Pendant longtemps les intérêts maritimes ont paru secondaires, mais avec le règne de Louis XIV et l'essor du commerce colonial au XVIIIe siècle, la question a pesé toujours plus lourdement. La monarchie n'a pas pu choisir et sa volonté du contrôle des mers est marquée par une grande irrégularité.

Le pays le plus peuplé d'Europe

Trois grandes phases démographiques

La population française n'a cessé d'augmenter pendant les Temps modernes, passant d'environ 16 millions d'habitants vers 1500 à 28,1 millions en 1789. Cette hausse n'est pas régulière. Elle est soutenue de 1450 à 1560, nettement ralentie jusqu'en 1650, presque nulle jusqu'en 1720, en redressement lent avant d'être vigoureux après 1750.

Tableau de la population (en millions)

1550-1579	18/21	1700-1729	23,0/23,8
1580-1609	17,9/20,7	1730-1759	25,2/25,5
1610-1639	19,4/22,4	1760	25,7
1640-1669	18,9/21,8	1770	26,6
1670-1699	20,8/22,7	1780	27,5

Ce profil général s'explique par le rapprochement ou l'espacement dans le temps des crises démographiques d'intensité variable. Leur succession rapide peut amener une contraction numérique de la population, récupérée puis dépassée grâce à une meilleure séquence, ce qui sur le temps long peut se traduire par une croissance très lente comme à l'époque de Louis XIV où les belles années Colbert sont gommées par les catastrophes de la seconde moitié du règne.

Une France rurale

Ce rythme de croissance permet à la France de demeurer le pays le plus peuplé d'Europe, même si son importance relative décroît au XVIIIe siècle, avec un glissement du quart au cinquième par suite d'un malthusianisme précoce. Cette population reste avant tout rurale, bien que le nombre d'urbains s'élève régulièrement, passant de 15 à 20 % sur les trois siècles. Les ruraux se répartissent dans des villages de taille très différente selon les aptitudes naturelles et l'histoire du peuplement de la région. Le réseau urbain forme une pyramide à quatre étages. Paris, qui passe de 350 000 habitants en 1560 à 510 000 en 1700 et 620 000 en 1789, domine un premier ensemble de métropoles provinciales qui s'échelonnent entre 50 000 et 150 000 habitants au XVIIIe siècle, elles-mêmes au-dessus d'un troisième niveau de villes moyennes surtout animées par une fonction administrative et d'une base de très nombreuses petites villes couplant leur rôle judiciaire et fiscal au commerce de leurs foires et marchés pour organiser la vie d'un « pays ».

La limitation de la fécondité

Le mouvement naturel des années ordinaires est caractérisé par un faible décalage entre une natalité élevée, autour de 40 ‰ et une forte mortalité oscillant autour de 35 ‰. Le niveau de natalité est essentiellement commandé par la durée de la fécondité du couple, car les conceptions hors mariage demeurent très rares, exceptée une poussée tardive à la fin de l'Ancien Régime. L'âge de la ménopause ne quittant guère le niveau moyen de 40/42 ans, tout dépend de l'âge au mariage dont l'élévation réduit la phase de fécondité. Le record historique est atteint en 1780 avec 28,5 ans pour les hommes et 26,5 ans pour les femmes. Ceci traduit surtout une contrainte économique subie par les jeunes gens vivant dans un monde rural saturé dans lequel il faut attendre longtemps avant de s'installer pour fonder un foyer. C'est un signe de surpeuplement dans une société inégalitaire marquée par une évolution technique lente. Ce réflexe a évité les grandes catastrophes comme celle du XIVe siècle clôturant dramatiquement la belle expansion des siècles précédents.

La fécondité est par ailleurs freinée par les conditions de vie. Le haut niveau de mortalité se traduit dans la fragilité des couples dont un tiers est brisé avant dix ans. Une veuve sur cinq parvient habituellement à se remarier. Les insuffisances d'hygiène au cours des accouchements dévolus pendant longtemps aux matrones de village, plus expertes en rites magiques qu'en connaissances physiologiques, expliquent une stérilité précoce de jeunes mariées quand ce n'est leur disparition. L'allaitement maternel, traditionnel dans les milieux populaires, surtout ruraux, entraîne une stérilité temporaire pour les trois quarts des mères et les principes moraux interdisant les relations sexuelles pendant cette phase donnent en moyenne des intervalles intergénésiques de 30 mois. Tout ceci explique que le nombre moyen de naissances par famille oscille entre quatre et cinq.

Une limitation volontaire des naissances apparaît précocement au XVIIIe siècle en descendant l'échelle sociale. Ce modèle établi pour la ville de Rouen a été confirmé par l'étude des élites bordelaises. La noblesse parlementaire est pionnière, les milieux juridiques suivent avec un décalage et ce sont les négociants qui y viennent plus tardivement. Les historiens démographes observent des arrêts

Répartition de la population du royaume vers 1700

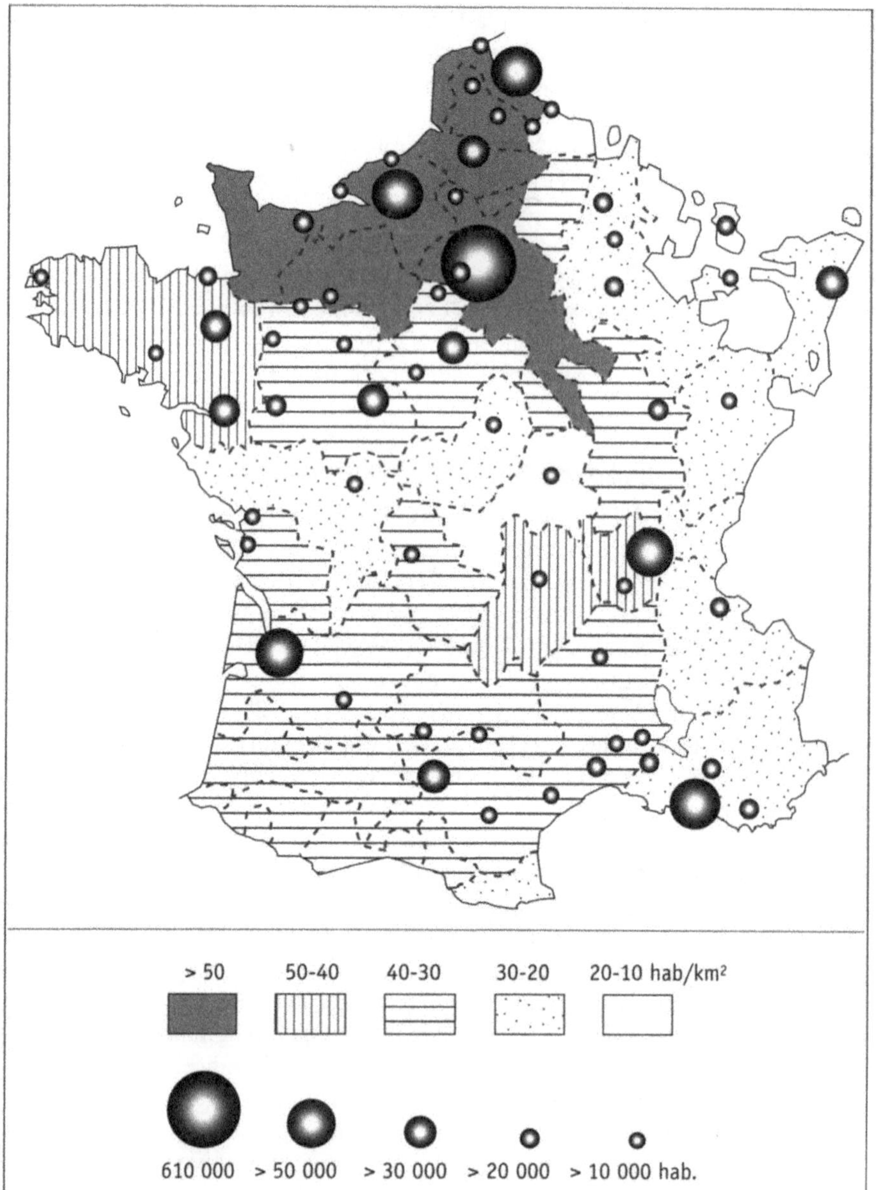

D'après J. Dupâquier, *Histoire de la population française*, tome 2, Paris, PUF, 1988, p. 77.

Taux de natalité et de mortalité, 1740-1790

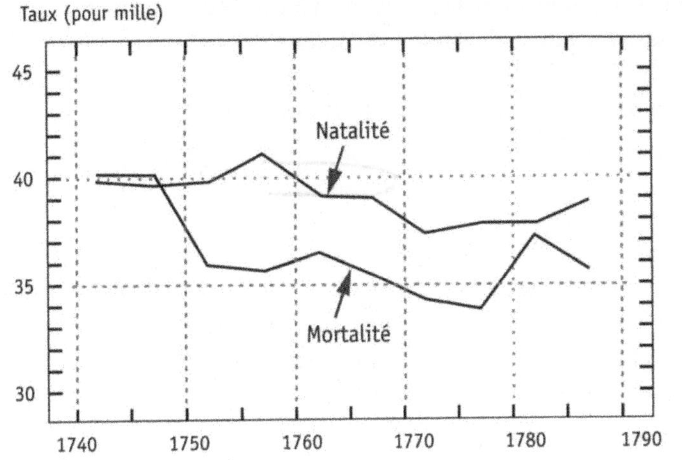

D'après J. Dupâquier, *op. cit.*

Variation des mariages et des baptêmes de la population rurale

d'après l'enquête de l'INED

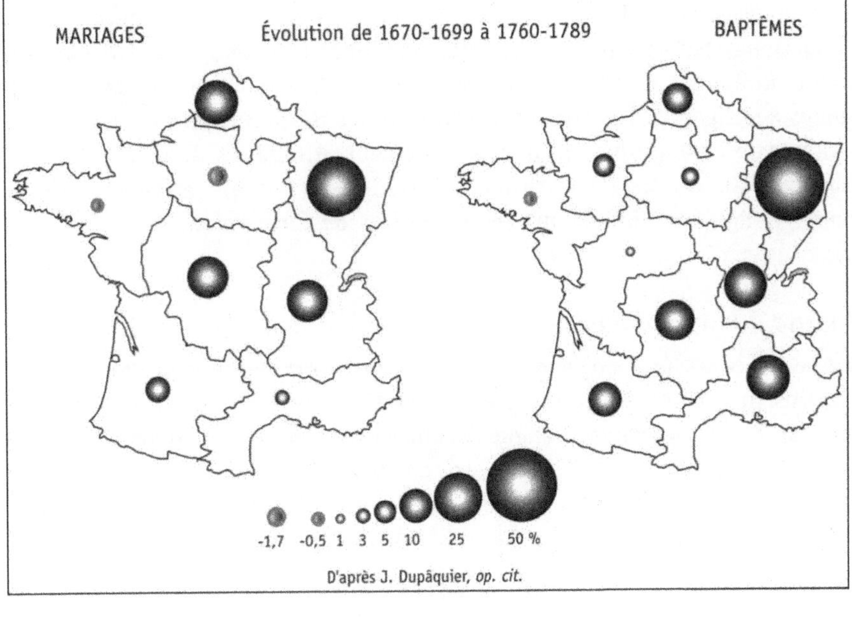

D'après J. Dupâquier, *op. cit.*

avant ménopause ou des espacements à partir du quatrième enfant. Plusieurs facteurs se conjuguent : une réaction à une légère baisse de mortalité infantile, un souci de meilleure éducation, la recherche d'intimité dans une vie plus confortable pour les élites, une baisse de l'influence morale de l'Église catholique.

Une mortalité de nourrissons et de jeunes enfants

Le haut niveau de mortalité résulte surtout de l'extrême fragilité des enfants avant 5 ans. La mortalité infantile, qui se maintient à 200/300 ‰, s'explique par des problèmes génétiques, les suites d'accouchements difficiles, mais surtout le manque d'hygiène. À côté des maladies mortelles du premier âge, les jeunes enfants sont surtout victimes d'accidents par manque d'attention. Il faut ainsi en moyenne deux naissances pour parvenir à un adulte de 20 ans. Ceux qui ont atteint ce seuil peuvent espérer vivre encore vingt à vingt-cinq ans. Si la vieillesse débute alors, les centenaires ne sont pas inconnus. Cette structure mortifère résulte des insuffisances quantitatives et qualitatives de l'alimentation, des graves manquements à l'hygiène, des limites du savoir médical et de la persistance d'une culture magique qui additionnent ainsi leurs effets pervers.

Une France diverse

Difficultés de circulation

Les conditions de transport rendent tout déplacement des hommes et des marchandises lent, cher et périlleux. Sur des routes de terre menacées par les inondations, les fortes pluies ou les dégradations du gel et du dégel, des voitures encore rudimentaires sont toujours à la merci de l'accident ou des agressions des bandes de brigands. Les chariots à quatre roues portant trois à quatre tonnes à la vitesse de 3 à 4 km/h se limitent aux meilleurs itinéraires, alors que les mulets chargés à 100 ou 150 kg se risquent partout. Le coût très élevé du transport routier oblige à se limiter aux marchandises de forte valeur ou à de courtes distances en direction de la voie d'eau.

Priorité à la voie d'eau

Le réseau fluvial (8 000 km), augmenté de 1 000 km de canaux à la fin du XVIIIe siècle, joue ainsi un rôle très supérieur au réseau routier (40 000 km) dans les échanges de marchandises à moyenne et longue distance. Les canaux permettent la liaison des réseaux de la Seine et de la Loire à partir de 1642, de la Garonne à la Méditerranée en 1681. L'extension du circuit de la Seine vers les rivières du Nord progresse au XVIIIe siècle, alors que la liaison Loire-Rhône tarde à s'opérer. Des gabarres de 50 à 100 tonneaux assurent un trafic essentiel, même si ce dernier demeure périlleux à cause du courant et des bancs de sable, et de coût élevé par suite des péages seigneuriaux, mais surtout des frais de halage à la remontée.

Amélioration tardive des grandes routes

La principale innovation concerne la nette amélioration du « pavé du roi » au XVIIIe siècle. L'État monarchique s'est préoccupé de l'amélioration de la circulation des hommes et des informations par la création des grandes routes royales, ancêtres des nationales du XXe siècle. La corvée royale, qui permet de mobiliser la main-d'œuvre paysanne des paroisses situées le long de l'itinéraire, expérimentée depuis 1680, est généralisée en 1738. Le corps des Ponts et Chaussées créé en 1716 et doté d'une école dirigée par Perronet en 1747, dispose d'ingénieurs qualifiés qui conduisent de nombreux chantiers, dotant la France du meilleur réseau de grandes routes du continent. Les gains de temps sont considérables sur les grands axes dans la seconde moitié du XVIIIe siècle, spécialement entre Paris et la province. Les progrès du matériel roulant et du service des Postes donnent une meilleure cohésion au royaume en même temps qu'ils renforcent la saisie du territoire par l'État monarchique. Il ne faut pas toutefois exagérer l'ampleur de la mutation : il n'existe pas de révolution des transports intérieurs avant celle du chemin de fer au milieu du XIXe siècle.

Un espace éclaté

Les coutumes et le droit écrit

Du point de vue juridique, le royaume est divisé en deux grandes zones. La France du Sud obéit au régime du droit écrit, directement influencé par le droit romain. La France du Nord relève du régime coutumier, c'est-à-dire de l'obéissance à un ensemble de règles reconnues par une communauté géographique parce qu'issues de très anciennes pratiques validées par l'usage et admises progressivement par les institutions. La frontière va de l'île d'Oléron à la Suisse, bordant au sud l'Angoumois, la Marche, l'Auvergne, la Bourgogne et la Franche-Comté. Il existe environ 65 coutumes dites générales et plus de 300 à échelon local. Par l'ordonnance de 1454, Charles VII avait prescrit une mise par écrit afin de pousser à la simplification et à l'harmonisation sous un certain contrôle royal. La procédure prévoyait un travail de spécialistes, validé par les états provinciaux avant d'être enregistré au parlement ou au grand conseil. Le pouvoir royal reconnaissait ainsi les autonomies provinciales tout en imposant l'idée que l'arbitrage royal pouvait suppléer aux imprécisions et orienter la classification.

Ce difficile travail, surtout réalisé à la fin du XVe et au début du XVIe siècle, n'est pas toujours jugé satisfaisant. Une première formulation de 640 articles en 24 chapitres, produite en Bretagne en 1539, montre vite ses limites. Le roi Henri III répond favorablement à une demande de révision issue des états provinciaux en 1575. Une commission de parlementaires, qui s'adjoint le sénéchal de Rennes, consulte largement avant de fournir en 1580 une nouvelle mouture de 685 articles disposés en 25 titres. Une compilation des coutumes est publiée en 1724 sous le titre de *Coutumier général*. L'harmonisation espérée ne fit guère de progrès malgré les grandes ordonnances royales de 1667, 1731 et 1747.

Éclatement du marché

Le manque d'homogénéité est aussi économique, pas seulement parce que des douanes intérieures morcellent l'espace français, mais surtout parce que l'insuffisance des transports limite trop les échanges à une échelle restreinte, que ce soit dans le cadre réduit du pays où une ville organise le contrôle de ses campagnes environnantes ou au niveau supérieur d'une province ou de ses sous-ensembles pour les plus vastes comme le Languedoc.

Complexité du découpage administratif

Cette impression d'un royaume mosaïque est renforcée par l'enchevêtrement institutionnel puisque l'espace contrôlé par l'État monarchique n'est pas découpé avec la même logique selon les services attendus. Ainsi, les circonscriptions militaires, judiciaires, financières et religieuses ne se recouvrant pas, les zones appartenant à plusieurs ensembles sont soumises au maximum de dispersion. À la base de tout ce découpage, les urbains rassemblés d'abord dans des solidarités de paroisse, de quartier de milice, de corporation et confrérie se superposant plus ou moins bien dans l'espace, peuvent dépasser ce sentiment d'éclatement par leur identification à la communauté dans un puissant élan de patriotisme urbain, en concurrence avec un sentiment national émergent s'inscrivant principalement dans la fidélité à la dynastie régnante.

Vitalité de la communauté villageoise

Les ruraux se regroupent dans 40 000 paroisses formant la plus forte des solidarités puisqu'elles entretiennent le lien si essentiel entre les vivants et les morts. Avec son église, son cimetière, son culte, sa fabrique pour gérer les conditions matérielles de cette vie spirituelle partagée, la communauté se rassemble autour de son curé considéré comme un guide, aussi bien dans la question du salut que dans la résolution des problèmes temporels. Cette organisation religieuse se confond plus ou moins selon les provinces avec la communauté des habitants qui est en charge de la collecte de la fiscalité directe du roi et de l'organisation de la vie rurale, spécialement des règles collectives dans le travail agricole et du maintien des droits d'usage. Cela conduit les assemblées générales avec syndic de la France du Nord et les consulats de la France du Sud à réagir aux empiétements de leurs voisins, des bourgeois des villes et, le plus souvent, des seigneurs dont ils relèvent.

L'identité villageoise se ressource régulièrement dans une culture de la violence. La défense d'un terroir familier dont les limites ont été intériorisées dès l'enfance exige une vigilance contre les horsains, villageois d'à côté ou bourgeois de la petite ville, aussi bien pour la conservation des droits agraires que pour celle des filles à marier. Bagarres et meurtres révèlent aussi l'extrême importance des rivalités de propriété, mais surtout des questions d'honneur pour les familles, les réseaux de parenté et la communauté entière. L'infra-justice, c'est-à-dire les règlements à l'amiable placés sous l'arbitrage d'un notable, « coq de village », renforce cette culture villageoise introvertie.

Prégnance du cadre seigneurial

Les 80000 seigneuries forment une autre structure de base dans l'encadrement du royaume, leur puissance étant liée à l'ancienneté de leur formation. Une seigneurie est un ensemble de terres relevant de l'autorité d'un seigneur, soit au nom de la propriété utile pour le domaine, soit au nom de la propriété éminente pour la mouvance répartie soit en fief confié à un plus petit vassal, mais principalement en censives concédées à des tenanciers qui se considèrent comme de vrais propriétaires du moment qu'ils acquittent bien leurs droits féodaux : le cens récognitif de la sujétion, le lourd champart, les droits de mutation (lods et ventes), les banalités sur le moulin ou le pressoir, les péages et taxes de marché, quelques jours de corvée... En règle générale, un droit de justice plus ou moins étendu garantit le respect de ces droits. Les ruraux règlent ainsi la majorité de leurs procès devant ces tribunaux seigneuriaux qui offrent l'avantage de la proximité. Cette habitude et les contre-attaques des communautés contre les prétentions abusives des seigneurs constituent une base solide d'identité collective.

La culture des privilèges

Une culture hiérarchique

Les Français d'Ancien Régime demeurent très longtemps attachés aux privilèges, considérés comme la meilleure expression de la hiérarchie sociale fondée sur l'ordre naturel issu de la création divine, qu'il serait donc sacrilège de remettre en cause. Les privilèges sont des avantages particuliers concédés non pas à des individus, mais à des corps sociaux pour la qualité du service rendu à la collectivité. Leur légitimité n'est donc pas liée directement à la personne, mais aux différents groupes auxquels celle-ci appartient. Formulés dans une conception religieuse de l'organisation sociale et de la distribution du pouvoir, ils se déclinent selon la double logique de la proximité du service de Dieu et de la suprématie de l'esprit sur le corps, distinction renforcée par l'humanisme païen et la réforme catholique tridentine. Dans le schéma global des ordres, il est ainsi logique de placer le clergé en premier et la noblesse en second puisqu'au service du roi, image de Dieu. La hiérarchie du tiers distingue les compagnies d'officiers royaux et l'ensemble des arts et métiers. Ces privilèges sont le plus souvent fiscaux sous forme de franchises, mais aussi judiciaires avec réservation des procès à certains tribunaux, économiques sous forme d'attribution de monopoles, honorifiques avec octroi de symboles et de titres pour les hommes et les terres.

Attachement aux « libertés »

L'expression « ordres privilégiés », qui sous-entend implicitement le clergé et la noblesse, doit être maniée avec prudence car elle reflète trop la conception contemporaine formulée par Sieyès à l'aube de la Révolution. Dans la société traditionnelle, le privilège est partout : tout le monde ou presque en bénéficie, dans des proportions naturellement très inégales. La préservation des privilèges demeure un réflexe vraiment général, quels que soient les niveaux sociaux.

Tous ces avantages et immunités restent un excellent moyen de se différencier, de construire son identité, de prendre sa place dans le royaume. Le caractère interchangeable des termes franchises et libertés montre ainsi comment ces notions sont conçues comme le meilleur rempart contre l'arbitraire. La Révolution française a introduit une grande rupture culturelle : en liant la liberté et l'égalité des individus au sommet des droits de l'homme, elle s'oppose au très ancien schéma qui fondait les libertés sur l'inégalité juridique des corps sociaux.

Une France rassemblée

La couronne de France : un royaume unitaire

La grande supériorité de la monarchie française sur ses rivales européennes est d'avoir pu préserver au Moyen Âge une conception unitaire du royaume, même dans le cadre de la féodalité. Le roi de France n'est pas puissant parce qu'il additionne plusieurs couronnes, mais parce qu'il rassemble tous ses sujets dans un seul royaume. Les Habsbourg d'Espagne depuis Philippe II jusqu'à Charles II associent plusieurs royaumes : la Castille, l'Aragon, le royaume de Naples, le duché de Milan, la Franche-Comté et les Pays-Bas. Dans chaque espace contrôlé, les institutions, les lois, les coutumes, la fiscalité, les règles économiques ne sont pas les mêmes et le roi n'a pas les mêmes rapports avec ses sujets. Le même souverain peut tenter une politique absolutiste en Castille alors qu'il est contraint à une logique plus modérée en Aragon et ailleurs.

Les Habsbourg d'Autriche, qui gardent d'ailleurs une conception familiale du pouvoir au XVIe siècle, règnent sur « l'Autriche », terme désignant en fait cinq duchés autonomes, mais aussi sur les royaumes de Bohême et de Hongrie. Les Stuarts au XVIIe siècle sont simultanément rois d'Angleterre et d'Écosse, sans que les deux royaumes ne se confondent comme le montrent les difficultés au temps de Charles Ier.

Le roi de France gouverne un seul royaume qui ne connaît que des provinces, c'est-à-dire des sous-ensembles obéissant aux mêmes prérogatives régaliennes. Lorsque Louis XI s'empare en 1477 du duché de Bourgogne dont Charles le Téméraire voulait faire le cœur d'un grand État indépendant, il ne devient pas roi de Bourgogne. Toutefois, certaines provinces montrent que la France n'est pas totalement étrangère au modèle si prégnant en Europe. Quand la Bretagne est définitivement intégrée en 1532, elle cesse d'être un duché pour devenir une province, mais il a fallu une transition de quarante ans. Dans le testament de Charles II d'Anjou (1481) léguant la Provence à Louis XI, il est stipulé qu'elle était intégrée « non comme membre accessoire de l'État, mais comme État égal et nullement subordonné, unie non à l'État même, mais à la couronne ». Dans cette province, le souverain est plutôt perçu comme comte de Provence que comme roi de France. Lorsque Henri IV monte sur le trône en 1589, il est roi de France et de Navarre, cette dernière n'étant intégrée au domaine royal, ainsi que le Béarn, qu'en 1617.

Le sentiment national

Un changement d'échelle

Les Temps modernes reflètent une tension entre les dimensions locale et globale données aux termes de nation, patrie, pays. Les nations ont d'abord désigné des groupes d'étrangers, étudiants ou marchands. Le sens actuel émerge à la fin du XVIe siècle dans la grande crise d'identité de la monarchie française au cœur des guerres civiles et religieuses. Le terme de pays fait d'abord référence à la patrie définie comme la terre des pères (la ville ou la petite région de sa naissance), mais les deux notions évoluent conjointement pour qualifier le royaume.

Il existe à l'origine un sentiment national diffus qui s'enracine dans une lecture généalogiste de l'histoire de la monarchie dont les origines très anciennes ne peuvent être que troyennes pour soutenir la comparaison avec Rome fondée par Énée. Malgré les critiques portées dès le XVIe siècle à cette conception fabuleuse, le mythe perdure dans bien des esprits. Les grands conflits internationaux aident à la cristallisation d'une conscience nationale. Jeanne d'Arc emploie déjà le mot *pays* pour parler du royaume. L'affrontement entre les Ligueurs, qui demeurent attachés à la notion supranationale de « république chrétienne », et les Politiques qui défendent la légitimité du roi national, est une étape décisive. Au cœur de la guerre de Succession d'Espagne, lorsque les armées françaises sont au plus mal, l'appel de Louis XIV à la nation en 1709 est bien entendu et provoque le sursaut nécessaire pour rééquilibrer le rapport de forces. L'entretien du thème du péril habsbourgeois jusqu'au milieu du XVIIIe siècle et l'affrontement maritimo-colonial avec l'Angleterre à partir de 1688 constituent les deux réactifs majeurs.

La langue française

Le soutien étatique à la formation d'une langue nationale travaille dans le même sens, même si cela concerne davantage les élites. Langue littéraire dès le Moyen Âge, le français devient langue administrative et diplomatique en 1539, beaucoup plus pour se détacher du latin que pour déclarer la guerre aux langues régionales, et n'est adopté par les philosophes et les scientifiques qu'avec la révolution intellectuelle du XVIIe siècle. La fondation de l'Académie française par Richelieu en 1635 illustre un souci de perfectionnement d'une langue nationale, en laissant jouer ensuite les mécanismes naturels de sa diffusion qui doit beaucoup au commerce et aux voies de circulation.

Un nationalisme dynastique

L'État-nation d'Ancien Régime ne se soustrait pas à son rôle traditionnel d'arbitre, au sein d'une pluralité de statuts qui le maintient dans la dialectique d'une affirmation de l'unité respectant le particularisme. Il doit donc contribuer à faire muer les anciennes conceptions de nation et de patrie dans un énorme changement d'échelle, qui l'oblige à abandonner la référence ethnique pour insister sur la fusion dans la dynastie. Lorsque survient dans le second XVIIIe siècle l'idée nouvelle d'un désir des habitants de vivre ensemble, cela ne peut qu'entraîner une profonde déstabilisation de l'État monarchique.

Un filet monarchique aux mailles plus serrées

Les droits du roi

À l'échelle européenne, la monarchie française se distingue par une définition plus étendue de ses prérogatives politiques. Partant de la fonction initiale de juge suprême, le roi fait aussi admettre son monopole sur la législation générale, ainsi que – mais avec plus de difficultés – sa prétention à fixer seul le montant des impôts, à l'exception des négociations des dons gratuits de l'assemblée du clergé et des états provinciaux qu'il n'a pu faire disparaître. Maître de la guerre et de la paix, le monarque a aussi imposé son monopole sur la levée des troupes dans son royaume, interdisant d'abord les armées privées de tradition féodale et parvenant ensuite à remplacer, sous le règne de Louis XIV, les contrats avec des entrepreneurs de guerre apportant des mercenaires par une véritable armée royale de soldats professionnels contrôlée par les ministères de la Guerre et de la Marine.

Les agents royaux

Cette affirmation de l'autorité royale n'a pas été aisée à mettre en pratique car l'établissement de la prééminence de la justice royale a dû vaincre le réflexe d'infra-justice des sujets, tout en abaissant les justices seigneuriales, ecclésiastiques et urbaines. La maîtrise des impôts ne pouvait que se heurter à la vigilance de tous les corps privilégiés, très attentifs à se maintenir dans leurs franchises. Pour parvenir à ses fins, le pouvoir royal s'est ingénié à multiplier le nombre de ses agents, tout en diversifiant leurs statuts, explorant ainsi toutes les opportunités pour un meilleur encadrement. Si le fait majeur reste bien l'impressionnante poussée officière couplée avec une vénalité grandissante aboutissant à la patrimonialisation complète des charges en 1604, les dysfonctionnements de cette machine ont imposé le recours aux commissaires, mais aussi au service du privé par le biais des financiers. La multiplication des commis dans les bureaux du gouvernement central comme auprès des sièges d'intendance offre une préfiguration du statut de fonctionnaire dans une bureaucratie en extension.

Une meilleure maîtrise de l'espace

Une plus grande efficacité est aussi apportée par une meilleure connaissance des réalités du royaume. Longtemps incertaine parce qu'uniquement liée à des missions d'inspection ponctuelles, sans plan d'ensemble, celle-ci progresse grâce aux instructions de Colbert qui impose des enquêtes de dénombrement. La reconnaissance de cet impératif est validée par la grande série d'enquêtes commandées aux intendants par le contrôle général pour servir à l'éducation du duc de Bourgogne, petit-fils de Louis XIV, normalement destiné à régner. Parallèlement, les méthodes statistiques progressent grâce à des économistes avisés tels que Vauban.

Longtemps limitée à une énumération de données sans traduction figurée, la connaissance de l'espace est profondément améliorée. Les XVIe et XVIIe siècles ont surtout profité de l'invention italienne de la perspective géométrique dont bénéficient les belles séries de portraits de ville. La cartographie n'a pu vraiment s'affirmer qu'avec les progrès des mathématiques. Toutes les mesures trigonométriques, opérées par l'Académie des Sciences (1662) et l'Observatoire de Paris (1667) sur les incitations de Colbert, ont soutenu le travail de la famille Cassini qui débouche sur la réalisation de la première carte scientifique de la France commandée par Louis XV en 1747, après qu'il eût admiré celle des pays conquis dans les Pays-Bas autrichiens lors de la guerre de Succession d'Autriche. L'ensemble du royaume ne fut couvert par cette série très célèbre qu'en 1789.

Conclusion

La France demeure le royaume le plus peuplé d'Europe, tout en surpassant ses principaux rivaux quant à l'homogénéité et à la position géo-stratégique. Si les différences provinciales et la culture du particularisme en font encore un « agrégat » selon la célèbre appréciation de Mirabeau, la densification du contrôle monarchique sur l'espace et le renforcement d'une conscience nationale à travers les crises garantissent la consolidation d'une définition politique unitaire.

Chapitre 2

L'économie d'Ancien Régime

Dans une structure économique d'Ancien Régime, la richesse nationale provient essentiellement de l'agriculture et l'activité commerciale reste supérieure à la production manufacturière. Il s'agit d'une économie d'échanges, influençant profondément le monde rural dans lequel il ne reste plus d'espaces autarciques. Si l'ensemble est entraîné par le développement du capitalisme commercial, le rythme de croissance obéit à de grandes pulsations séculaires au sein desquelles se maintiennent des dénivellations régionales.

Suprématie de l'agriculture

Domination de la céréaliculture

Les « bleds »

Pour faire face aux grandes poussées démographiques, la France s'est massivement orientée vers une priorité céréalière, les *bleds*, selon le terme générique de l'époque, s'emparant de la part essentielle du terroir et du travail des paysans. Selon la saison des semailles, il est d'usage de distinguer les blés d'hiver (froment, seigle, méteil : mélange des deux premiers) et de printemps (orge, avoine, sarrasin). Le froment, qui donne le pain blanc le plus apprécié, est le produit commercial par excellence, tandis que les autres servent en priorité à l'alimentation des familles, sauf l'orge et l'avoine normalement destinées à l'alimentation animale et à la fabrication de la bière. L'expansion du sarrasin sur les sols maigres du Massif armoricain et du Massif central au XVIᵉ siècle et dans la première moitié du XVIIᵉ siècle, mais surtout celle du maïs dans le Sud-Ouest à partir du Béarn vers 1630 jusqu'au Languedoc, avant de remonter par la vallée du Rhône jusqu'en Alsace, sont les deux nouveautés majeures. En diversifiant l'alimentation panifiable des paysans, elles leur ont permis d'augmenter leur commerce de froment.

Activités complémentaires

Les légumes sont d'abord des cultures de jardin (*hortus*) glissant progressivement sur la zone des champs cultivés (*ager*) grâce à la recherche d'intensivité. On distingue les herbes – légumes verts comme poireaux et choux –, les racines comme raves, carottes, navets et les légumineuses à grains comme pois, lentilles, haricots, vesces ou à fourrage comme trèfle, luzerne, sainfoin. Grâce aux apports méditerranéen et américain, les productions de jardin se sont beaucoup enrichies : tomates, concombres, melons, artichauts, aubergines... La pomme de terre connue dès la fin du XVIe siècle ne se diffuse guère avant la fin de l'Ancien Régime, surtout comme nourriture animale, et plutôt dans l'est de la France. Ce blocage psychologique n'est-il pas le reflet d'une certaine supériorité du régime alimentaire français ?

Les cultures industrielles, liées au marché, demandent beaucoup de main-d'œuvre. Si le pastel toulousain est victime de l'indigo colonial, la garance et le safran résistent bien en Alsace. Le chanvre et le lin sont des activités classiques de l'Ouest et des vallées humides de Picardie. La culture du mûrier pour l'élevage des vers à soie a connu une intense progression sur toute la bordure orientale du Massif central, spécialement en Vivarais et en Cévennes. Le tabac s'ajoute à ces spéculations à partir de 1620 car il est d'un bon rapport pour la petite exploitation familiale.

Les troupeaux les plus développés sont ceux des ovins et des caprins, mais aussi des bovins pour lesquels s'établit une complémentarité entre pays plutôt naisseurs (montagnes) orientés vers la production des produits laitiers comme beurre et fromages et les pays éleveurs où les bœufs restent la principale force de travail (Ouest et Sud-Ouest), eux-mêmes liés aux zones d'embouche (Normandie) reliées aux marchés urbains. Sur la frontière nord, l'Avesnois effectue son couchage en herbe au XVIIIe siècle, jouant le rôle de pays finisseur pour les bœufs de Franche-Comté. Au même moment, le Limousin, pays de polyculture et de petite culture, donne avantage à l'élevage de bovins à viande à destination du marché parisien. L'élevage des porcs n'est pas si développé que l'on pourrait l'imaginer, mais il est vital pour la partie inférieure de la paysannerie. Les volailles et les abeilles sont par contre d'importants compléments domestiques.

La production viticole a beaucoup augmenté grâce à un gain de 60 % en superficie cultivée, passant d'un million d'hectares en 1500 à 1,6 million en 1789, et à l'utilisation de cépages à gros rendements (gamay contre pinot). Cette croissance masque le recul du vignoble dans la France du Nord et l'orientation de petites régions spécialisées vers les vins de grande qualité. Le règne de Louis XIV peut être considéré comme le tournant essentiel pour la naissance des grands crus : Champagne, Bordelais, imités ensuite par la Bourgogne. Sous l'influence des Hollandais, gros importateurs pour l'Europe du Nord, le vignoble des Charentes s'est orienté vers la distillation au XVIIe siècle.

Diversité des paysages agraires

Les terroirs

La grandeur de l'espace français et la variété des conditions climatiques et pédologiques, comme l'histoire du peuplement rural, expliquent la pluralité des paysages agraires. Si l'activité agricole s'effectue dans le cadre d'un terroir dont la structure tripartite se retrouve partout, l'importance relative et la destination de ces différentes parts, la répartition de l'habitat et la force des pratiques communautaires créent des ensembles spécifiques. Le dosage variable entre le *hortus*, formé des jardins proches des maisons du village ou des hameaux, l'*ager* correspondant aux champs cultivés portant prioritairement des céréales et le *saltus* composé des prés naturels, mais principalement des marais, des landes, des taillis et des forêts, conduit à distinguer quatre grands types de paysage, auxquels il convient d'ajouter quelques espaces particuliers.

Les champs ouverts

La France des champs ouverts, nettement orientée vers la céréaliculture, correspond surtout au Bassin parisien, avec des extensions vers le nord et vers l'est. La zone des labours a conquis l'essentiel du terroir, ne laissant qu'une place réduite et éclatée au *saltus*, ce qui limite l'élevage à celui des ovins. Sur des terroirs de petites dimensions, des habitants nombreux se regroupent dans de gros villages. La proximité de Paris soutient une commercialisation plus forte qu'ailleurs, mais la prédominance des céréales conduit à une alimentation plus déséquilibrée et plus sensible aux crises climatiques. C'est dans cette zone que les clochers de mortalité atteignent leur intensité maximale. Le monde paysan est aussi éclaté entre une élite de grands fermiers et un ensemble de journaliers et de domestiques. Avec leurs trains de culture – charrues tirées par deux, puis trois chevaux – et avec les innovations agronomiques, ces grands exploitants sont parmi les plus productifs du royaume. Les petites exploitations familiales de Flandres ou d'Alsace rivalisent au niveau du rendement, mais au prix d'un intense travail humain qui rapproche leur méthode de travail du jardinage.

Les bocages

La France des bocages se retrouve surtout dans la partie atlantique, mais aussi dans le Centre-Est. Elle recouvre des vieux massifs pénéplanés comme le Massif armoricain et la partie occidentale du Massif central, mais aussi un ensemble sédimentaire comme le Bassin aquitain. Sur des terroirs de dimensions plus grandes, les habitants dispersés dans des hameaux essaient de tirer parti de sols souvent acides et lessivés en concentrant leurs cultures sur les terres chaudes mieux égouttées et en développant un élevage bovin sur les terres froides plus humides. Ici ce sont plutôt les céréales qui deviennent un mal nécessaire car elles freinent une orientation plus nette vers l'élevage qui constitue pourtant déjà une source essentielle de revenus pour les exploitants. La société paysanne est moins éclatée, dominée par un large groupe médian de paysans aisés appelés métayers ou ménagers et de paysans plus pauvres appelés bordiers ou laboureurs à bras. Les grands travaux s'effectuent le plus souvent à la charrue tractée par une ou deux paires de bœufs.

Le Midi méditerranéen

La France méditerranéenne tire son originalité de sa spécificité climatique avec l'avantage de la chaleur, mais aussi les inconvénients de la sécheresse et des averses orageuses qui dégradent facilement des sols trop maigres travaillés à l'araire tiré par un mulet ou même à la bêche. Délaissant les plaines littorales mal drainées, les habitants préfèrent se concentrer sur des terroirs qui associent les piémonts et les premières pentes des montagnes moyennes aménagées en terrasses. Si la trilogie antique – blés, vin, oliviers – en association avec l'élevage ovin et caprin demeure la base, les paysans regroupés dans de très gros villages perchés sur les hauteurs sécurisantes s'occupent soigneusement de leurs jardins irrigués. L'âpreté des terroirs, dans lesquels *ager* et *saltus* se mêlent de façon éclatée, oblige à conduire les troupeaux vers les hauteurs montagneuses plus fraîches en été en utilisant par exemple les drailles qui joignent le Languedoc à la bordure sud-est du Massif central qui bénéficie par ailleurs de la sériciculture.

La montagne

La France des montagnes se caractérise par ses immenses terroirs qui associent un vaste *saltus* composé de forêts et d'estives avec de petites zones de culture et surtout de prés de fauche sur les adrets des fonds de vallée. Ici, toute la vie est organisée autour d'un élevage bovin orienté vers la production de lait transformé en fromage, animant d'importants circuits commerciaux. En hiver, les troupeaux sont gardés à l'étable, mais parfois aussi envoyés au loin comme dans l'association entre les Pyrénées atlantiques et les Landes de Gascogne. L'artisanat textile ou le travail du bois, mais aussi les fortes migrations saisonnières vers les villes ou les plaines agricoles proches, expliquent une forte densité de population regroupée dans les villages.

Au sein de ces quatre grands types de paysage agraire, certaines zones se distinguent de plus en plus pour leur spécialisation. Il s'agit essentiellement de la croissance d'une banlieue maraîchère péri-urbaine dont la taille est proportionnelle à l'importance du marché urbain. L'exemple parisien est bien sûr le plus spectaculaire. Des régions s'orientent vers la monoculture de la vigne pour répondre à la même demande urbaine. Cela peut correspondre à une production massive de vins légers bon marché comme dans l'Orléanais, mais concerne surtout les terroirs de grands vins comme la côte bourguignonne et la zone des Graves et du Médoc dans le Bordelais ou, en retrait, le Beaujolais. La même logique du marché pousse certaines régions comme les Pays d'Auge et de Bray à se coucher totalement en herbe pour la spéculation bovine au XVIIIe siècle.

Évolution lente des techniques agricoles

Pas de révolution agricole !

Préférant les expressions telles que « les petits progrès qui font boule de neige » ou « démarrage d'un processus de changement cumulatif », l'historiographie française, à la différence de son homologue britannique, a renoncé à employer le terme de « révolution agricole » pour qualifier les mutations techniques du XVIIIe siècle. Ceci se comprend étant donné la lenteur des changements et leur très inégale diffusion géographique. Presque rien n'est modifié dans l'outillage si ce n'est un perfectionnement de la charrue tirée par un troisième cheval, l'introduction de la herse métallique et du rouleau, du semoir mécanique ou encore du moulin à vanner.

L'essentiel se concentre dans les efforts accomplis pour l'intensification par la réduction de la jachère. Des essais anciens avaient montré les avantages des légumineuses, mais le progrès vient surtout de l'adoption des prairies artificielles (trèfle, sainfoin, luzerne) qui régénèrent l'azote du sol tout en offrant une meilleure alimentation du bétail. En complétant avec les plantes à racines telles que raves et surtout les célèbres navets, plantes nettoyantes qui obligent au sarclage et dont le feuillage empêche la pousse des mauvaises herbes, il est possible d'augmenter la superficie cultivée en valorisant les sols les plus riches. Cette rotation régulière de cultures connue en Flandres dès la fin du Moyen Âge, développée en Angleterre à partir du milieu du XVIIe siècle, ne se diffuse que lentement en France, spécialement dans les meilleures zones du Bassin parisien et dans son extension nordique comme le Hainaut.

Pas de retard français !

Le vieux cliché du retard français par rapport à une Angleterre modèle est aujourd'hui remis en cause. La comparaison entre deux pays de dimensions très inégales doit se faire par grandes régions semblables et non pas en opposant les meilleurs comtés de l'East Anglia aux espaces enclavés des montagnes françaises et vice versa. Les rendements obtenus au XVIIIe siècle en Ile-de-France ou en Picardie rivalisent tout à fait avec ceux du Bassin de Londres et dépassent nettement ceux des comtés de l'Ouest. Le vieux système de l'assolement triennal ou biennal a des réserves de productivité qui peuvent être valorisées par une utilisation intensive d'une main-d'œuvre plus nombreuse. La véritable différence ne réside pas dans les rendements céréaliers, mais dans la productivité du travail inférieure en France, même si l'orientation plus nette de l'agriculture anglaise vers l'élevage et l'importation de céréales à la fin du XVIIIe siècle faussent quelque peu la comparaison.

Manufacture et commerce

L'activité manufacturière

Le terme manufacture requiert une attention particulière quant à son interprétation parce qu'il recouvre plusieurs significations : il désigne aussi bien une entreprise particulière, sorte de préfiguration de l'usine du XIXe siècle, une branche industrielle comme le travail de la laine pour prendre un secteur très ancien ou l'ensemble des activités artisanales d'une ville ou d'une province comme la manufacture de sayetterie d'Amiens ou celle de laine du Languedoc.

La manufacture dispersée

Pour clarifier les données, il convient de distinguer deux grands types selon la structure capitaliste des moyens de production. Le mode le plus ancien et le plus répandu demeure l'organisation qualifiée de manufacture dispersée, caractérisée par la juxtaposition de très nombreux ateliers familiaux, avec un maître, parfois son épouse, deux ou trois compagnons et un ou deux apprentis. Ces petites unités de production peuvent demeurer relativement autonomes, l'écoulement des fabrications se faisant directement auprès d'une clientèle immédiate. Pour les secteurs les plus importants tels que le textile ou la métallurgie de transformation comme la coutellerie par exemple, les producteurs se trouvent intégrés dans une filière dominée par un grand marchand. Dans le textile, ce négociant relie ainsi des artisans de la filature, du tissage, de la teinture et de la finition des tissus.

Les artisans, très dépendants de ses commandes et surtout de ses conditions tarifaires, se trouvent placés entre le statut de travailleur indépendant, maître de son outillage, et de salarié, vendeur de sa force physique. Les historiens allemands désignent cette organisation sous le nom de *Verlagssystem*, pour valoriser le rôle du *Verlager* dans la concentration commerciale, tandis que les Anglais parlent de *Domestic System* ou *Putting out System* pour insister sur l'éclatement des lieux de production à base familiale. Certains artisans tentent de s'associer entre eux pour se soustraire à la pression des négociants afin d'accéder directement aux marchés régionaux (*Kaufsystem*).

Les manufactures concentrées

Une manufacture concentrée caractérise un établissement assez grand, allant d'une dizaine de travailleurs à quelquefois plusieurs centaines, regroupant outillage important et main-d'œuvre dans un même lieu. Cette forme se rencontre surtout dans le textile, mais aussi dans les forges, les verreries, les brasseries, les tanneries, ainsi que dans les mines de charbon de terre dans la seconde moitié du XVIIIe siècle. Selon l'origine des capitaux, la terminologie sépare les manufactures d'État créées par le pouvoir royal pour soutenir des secteurs du luxe dans l'aménagement des palais (la manufacture de tapisseries des Gobelins) et les manufactures royales, les plus nombreuses, propriétés d'entrepreneurs privés qui n'ont conclu qu'un contrat avec l'État : cession d'avantages financiers et commerciaux contre garantie de qualité vérifiée par un corps d'inspecteurs. Ce type s'est surtout développé à partir du règne de Louis XIV pour répondre aux exigences commerciales du programme mercantiliste de Colbert.

Les arts et métiers

Beaucoup de petits ateliers sont regroupés en associations appelées guildes, jurandes, corporations ou simplement métiers, caractérisées par le genre de fabrication et l'association entre maîtres, compagnons et apprentis. Au-delà de la distinction juridique entre métiers jurés, reconnus par lettres patentes royales, et métiers réglés, validés par la seule autorité municipale, cette forme corporative entretient la même conception de l'économie. Dans une vision morale d'inspiration chrétienne, il importe de préserver à la fois les intérêts des producteurs et des consommateurs. En limitant la concurrence par le contrôle du nombre des ateliers, les jurandes prétendent assurer la qualité des produits vendus. Tout ceci passe par une réglementation détaillée couvrant les conditions d'embauche, les salaires, la nature des matériaux, les procédés de fabrication..., ce qui entraîne de nombreux conflits entre les métiers qui se recouvrent partiellement. Même si les guildes sont dominées par une élite héréditaire, elles entretiennent un idéal de défense des petits ateliers qui satisfait les aspirations populaires et même les compagnons qui rêvent de pouvoir s'installer à leur compte.

Le pouvoir royal encourage très longtemps ce système corporatif, ne serait-ce que pour des raisons financières, car il taxe toutes les reconnaissances statutaires. Après la tentative manquée de suppression des jurandes menée par Turgot en 1776, le gouvernement en revient à une attitude plus traditionnelle, même si le système est de plus en plus débordé par la multiplication d'ateliers totalement libres comme dans le faubourg Saint-Antoine à Paris.

La proto-industrialisation

Ce terme désigne un mouvement économique spécialement fort au XVIIIe siècle : la délocalisation d'activités artisanales de la ville vers les campagnes, surtout dans le secteur textile, le travail lainier et soyeux rejoignant ainsi un mode d'organisation traditionnel dans le lin et le chanvre. Cette exurbanisation du travail concerne surtout la filature, un peu moins le tissage et fort peu les travaux de finition. Il s'agit d'une recherche d'optimisation des profits dans le cadre de la manufacture dispersée. Le négociant est tenté d'abaisser ses coûts en quittant un marché urbain dominé par les corporations pour profiter d'une paysannerie victime de la tendance à l'émiettement des exploitations pour cause de surdensité démographique. S'opère ainsi une distinction entre les pays agricoles riches capables d'absorber la main-d'œuvre et des pays plus démunis, où l'emploi secondaire devient indispensable pour se maintenir à la campagne. Si la proto-industrialisation a pour effet de freiner l'exode rural, est-elle une étape nécessaire dans le processus d'industrialisation ? Cette idée de F. Mendels, inventeur du concept, est très discutée. Si elle paraît opératoire dans les régions du Nord et de l'Est, elle n'est d'aucune utilité pour l'Ouest où la vieille tradition textile entre en crise au XIXe siècle. Le système enrichit avant tout des négociants qui ne sont pas d'abord des industriels.

Le commerce

Importance du marché et du crédit

Il faut abandonner l'image d'une France où le recours au marché ne concernerait qu'une minorité, dans une économie sociale marquée par l'autosubsistance. Bien au contraire, le principe de l'échange s'est imposé dans tous les foyers, avec une ampleur inégale selon les inégalités de revenus et l'opposition entre les mondes urbains et ruraux. Complément indispensable à cette croissance régulière de la consommation, la profonde diffusion sociale du crédit est une preuve de cette démocratisation. Ce dernier est très utilisé à tous les échelons de la société, profondément associé à tous les réseaux sociaux, des micro-circuits urbains de la consommation basique où les femmes jouent un rôle majeur jusqu'aux circuits de colportage et à l'animation régulière des marchés et des foires. Fondé sur le relationel proche, il fait intervenir des intermédiaires très diversifiés selon l'importance des sommes engagées, du boutiquier ou marchand forain à l'aubergiste et au notaire, sans oublier les monts-de-piété. L'analyse du fonctionnement de celui d'Avignon ouvre des perspectives intéressantes car il s'est justement éloigné progressivement de sa vocation caritative pour se muer en institution de crédit pour une clientèle à 80 % féminine. La diversité croissante des objets mis en gage témoigne de la progression de la consommation populaire. Finalement, le succès du mont-de-piété serait de moins en moins signe de pauvreté, mais bien au contraire d'élévation du niveau de vie.

Selon l'ampleur géographique des échanges, il existe quatre niveaux dans l'organisation des marchés; mais la véritable frontière passe entre les secteurs locaux et régionaux et les ensembles nationaux et internationaux. Seuls ces derniers peuvent induire les véritables mutations. Le premier cercle correspond à la satisfaction des besoins élémentaires dans l'alimentation, le vêtement, les ustensiles de la vie domestique. Les boutiquiers des villages, des bourgs et des villes y répondent, dans une concurrence mal maîtrisée avec les marchands forains comme l'illustre le commerce alimentaire de Lyon au XVIIe siècle. Au-delà, l'espace français reste une mosaïque de petits pays centrés sur une petite ville où les échanges correspondent à des trafics routiniers issus de petites unités de production, en utilisant le moins possible la monnaie au bénéfice du troc, des échanges de service et du crédit. Du niveau régional à l'échelle interrégionale, le trafic se hiérarchise autour de certains produits selon les complémentarités des provinces associées. Le sel et les blés bretons remontent la Loire tandis que les vins d'Anjou et de Touraine, les toiles du Maine et de l'Anjou et la quincaillerie et le papier du Massif central la descendent.

Il n'existe pas de véritable marché national car l'espace reste fragmenté par les douanes intérieures et les péages seigneuriaux, la variété extrême des poids et mesures et les difficultés des transports, ce qui explique l'absence d'un prix national vraiment représentatif. L'intégration se réalise progressivement autour des grandes métropoles, mais surtout de Paris qui organise un grand Bassin parisien associant d'abord le Nord-Est avant de mordre sur l'Ouest.

Domination quantitative du commerce intérieur

Le commerce intérieur reçoit des impulsions de nombreux centres : 4 300 foires et 2 300 marchés à la fin de l'Ancien Régime. Les foires dominent dans la France atlantique tandis que les marchés sont plus fréquentés en Normandie, dans le Bassin parisien et la région du Nord. Une foire est un rassemblement ponctuel, une ou plusieurs fois par an, qui concentre tous les commerces, de gros comme de détail. Un marché est plus petit, mais d'une fréquence au moins hebdomadaire, et donc lié davantage aux fonctions urbaines. Quelques-uns sont spécialisés, surtout pour les céréales et les bestiaux. L'essor démographique urbain, appelant un approvisionnement régulier, entraîne la stagnation ou même le recul de l'activité de certaines foires. Les plus célèbres restent celles de Beaucaire sur le Rhône, Guibray à Caen, Lyon, Niort et Fontenay-le-Comte dans l'Ouest.

Dynamique du commerce extérieur

Si le commerce intérieur représente les quatre cinquièmes du trafic global, il s'agit du volume et de la masse et non pas du profit. Le commerce extérieur, qui ne touche que des quantités plus faibles, est beaucoup plus important pour les inflexions économiques et l'enrichissement procuré. D'abord centré sur le grand cabotage européen entre la Baltique et la Méditerranée, enrichi de la redistribution des produits coloniaux ibériques et de la grande pêche morutière sur les bancs de Terre-Neuve, le commerce français connaît un très

L'arrière-pays nantais au XVIIIe siècle

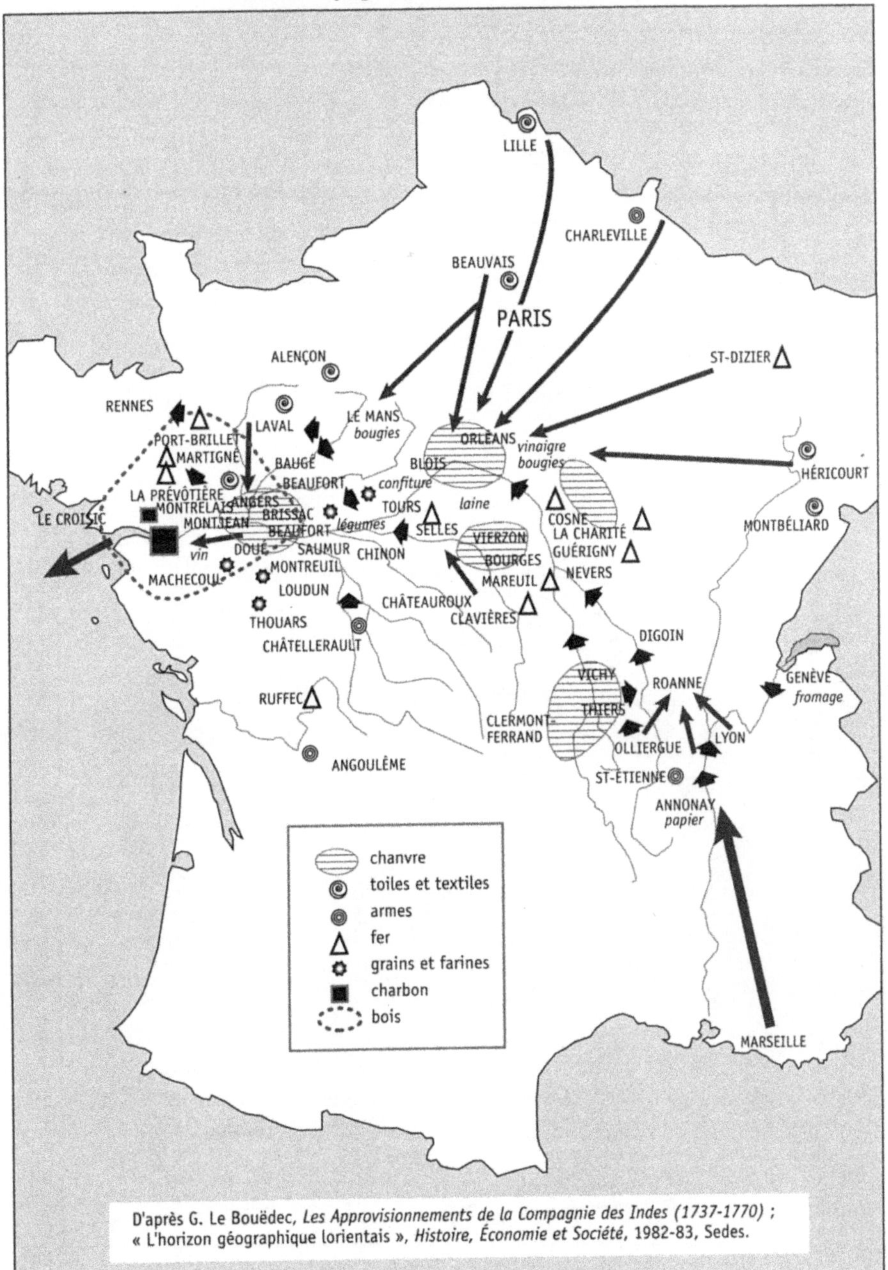

D'après G. Le Bouëdec, *Les Approvisionnements de la Compagnie des Indes (1737-1770)* ; « L'horizon géographique lorientais », *Histoire, Économie et Société*, 1982-83, Sedes.

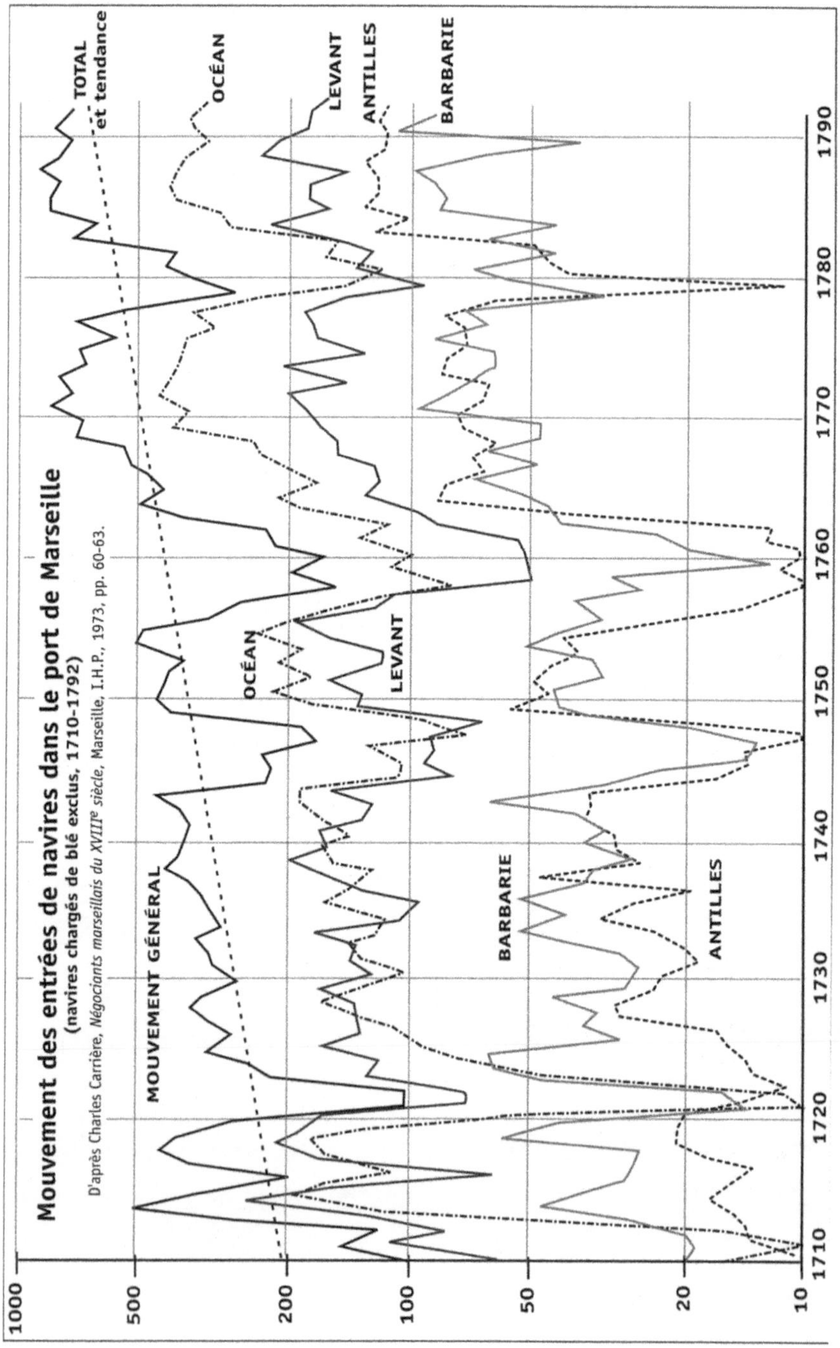
Mouvement des entrées de navires dans le port de Marseille
(navires chargés de blé exclus, 1710-1792)
D'après Charles Carrière, Négociants marseillais du XVIIIe siècle, Marseille, I.H.P., 1973, pp. 60-63.
TOTAL
et tendance
OCÉAN
LEVANT
ANTILLES
BARBARIE
MOUVEMENT GÉNÉRAL
OCÉAN
LEVANT
BARBARIE
ANTILLES
1000
500
200
100
50
20
10
1710
1720
1730
1740
1750
1760
1770
1780
1790

fort développement à partir du règne de Louis XIV, mais surtout au XVIIIe siècle grâce aux spéculations coloniales vers les Antilles assises sur la traite négrière et au commerce lointain avec les comptoirs de l'océan Indien.

Les principaux produits échangés sont agricoles avec les céréales, le vin, le sel, la viande salée, les fromages pour la zone de production européenne et le sucre, le café, le tabac, le coton, l'indigo pour les produits coloniaux. Le secteur manufacturier est principalement représenté par les tissus avec les exportations des draps de laine et des toiles de lin ou de chanvre et l'importation des cotonnades, avant leur fabrication en France dans le XVIIIe siècle. Le bois, les minerais, les métaux, les produits pour la construction navale sont fort recherchés, spécialement en Europe baltique. La redistribution des produits coloniaux dans toute l'Europe fait de ce trafic la locomotive du commerce global dont le taux de croissance rivalise avec celui de l'Angleterre au siècle des Lumières.

La circulation de l'argent

Les techniques financières

Le grand commerce n'a pas besoin de la banque pour son financement, mais pour assurer la régulation des paiements en évitant le déplacement de numéraire. Les banquiers sont issus de familles ayant accumulé des capitaux dans le grand commerce, les deux activités étant souvent conjuguées dans une phase de transition avant que les descendants ne se consacrent qu'aux spéculations financières. Au XVIe siècle, les activités classiques héritées du Moyen Âge sont au nombre de quatre : le change, la tenue des comptes courants, la gestion des lettres de change et les opérations de crédit. Avec les XVIIe et XVIIIe siècles, d'autres se sont ajoutées : la protestation des lettres de change permettant de déguiser un prêt à intérêt; les endossements au profit de tiers formant une sorte de monnaie fiduciaire, l'escompte permettant au négociant de rentrer plus vite dans ses fonds, la spéculation sur change en jouant sur les dénivellations entre places bancaires par une anticipation à la hausse ou à la baisse fondée sur les renseignements d'un excellent réseau d'information.

Ces services bancaires n'intéressent que les financiers liés aux États ou les marchands de grande envergure. La plupart des gens se tournent vers des personnes privées de leur connaissance : le gros paysan, le notaire ou le seigneur pour les ruraux, les bourgeoisies d'office ou de rente pour les urbains. Ces créanciers avancent les capitaux contre l'établissement de contrats de constitution ou de rentes gagées sur la terre.

Domination de la banque étrangère

La banque française d'Ancien Régime est restée dominée par les étrangers, même si ces derniers sont parfois parvenus à s'intégrer dans les sphères dirigeantes. Le XVIe siècle est celui des maisons italiennes originaires de Lucques, Florence et Gênes et installées spécialement à Lyon. Le XVIIe siècle connaît l'ascension des Parisiens, mais aussi des Allemands. Le XVIIIe siècle est surtout l'affaire des Suisses dont la réputation est couronnée par la nomination de Necker au contrôle général de 1776 à 1781 et sa folle popularité à la veille de la Révolution.

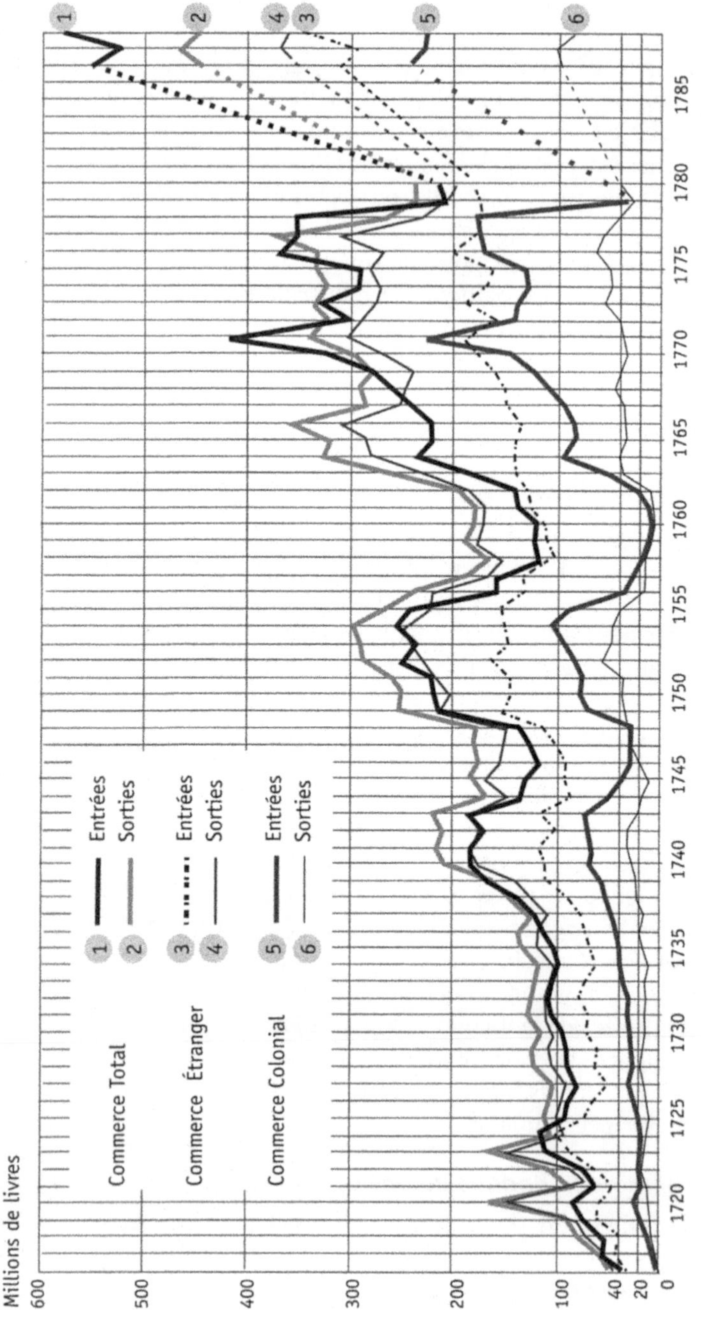

D'après *Histoire économique et sociale*, tome 2, Paris, PUF, 1970.

Structures du commerce extérieur de la France : exportations agricoles et exportations industrielles en 1787

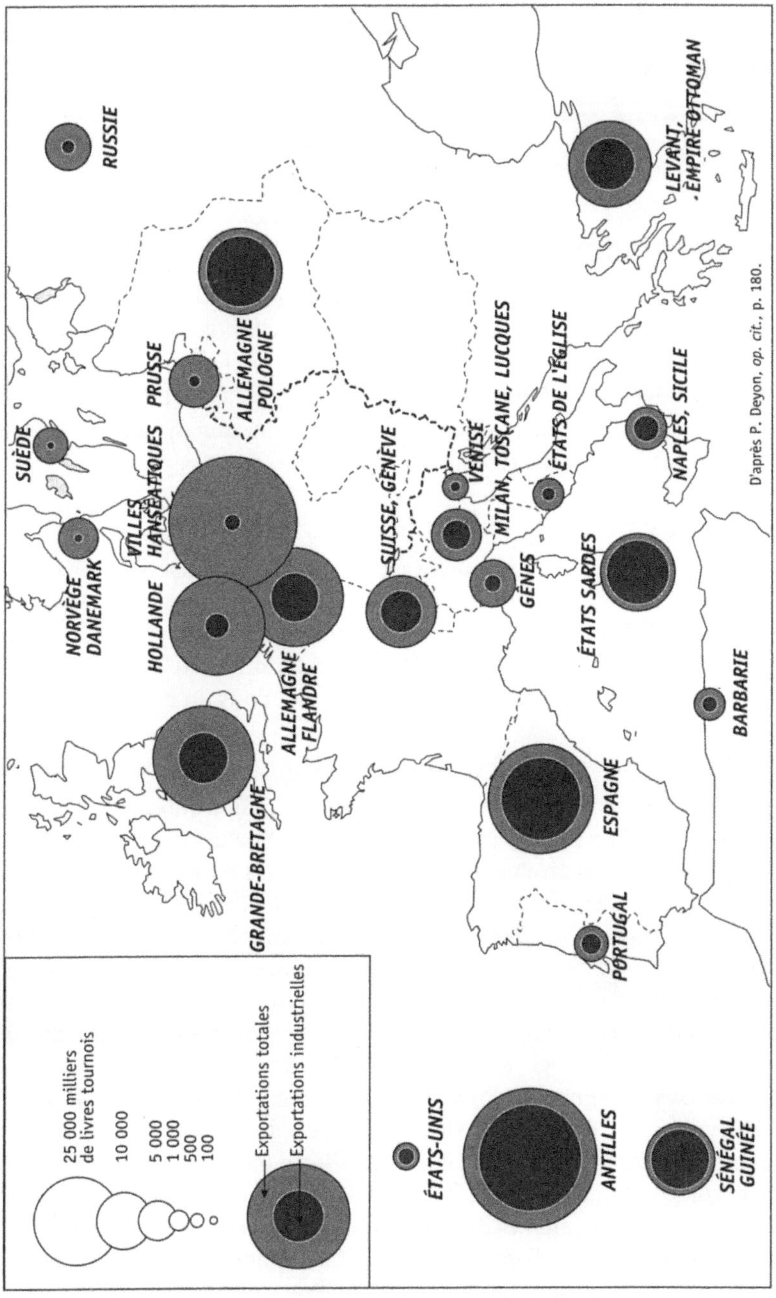

D'après P. Deyon, *op. cit.*, p. 180.

La France d'Ancien Régime n'a pas connu de banque d'État si ce n'est la malheureuse tentative de John Law en 1716-1720, à la différence des Provinces-Unies disposant de la Banque d'Amsterdam depuis 1609 et du Royaume-Uni avec la Banque d'Angleterre créée en 1694. Même si la caisse d'escompte mise en place par Turgot en 1776 pour accélérer l'amortissement de la dette peut passer pour une préfiguration, il faut attendre l'initiative du Premier consul Napoléon Bonaparte créant la Banque de France en 1800.

La conjoncture économique

Le mouvement des prix

Les aléas de la documentation expliquent que ce sont surtout les courbes de prix agricoles qui servent à définir les phases de l'évolution économique. Il convient de garder une certaine prudence dans toute conclusion générale puisque cet indicateur révèle avant tout l'état du marché agricole intérieur, au caractère régional toujours accentué, sans bien témoigner du dynamisme des façades maritimes orientées vers les marchés extérieurs.

Trois grands cycles

Les Temps modernes se découpent en trois grandes phases : un beau XVIe siècle (vers 1450-vers 1570) marqué par une hausse des prix ; un long XVIIe siècle (vers 1570-vers 1730) longtemps présenté comme un grand cycle de crise générale, mais finalement plus contrasté qu'il n'y paraît ; un XVIIIe siècle (vers 1730-vers 1820) marqué par une nouvelle hausse des prix, dans un rythme irrégulier.

Les prix : reflet de l'offre et la demande

La fluctuation des prix céréaliers reflète d'abord la tension qui existe entre l'offre, c'est-à-dire la quantité de production commercialisée, et la demande qui dépend surtout de l'évolution quantitative de la population et de ses moyens d'existence. Dans une agriculture d'Ancien Régime caractérisée par la faiblesse des réserves et les coûts élevés des transports, les variations climatiques jouent un rôle essentiel. Les phases où dominent les rigueurs hivernales et la pluviosité excessive du printemps et de l'été favorisent la hausse des prix tandis que celles où se répètent les bonnes années avec humidité normale et températures estivales élevées entraînent une détente. Ceci renvoie à une chronologie climatique révélant un petit âge glaciaire entre 1570 et 1730, avec ses accidents les plus graves dans la seconde moitié du XVIIe siècle.

Le rythme du mouvement démographique dépend de l'écart fluctuant entre une forte natalité (40 ‰) et une non moins forte mortalité (autour de 35 ‰), mais plus encore de l'ampleur et de la succession plus ou moins proche des crises de surmortalité qui creusent des régressions récupérées et dépassées plus ou moins vite par le mouvement naturel ordinaire. Si les catastrophes sont liées à des famines ou des disettes, elles dépendent aussi largement de l'état sanitaire du pays où des maladies endémiques n'attendent qu'une conjonction de difficultés pour se muer en épidémies meurtrières. Selon la loi formulée à la fin du XVIIIe siècle par Malthus, les hausses des prix des XVIe et XVIIIe siècles traduisent ainsi les difficultés de la production céréalière à suivre la croissance démographique tandis que la longue stagnation du XVIIe siècle révèle l'équilibre formé par suite d'un ralentissement de cette augmentation.

La baisse de longue durée des prix agricoles

Mouvement des prix du froment : Beauvais, Beauce et Brie (1600-1732)

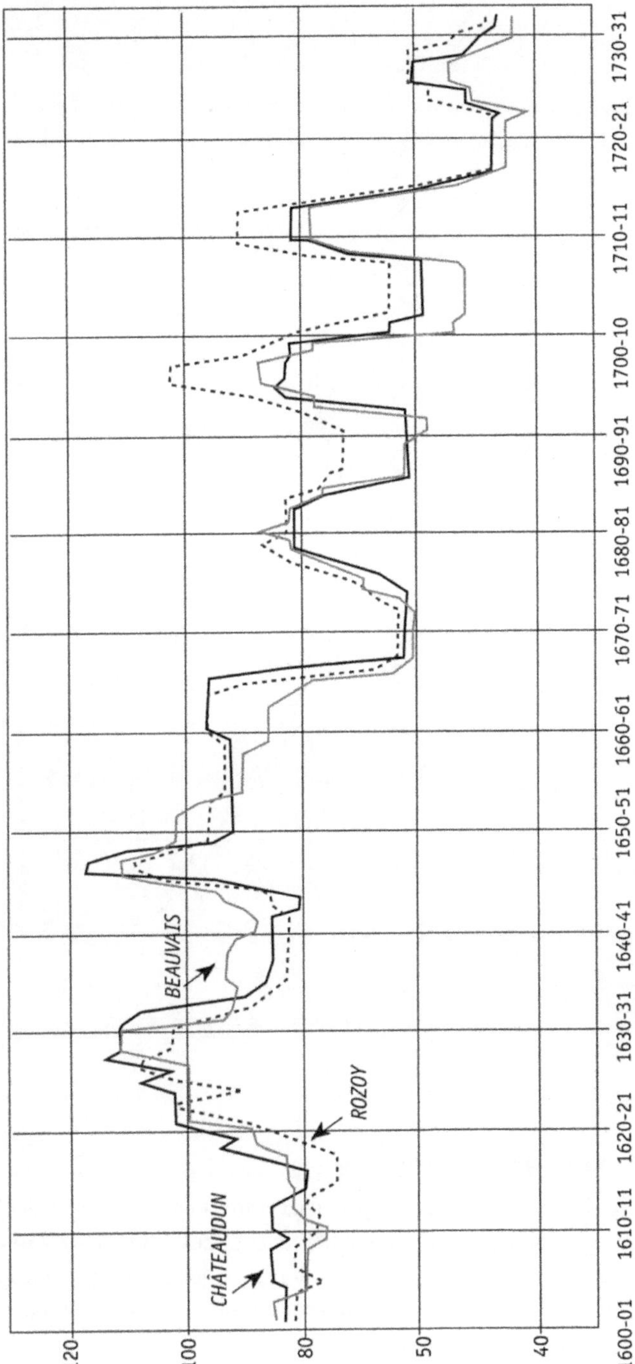

D'après P. Deyon, *Économies et sociétés préindustrielles*, tome 2, 1670-1780, Paris, A. Colin, 1970.

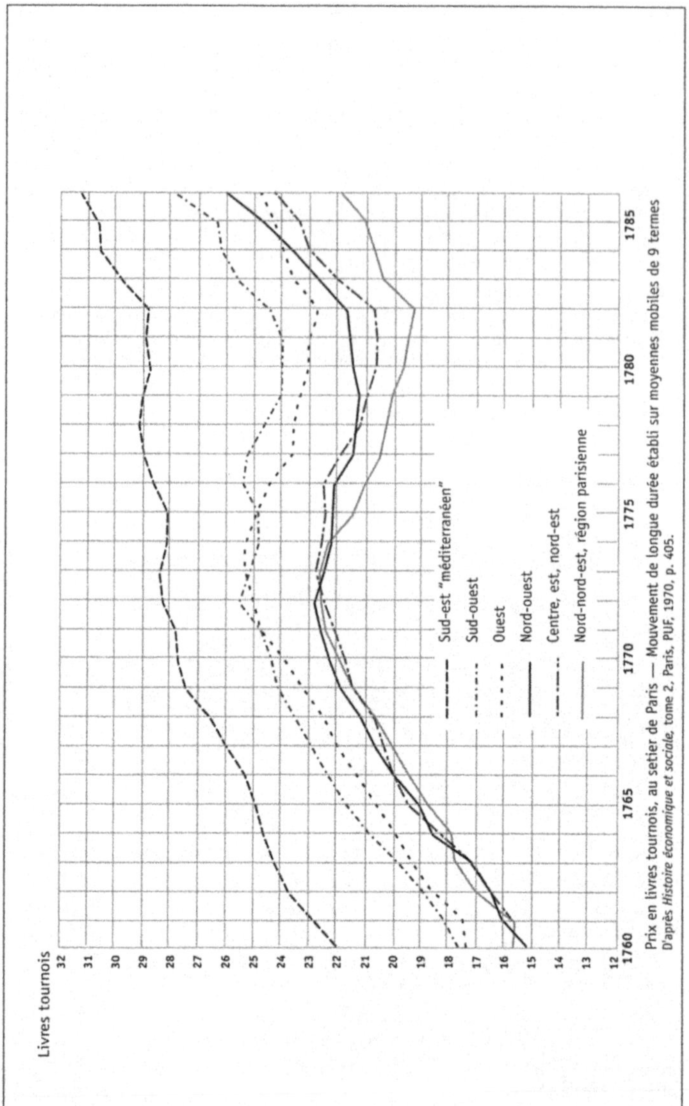

L'État prédateur et redistributeur

L'abondance et la rareté des métaux précieux dont on a fait au XVIe siècle une cause majeure de l'évolution des prix – la facilité de la circulation monétaire étant censée favoriser la hausse – ne sont plus considérées aujourd'hui que comme variable secondaire. Le rôle de l'État paraît nettement plus décisif, soit par sa politique monétaire, soit par sa rapidité à réagir pour contenir une épidémie dans une province ou apporter des secours extraordinaires dans une autre, mais surtout par les conséquences de sa politique extérieure. Depuis la grande crise 1330-1450, le triptyque mortifère famine, peste et guerre est redouté de tous. Si la guerre ne tue pas énormément sur le champ de bataille, elle provoque des ravages qui sont beaucoup plus désastreux.

La révolution militaire qui impose des armées nombreuses et bien équipées fait exploser le coût des guerres au XVIIe siècle, ce qui se traduit par une ponction fiscale d'une incroyable brutalité à partir de Richelieu. Le fisc royal s'ajoutant aux autres prélèvements, un équilibre économique fragile a été rompu au détriment de la masse paysanne, matrice essentielle de la population française. Toutefois, l'économie obéit à des lois complexes. Si la guerre est destructrice pour certains, quelque part ailleurs elle crée de la croissance par les commandes de l'État dont profitent les agriculteurs qui approvisionnent les armées, comme les marchands, les artisans et les ouvriers des manufactures textiles et métallurgiques.

Conséquences sociales des fluctuations des prix

Dynamique de la hausse des prix

Un mouvement de hausse des prix sur un siècle (phase A) est généralement interprété positivement par les économistes. La perspective de pouvoir vendre à des prix rémunérateurs et l'érosion rapide des intérêts des emprunts sont autant de facteurs qui poussent à entreprendre. Les principaux bénéficiaires sont ceux qui profitent des prélèvements sur la production agricole dans la mesure où ils commercialisent au prix fort. Les dîmes, les droits seigneuriaux et la rente foncière se conjuguent pour favoriser le clergé, la noblesse et la bourgeoisie s'intéressant aux placements fonciers. Tous les paysans disposant d'une exploitation au moins moyenne peuvent espérer en profiter par la vente des surplus. Les difficultés sont pour les acheteurs – peuple des villes, petits paysans parcellaires – dont les salaires nominaux augmentent moins vite que les prix. La question reste cependant complexe car l'offre de travail est forte et les salaires agricoles payés en partie en nature.

Effets de la baisse des prix

Un mouvement long de baisse des prix (phase B) paraît synonyme de dépression économique. Une frilosité générale s'empare des entrepreneurs qui craignent pour leurs marges et qui se contentent de sauvegarder l'existant. Les consommateurs paraissent favorisés, à condition ne pas perdre leur emploi. Les propriétaires tendent à compenser par les baux la perte de revenu liée à la faiblesse du marché, en cherchant à profiter d'une demande de travail. À ce jeu, ce sont les paysans les plus faibles qui vacillent les premiers, mais si cette crise des ciseaux entre les prix et les baux dure trop longtemps, les paysans aisés finissent par être déstabilisés, comme le montre la mauvaise situation des fermiers d'Île-de-France à la fin du règne de Louis XIV.

Polarisation sociale

Il est avéré que les grandes crises de subsistance creusent des écarts sociaux énormes en favorisant les grands propriétaires et les grands fermiers qui peuvent spéculer sur des prix très élevés en retardant leur vente, alors que bien des paysans moyens, ordinairement petits vendeurs, dégringolent dans la masse des acheteurs qui paient au prix fort leur pénurie alimentaire. Finalement, une longue

Leogique d'enchaînement dans une économie d'Ancien Régime

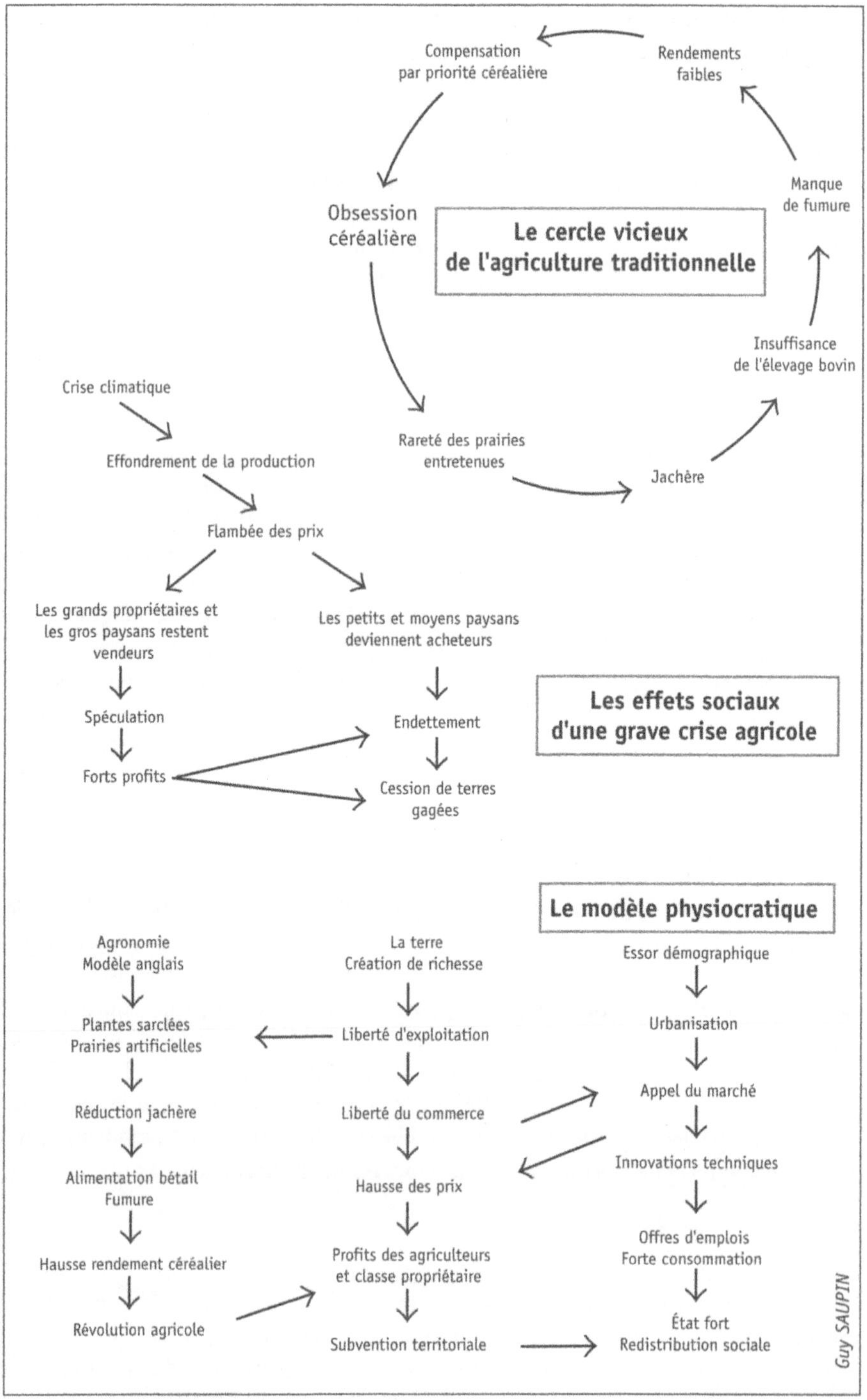

stagnation des prix, résultant principalement d'une faiblesse démographique par accumulation de crises, est plus menaçante pour la cohésion sociale qu'une longue hausse entraînant plus ou moins bien les humbles dans le sillage des puissants qui animent le marché par une forte consommation.

Économie politique

Une « économie morale »

La culture politique la plus répandue quant à l'approche des faits de production et de commercialisation reste un économisme moral, puisant ses principes dans la philosophie chrétienne et valorisant le rôle régulateur de l'État monarchique, forme terrestre de la justice divine. Il existe un juste prix, rémunérant convenablement les producteurs sans léser les consommateurs. Toutes les autorités publiques doivent veiller à sa conservation en empêchant les hausses brutales, qu'il s'agisse des autorités municipales, provinciales et, bien sûr, du gouvernement royal. Le roi, père de ses peuples, dont la fonction nourricière reste essentielle pour la perpétuation de ce symbolisme, ne peut se désintéresser du contrôle des prix sous peine de brouiller gravement son image.

Succès du mercantilisme

Au sein de cette vision globale, des réflexes divers, existant dès le XVIe siècle et repris par Barthélemy de Laffemas sous le règne de Henri IV, à la base aussi de la politique commerciale et coloniale de Richelieu, ont été synthétisés par Jean-Baptiste Colbert qui en a fait la doctrine économique de l'État pour un siècle. Dans le colbertisme, version la plus systématisée du mercantilisme européen, domine le principe que la richesse d'un État se mesure à sa capacité à aspirer les métaux précieux circulant dans le monde et dont la quantité disponible n'augmente pas car le surplus minier est contrebalancé par la thésaurisation sous forme de décoration dans les palais princiers et les hôtels aristocratiques.

La politique économique se résume ainsi à une guerre d'argent destinée à accroître la part nationale au détriment de celles des concurrents. Pour ce faire, quelques moyens doivent être particulièrement soutenus : une production manufacturière nationale de qualité pour faire baisser les importations et augmenter les exportations, un commerce international appuyé sur des colonies grâce au régime de l'Exclusif, un cordon douanier prohibitionniste. Le soutien financier de l'État sous forme de cession de monopoles commerciaux, de subventions et d'exemptions appelle en contrepartie une réglementation garante de qualité soumise au contrôle du corps des inspecteurs des manufactures créé en 1669.

Naissance du libéralisme économique

Malgré les approches critiques de Vauban dans *La Dîme royale* (1707) et surtout de Boisguilbert dans *Le mémoire sur les blés* (1707), relayées par l'avocat bordelais Melan dans son *Essai politique sur le commerce* (1734), la doctrine a bien résisté jusqu'au milieu du XVIIIe siècle où elle a dû subir les assauts de la physiocratie, tout en gardant des partisans. Plusieurs courants cohabitent au sein de ce qui devient un puissant lobby. François Quesnay, auteur des articles « Grains » et « Fermes » dans l'*Encyclopédie*, synthétise sa pensée dans son *Tableau économique* en 1757. L'agriculture est la seule source de véritable création de richesse, les autres secteurs ne faisant que transformer cet apport initial; la société est divisée en trois classes : la classe propriétaire, la classe productive (agriculteurs) et la classe stérile. L'insistance sur les liens d'interdépendance entre les secteurs valorise l'idée de circuit économique.

C'est ici le point de jonction avec une autre tendance, surtout représentée par des négociants passés au service de l'État comme le Malouin Gournay et le Manceau Véron de Forbonnais, rédacteur de l'article « Commerce » dans l'*Encyclopédie*, qui défend la thèse de la libre circulation des marchandises, principalement des céréales. Avec les autres théoriciens comme Mirabeau père ou Dupont de Nemours qui résume l'idéologie de l'École dans l'article « Physiocratie » de l'*Encyclopédie* en 1768, s'élabore un programme politique reposant sur quelques principes : rénovation de l'agriculture sur le modèle anglais, libre jeu du commerce intérieur et international afin de régulariser les prix au juste niveau économique, soit une hausse attendue de 30 % devant tirer la croissance et créer de nombreux emplois, élimination de tout le vieux système fiscal pour le remplacer par un impôt unique sur la propriété foncière : la subvention territoriale.

Conclusion

Sans Révolution agricole, avec une proto-industrialisation principalement textile inégalement répartie, l'économie française d'Ancien Régime est surtout tirée en avant par le commerce international, lui-même emmené par le commerce colonial. Un long XVIIe siècle (1570-1720) marqué par une tendance à la stagnation des prix est encadré par deux phases de forte expansion dont la dernière aboutit au dépassement d'un vieux blocage malthusien. L'ensemble des activités est entraîné par le développement de l'économie de marché que l'État prétend réguler dans une logique mercantiliste avant d'être fortement influencé par la naissance du libéralisme économique. La progression sociale d'une consommation de plus en plus diversifiée apparaît ainsi comme un moteur majeur du progrès technique et du développement du secteur productif.

Lettre de change du XVIe siècle

À Toulouse, ce trois mars 1586

« Pour 183 écus 4 sols 6 deniers, Monsieur Laban, Il vous plairra paier par ceste première de change aulx prochains paiements de la foire des roys passée au sieur Louys Prost marchant à Lion La somme de cent huictante troys escus sol quatre soulz six deniers tournois pour la valeur receue icy comptant de sieur Jehan Michel faisant Ses affaires Et la mettrez en compte comme par La dedans vous sera dict.

Dieu de mal vous garde

De Macau »

Tireur : De Macau ; donneur : Michel ; tiré : Laban ; bénéficiaire : Prost

(Citée par Bayard F. et Guignet P., *L'économie française aux XVIe-XVIIe-XVIIIe siècles*, Cap-Paris, Ophrys, 1991, p. 52.)

Chapitre 3

La société d'Ancien Régime

Il n'est pas aisé de rendre compte de la structuration sociale dans une époque marquée par la concurrence entre deux modèles de référence mettant en valeur la dignité du statut ou le niveau de fortune. Cette alternative confère une liberté d'action aux acteurs sociaux dans la construction de leurs ensembles relationnels, vecteurs fondamentaux de structuration sociale. Leurs choix restent toutefois plus ou moins déterminés par les valeurs partagées dans des horizons sociaux. Il existe deux frontières majeures, l'une séparant la noblesse et la roture, l'autre les élites et le peuple. Cette réalité est partiellement corrigée par une mobilité sociale plus ou moins liée à l'action de la monarchie.

Mécanismes de construction des liens sociaux

Référence à une double hiérarchie d'ordres et de fortunes

La norme officielle : la société des trois ordres

Hérité du modèle trifonctionnel de l'imaginaire féodal du Xe siècle, le schéma des trois ordres – ceux qui prient, ceux qui combattent, ceux qui travaillent – conserve une influence prépondérante en tant que norme officielle, même si les réalités de l'époque moderne le rendent partiellement inadéquat. Sa force vient du principe que la hiérarchie sociale correspond à un ordre naturel créé par Dieu. Le classement s'établit selon les services rendus à partir de cette définition religieuse, en intégrant l'idée de la supériorité de l'esprit sur le corps, vieille distinction chrétienne revalorisée par l'humanisme à la Renaissance et renforcée par la Réforme catholique au XVIIe siècle.

Ainsi, le clergé s'affiche comme le premier ordre du royaume puisqu'il est le garant de la vérité religieuse et l'intermédiaire obligé pour l'obtention du salut, objectif prioritaire de la condition humaine. La noblesse vient logiquement en second puisqu'elle se définit par le service du roi, lieutenant de Dieu, dans une vocation militaire demeurant toujours la plus prestigieuse, mais de plus en plus dans son rôle gouvernemental et administratif.

Le tiers état, reste obtenu par soustraction mais représentant près de 95 % de la population, ne peut être qu'une addition de groupes sociaux fort divers. Si le service du roi permet de classer les officiers roturiers de justice et de finances à son sommet, le genre de vie des propriétaires rentiers les rapproche du second ordre. Dans le monde du commerce, une distinction nette sépare le grand marchand interrégional et surtout international, mobilisé par sa correspondance et ses livres de compte, et le marchand détaillant qui délivre ses produits à ses clients. Ce dernier, s'il se limite à la vente de produits de qualité comme les marchands de draps et soie, les épiciers droguistes, les marchands pelletiers et les merciers, se considère toutefois supérieur à l'artisan vendant sa production. Être patron avec maîtrise confère une supériorité sur les compagnons que la qualification technique sépare des journaliers.

Du haut en bas se reproduit une cascade du mépris. Plus la force physique tient une place importante, plus les personnes sont tenues pour indignes. Il n'est pas étonnant que les portefaix, les gagne-deniers et les vagabonds soient perçus comme les archétypes de la vilenie : dans le langage du temps, *vil* est toujours associé à *mécanique.*

L'impact officieux de la hiérarchie des fortunes

Cette structuration légale, concrétisée par la distribution très inégale des privilèges juridiques fiscaux, économiques et honorifiques au sein de la pyramide sociale, est perturbée par les effets des capacités d'action liées à l'argent. Le classement normatif lié à une idéologie traditionaliste dominante est contourné et transgressé par des pratiques sociales révélant la considération accordée au niveau de fortune. Cette lecture alternative se vérifie d'autant plus que le niveau d'aisance financière se traduit par le pouvoir de commandement économique, le niveau de vie où l'excellence du confort matériel rejaillit sur les formes de sociabilité, les différences d'instruction qui élargissent le fossé culturel entre les élites et le peuple, l'exercice de responsabilités collectives dans les sphères du travail et de la vie religieuse et civique.

En fondant le modèle des états sociaux privilégiés sur le principe de l'origine divine de l'ordre naturel, il en résulte une conception fixiste de l'organisation sociale, dans une conservation d'un équilibre parfait, chacun devant développer ses talents à la place où sa naissance l'a situé. Cette interprétation théorique est toutefois contredite par la mobilité sociale mesurée à travers la richesse, aussi bien en termes d'ascension que de descension. La possession de la terre reste très recherchée car, outre son côté symbolique mimétique de la composition des patrimoines nobles, elle rassure les moins entreprenants en limitant les risques de l'investissement. Elle consolide une élévation sociale plus qu'elle ne la fonde.

En confortant la vénalité de ses offices de justice et de finances tout au long du XVIe jusqu'à la consécration de leur patrimonialisation parfaite par l'édit de 1604 contre une taxation dénommée « paulette », la monarchie française a ouvert un champ immense d'élévation sociale à tous les lignages capables d'investir dans ces charges administratives, soit dans un but spéculatif en misant sur un bénéfice à la revente, soit dans l'enrichissement patrimonial en conservant l'office tout en assurant sa circulation entre les différentes branches du lignage. Outre le pouvoir et le prestige du service royal, l'office apportait des privilèges dont le plus apprécié était l'anoblissement, avantage réservé aux offices supérieurs. La vente des charges administratives de l'État royal a constitué le plus grand moteur de mobilité sociale à l'époque moderne, surtout lors de la flambée des cours jusqu'au début du règne de Louis XIV. Les excès de création, afin de répondre aux demandes du Trésor, ont fini par détourner une partie de la clientèle, l'érosion des cours dans la plupart des cas annulant les ambitions spéculatives au cours du XVIIIe siècle. Une partie des offices a cependant conservé une forte attractivité à cause des privilèges associés, tout spécialement celui de secrétaire du roi auprès des chancelleries, désigné par les contemporains sous le nom de *savonnette à vilain* à cause de son effet d'anoblissement direct.

L'ascension rapide vient surtout de deux grands types d'activités : le grand commerce et la finance. L'envol des profits négociants caractérise le XVIIIe siècle, tiré en avant par le commerce colonial. La célébrité des Messieurs du Commerce de Saint-Malo, Bordeaux, Nantes et Marseille, capables de doter leurs filles à hauteur de deux ou trois cent mille livres et de marquer dans la pierre l'ampleur de leur réussite spéculative, est là pour en témoigner. Les finances étatiques, associant dans une fructueuse collaboration officiers royaux et opérateurs privés prenant à ferme la collecte fiscale et la vente des offices, ont assuré les réussites les plus spectaculaires malgré les risques plusieurs fois concrétisés de banqueroute partielle de l'État ou de grands procès de restitution, plus spectaculaires que réellement dangereux. Toutes les élites du royaume, emmenées par l'aristocratie de cour, ont largement participé comme investisseurs à ce système fisco-financier. Toutes les ascensions ne sont pas flamboyantes, même si ces dernières sont les plus spectaculaires. Le mode le plus fréquent correspond plutôt à une accumulation lente au cours des générations. Même s'ils semblent moins nombreux, peut-être parce que moins visibles, les risques de décrochage à la suite d'accidents imprévus ou de gestion imprévoyante affectent cependant des membres de l'élite sociale. Ces cas se multiplient en descendant l'échelle sociale.

La prégnance fondamentale de la parenté

L'importance de la conscience lignagère

Chaque individu, sans perdre totalement son autonomie d'action, est inséré dans une suite générationnelle de parenté dont l'impact s'impose à lui, à travers des droits et des devoirs. À travers sa lignée, il s'inscrit dans le temps et dans l'espace. Son existence sociale se définit prioritairement par son appartenance aux cercles concentriques de sa famille immédiate, de sa parenté proche du cousinage et d'une parentèle plus lointaine. Cette double dimension temporelle et spatiale entretient la mémoire, voire le culte des ancêtres, la solidarité entre les collatéraux face à la conjoncture du présent et le devoir de transmettre à sa descendance au moins autant sinon plus par rapport à l'héritage reçu. Cette appartenance lignagère entretient un système de solidarité au sein de la parenté, plaçant chaque membre en situation de créancier ou de débiteur selon les circonstances, au sein d'affaires les plus diverses ne se limitant pas aux prêts d'argent.

Cette conscience lignagère se vérifie tout au long de la pyramide sociale, même si elle perd de la densité de la pointe à la base, tout simplement par contraction du capital matériel et social à redistribuer si besoin est. Elle atteint logiquement son intensité maximale au sein de l'aristocratie de cour qui concentre le plus grand nombre de biens, de prestige et de pouvoirs et qui est appelée à faire fructifier l'ensemble dans un échange de services avec l'État monarchique. Défendant une conception héréditaire de la valeur, elle érode progressivement le système médiéval des maisons nobiliaires au profit de l'affirmation du patrilignage qui s'impose au XVIIe siècle. Dans le modèle traditionnel où il s'agissait de garantir la perpétuation ou l'amélioration d'un capital social composé d'un patronyme, d'un patrimoine, d'une réputation et de l'animation d'un réseau d'influence, les femmes jouaient un rôle essentiel dans la transmission. Leur mari reprenait le nom de leur beau-père, voire le prénom obligé Guy dans la maison de Laval, et les titres allant avec. La recherche des héritières et la négociation d'un accord suscitaient donc des stratégies subtiles face à la concurrence. L'entrée dans l'époque moderne voit s'affirmer la préférence pour la transmission par les mâles, ce qui oblige à veiller à la préservation d'une descendance mâle dans un temps où la haute mortalité naturelle joint ses effets dévastateurs à celle de guerre et au maintien dans le célibat d'un certain nombre d'enfants pour une contraction des dépenses au bénéfice de la branche aînée. Toutes les familles n'y parviennent pas et les extinctions biologiques sanctionnent l'imprévoyance ou l'accumulation imprévue d'accidents.

La transmission du patrimoine

Dans la parenté au cœur de la construction des liens sociaux, le mode de transmission du patrimoine familial joue un rôle stratégique essentiel. Ceci renvoie aux règles d'héritage codifiées dans les coutumes provinciales qui se répartissent schématiquement en deux ensembles pour le tiers état : un principe égalitaire pour la moitié nord de la France, inégalitaire en faveur de l'aîné ou d'un enfant désigné par le chef de famille dans la moitié sud. La noblesse se distingue par l'adoption généralisée du partage noble inégalitaire, avec parfois des effets aggravés comme l'exclusion des filles en Normandie.

Le partage inégalitaire est perçu comme la meilleure garantie de protection du modèle lignager. Cependant, quel que soit le système en vigueur, ses effets les plus durs sont corrigés par des compensations introduites dans les traités de succession. Dans le régime égalitaire, le risque majeur est la descension sociale par éclatement de la propriété au long des générations. Des mesures de précaution sont donc prises pour avantager la branche aînée, allant jusqu'à l'exclusion des femmes en Normandie. Dans le régime inégalitaire, ce sont les cadets qui souffrent. Au-delà du principe de solidarité de l'aîné favorisé, les solutions les plus classiques sont les entrées en religion et la contrainte de se trouver une activité susceptible de rehausser le niveau de revenu, ce qui est un élément certain de dynamique sociale. Des obligations engageant l'aîné sont souvent ajoutées, comme assurance minimale.

La conclusion des alliances matrimoniales : une dimension lignagère

À l'époque moderne, le choix d'un conjoint demeure une question d'intérêt familial, même si les sentiments des enfants peuvent être pris en compte par le chef de famille. La défense ou la progression du lignage demeurent prioritaires.

L'homogamie, qui préfère une alliance à égalité de positionnement, prédomine dans tous les groupes sociaux. Il s'agit le plus souvent d'un mariage à même niveau de fortune ou de considération sociale plutôt que d'une entente au sein d'une même profession. Ce choix correspond à une logique de consolidation de la position du lignage. Dès qu'une ambition sociale se manifeste, elle implique la diversification des partenaires. L'hypergamie, principalement au bénéfice des filles, est pratiquée par les familles qui veulent consolider leur ascension sociale, dans un échange entre une dot de haut niveau et l'introduction dans un lignage plus haut placé dans la société d'ordres : argent contre dignité. L'hypogamie féminine est un outil au service du partage inégalitaire, l'argent des dots économisé venant renforcer la position de la branche aînée.

Appartenance à un horizon social

Entre la critique des catégories historiennes et les constructions lignagères

La recherche en histoire sociale a développé une critique radicale des catégories sociales préfabriquées dans lesquelles il fallait faire entrer le réel au prix de sa déformation. Elle a rejeté l'essentialisation des concepts classiques comme clergé, noblesse, bourgeoisie, peuple... au profit de la reconstitution des environnements sociaux des individus à travers leurs actions et comportements, selon les méthodes de la micro-histoire. En regardant les convergences ou divergences des liens établis avec d'autres individus de même statut ou de niveau de fortune comparable, dans une anthropologie de la parenté, elle a préféré s'attacher à l'analyse des rapports sociaux. En évitant toute utilisation de grille d'analyse préconçue, la mise au net des préférences des stratégies lignagères dans le choix des partenaires de conservation ou de promotion permet de reconstruire au plus près des perceptions des acteurs les horizons sociaux de référence. Le fonctionnement d'une société n'est pas la simple addition des comportements individuels ou familiaux de ses membres. Dans leur choix de préférences sociales, les lignages sont influencés par des réalités et des valeurs partagées au sein d'ensembles plus larges qu'on peut appeler horizons sociaux pour en souligner en même temps la souplesse et la prégnance. On en trouvera une présentation dans les autres parties du chapitre.

Deux modèles sociaux en concurrence

La complexité de la société d'Ancien Régime vient de l'interpénétration de deux lectures de la hiérarchie sociale qui s'affrontent et se complètent, dans un rapport de forces qui ne progresse que lentement avant la grande rupture de la Révolution française. Sans jamais perdre sa position dominante, la référence à la société d'ordres laisse plus de place à la valorisation du niveau de fortune. Au sein d'une lecture où la hiérarchie est établie sur l'ancienneté lignagère et le service du roi de justice et de guerre, le nouveau riche venu des finances ou du grand commerce fait problème. Le modèle traditionnel résiste en s'adaptant à cette pression, non sans créer des frictions nourries par le décrochage croissant entre une rhétorique conservatrice et des pratiques sociales opposées. Les acteurs sociaux en tirent une relative liberté d'action, passant selon leurs intérêts dans un contexte donné d'un système de référence à un autre.

Ce dualisme se retrouve dans tous les secteurs, même en économie dans la conception du marché où l'éthos aristocratique du don au sein d'une relation sociale verticale s'oppose à l'éthos de l'échange capitaliste à égalité de statut, dans une logique horizontale. L'époque moderne est caractérisée par une interaction incessante entre ces deux modes opératoires. L'accès au marché du plus grand nombre, selon ses capacités financières, déconstruit progressivement l'encadrement idéologique nobiliaire des rapports économiques. En soustrayant les acteurs de la relation aliénante du don contre don, il leur ouvre un espace de liberté où la situation de débiteur ne s'accompagne de rien d'autre que de l'obligation du remboursement.

L'État monarchique a sa responsabilité dans cette confusion. Par la vénalité des offices, il met à nu et légitime le scandale de l'intégration du roturier urbain enrichi au détriment du gentilhomme rural gêné. Par sa politique mercantiliste, il entreprend de faire admettre que la spéculation du grand commerce n'est pas incompatible avec le statut nobiliaire, suscitant ainsi une grande polémique au milieu du XVIIIe siècle entre l'abbé Coyer défendant les mérites du négoce et le chevalier d'Ars crispé sur la version ancienne de la vertu nobiliaire. Par sa manipulation à outrance du système fisco-financier, il jette la plus grande confusion dans la définition de la haute noblesse en propulsant des lignées de nouveaux riches à la direction de l'État, spécialement sous le règne de Louis XIV.

Les groupes sociaux dominants

L'éclatement social de l'ordre du clergé

Le clergé est considéré comme le premier ordre du royaume, ce que vérifie l'accumulation des privilèges dont il jouit. Il est ainsi le seul ordre à bénéficier d'une représentation officielle auprès la monarchie. Depuis le contrat de Poissy de 1561, l'assemblée du clergé formée de quatre députés par province ecclésiastique (deux évêques et deux prêtres) se réunit tous les cinq ans pour négocier avec le pouvoir royal le montant de sa contribution (don gratuit) au fonctionnement de l'État et présenter les doléances de l'Église de France. Il est pourtant vain de lui chercher une définition sociale originale tant les profils de ses membres sont différenciés puisqu'on y retrouve une projection de toutes les composantes des élites sociales, enrichie de la fraction supérieure du peuple. Même si la règle du célibat en vigueur dans le catholicisme interdit une reproduction lignagère directe comme dans les autres ensembles sociaux, ces pratiques parviennent à s'infiltrer dans le renouvellement régulier avec des successions d'oncle à neveu le plus souvent. Les fondations privées de chapellenies sont autant de postes réservés aux membres de la famille.

Après le succès de la Réforme catholique du XVIIe siècle qui a vu une amélioration de la qualité du clergé séculier au service direct des fidèles et une audience prodigieuse des ordres réguliers réformés ou nouveaux qui ont multiplié les créations de couvents dans les villes, la seconde moitié du XVIIIe siècle marque un repli qui se traduit par la crise des vocations monastiques, surtout dans les ordres contemplatifs et masculins, et par une ruralisation du clergé paroissial qui s'ouvre davantage aux fils de paysans aisés. L'opposition structurelle entre un haut clergé (évêques et abbés au recrutement nobiliaire) et un bas clergé (curés et vicaires des paroisses sortant principalement des bourgeoisies urbaines) se creuse au XVIIIe siècle et trouve son épilogue dans l'éclatement de l'ordre aux états généraux de 1789.

La ou les noblesses ?

La pointe supérieure de la pyramide sociale

L'unité de la noblesse vient surtout de sa prétention reconnue à se définir comme la fraction supérieure de la société et, dans une moindre mesure, du partage d'un grand nombre de privilèges ou d'interdits qui marquent sa différence avec les roturiers. Jusqu'à la Révolution, elle constitue l'horizon de référence de toute réussite sociale dont la manifestation supérieure se confond avec l'entrée dans le second ordre. C'est ce qui lui donne sa force car elle intègre régulièrement les lignages les plus dynamiques, ceux qui ont prouvé par leur accumulation du capital dans des activités diverses leurs mérites et leur aptitude à soutenir leurs ambitions lignagères.

Étant donné la forte mortalité générale qui ne l'épargne pas, le don du sang pour le royaume pour ceux qui concrétisent l'idéal nobiliaire supérieur et les crises économiques qui rejettent les plus faibles vers la roture, la noblesse a besoin de se renouveler en permanence. L'anoblissement n'est donc pas condamné car il est une condition vitale de pérennité, mais bien encadré par la rhétorique des codes. Il doit rester progressif par respect du principe de transmission héréditaire et de la théorie raciale de mutation lente du sang : trois générations sont nécessaires pour se « décrasser » de sa roture. De ce point de vue les anoblis restent considérés comme des métis sociaux. On ne saurait toutefois confondre ce discours traditionaliste et les rapports sociaux effectifs beaucoup plus souples selon les données financières, les accords de parenté, les solidarités professionnelles, le mimétisme intense des entrants.

Dans la vision classique qui perdure, le noble est d'abord celui qui possède plus que tout autre la vertu qui fonde l'honneur et l'aptitude au commandement, aussi bien dans l'armée que dans l'administration. Cette qualité est transmise par le sang à travers les générations, d'où la considération pour l'ancienneté et le souci de ne pas faillir à la réputation du lignage. Les nobles, qui entendent démontrer leur supériorité morale par le courage physique et l'affrontement avec la mort, se veulent des hommes de devoir qui ne sont vraiment eux-mêmes que dans le service de Dieu, du prince et de leur protecteur, d'où l'importance de l'amitié et de la fidélité comme valeurs suprêmes dans le comportement aristocratique. Ce modèle a été construit en référence à la vocation militaire qui ne concerne réellement qu'une minorité de la noblesse à l'époque moderne. L'émergence d'une noblesse de robe, installée dans les instances supérieures de l'État monarchique, a conduit au développement d'une rhétorique complémentaire autour de la dignité du magistrat, inscrite dans l'humanisme chrétien. Le mélange des deux types de service dans les lignages tend à rapprocher ces justifications de supériorité, sans jamais les confondre totalement, la première demeurant la plus prestigieuse.

Définir la noblesse : du regard social au contrôle royal

Toute définition de la noblesse reste une approche complexe associant les interactions entre l'image entretenue par les représentations et les réalités des pratiques sociales. L'unité de la noblesse vient surtout de sa prétention reconnue à se définir comme la fraction supérieure de la société et, dans une moindre mesure, du partage d'un grand nombre de privilèges ou d'interdits qui marquent sa différence avec les roturiers. La différenciation par les privilèges n'est donc que quantitative, uniquement fondée sur la faveur royale au nom du principe de proximité sociale liant le roi et sa noblesse. La frontière avec la roture est signifiée par la règle de dérogeance amenant à la perte de noblesse en cas d'exercice de certaines professions jugées incompatibles avec son code de valeurs. Cette ligne symbolique reste particulièrement poreuse, admettant bien des va-et-vient au nom d'une réintégration toujours possible.

Au XVIe siècle, la noblesse reste avant tout une affaire de consensus social. Être noble, c'est d'abord l'être dans le regard des autres par le genre de vie adopté et les fonctions occupées. L'entrée dans la noblesse est un processus concrétisé par le respect de principes établis connus de tous : abandon d'activités non nobles comme l'artisanat, le commerce et le travail de la terre à grande échelle, l'entrée dans l'armée, dans les offices ou dans la vie rentière, l'achat de terres, surtout de seigneuries, l'adoption de loisirs nobles, en particulier la chasse. L'intégration dans le second ordre se fait par agrégation tacite, s'étalant dans la durée.

Au XVIIe siècle, le roi entend soumettre la définition de la noblesse à son contrôle. Une série de codifications interdit l'anoblissement par achat de terres nobles, distingue les offices octroyant la noblesse directement après vingt ans de service (conseil du roi et chancelleries) et les offices de noblesse graduelle nécessitant deux services de vingt ans sur deux générations. Le roi peut anoblir par lettres de mérite, ce qui reste un procédé assez rare, sauf en temps de détresse financière où cette faveur est monnayée avant d'être supprimée lors du rétablissement des finances.

Par souci de rentabilité fiscale, Colbert a engagé une grande réformation pour expurger les usurpateurs. En rupture avec la tradition, il a imposé la fourniture de preuves écrites, surtout de partages nobles ou de participation au ban militaire, mais aussi de possessions antérieures d'offices portant privilège d'anoblissement. On bascule donc du processus de reconnaissance sociale au contrôle de l'administration royale. Cette politique restrictive a déteint sur la noblesse qui a intériorisé cet esprit de fermeture. Les cours souveraines ont privilégié le recrutement nobiliaire, au détriment des riches roturiers. La mobilité sociale s'est partiellement enrayée. L'addition de ces mécanismes et de la déchéance d'une partie de la noblesse pauvre contrainte de s'adonner à des activités dérogeantes s'est traduite par une réduction du nombre des nobles au XVIIIe siècle. Ceci a eu un impact très négatif sur le concept de privilège. En l'associant principalement à un ordre en contraction, coupé plus visiblement du reste de la société, la monarchie a gommé le caractère positif d'un principe généraliste pour en faire une faveur injuste réservée à une minorité. D'où la violente attaque de l'abbé Siéyes à la veille de Révolution.

Diversité des activités

Derrière son unité juridique et éthique, la noblesse n'est que diversité. Ses activités se déclinent en plusieurs orientations plus ou moins anciennes et fréquentées. Le service militaire, qui sert de référence identitaire suprême, ne concerne en réalité qu'une minorité (10/15 %) avec de fortes variations régionales. Les carrières administratives, peu fréquentées au XVIe siècle, sauf en pays d'états, sont de plus en plus recherchées avec l'affirmation de l'absolutisme. Une noblesse récente y trouve sa légitimité et s'installe dans ce qui devient une tradition. Il ne convient pas d'opposer excessivement robe et épée car, dès l'époque de Richelieu, les lignages intègrent volontiers les deux services par souci de diversification professionnelle ou par stratégie matrimoniale. L'enrichissement des financiers a fait scandale au XVIIe siècle, mais ces derniers couronnent leur réussite par leur anoblissement et leurs alliances matrimoniales avec la haute noblesse au XVIIIe siècle.

Si la gestion des propriétés foncières et des seigneuries a toujours constitué une activité plus ou moins bien suivie - bien des nobles préférant affermer cette gestion ou la déléguer totalement à un régisseur -, le développement d'une noblesse d'affaires est un phénomène tardif qui ne devient vraiment significatif qu'avec le XVIIIe siècle. Les négociants enrichis dans le grand commerce et anoblis par achat de l'office de secrétaire du roi peuvent se maintenir dans le trafic sur deux ou trois générations, mais la tentation de la vie rentière ou du service de l'État reste puissante, surtout pour les suivantes. Les mines de charbon et la métallurgie, la verrerie, mais aussi la nouvelle industrie cotonnière et des toiles peintes comme la chimie naissante intéressent des familles aristocratiques. Le succès de l'agronomie peut pousser des aristocrates à se muer en véritables entrepreneurs agricoles soucieux de modernisation.

Une hiérarchie interne

L'ancienneté des lignages et la solidité de la fortune s'additionnent pour former une hiérarchie interne dans la répartition de l'influence sociale et politique. Cinq grandes strates peuvent être identifiées. Les Grands, regroupement des princes du sang, des princes d'origine étrangère et des ducs et pairs, constituent la crème de la noblesse, se disputant les honneurs de la cour, l'influence au conseil du roi, les gouvernements provinciaux et les commandements militaires. La noblesse seconde, de tradition militaire, formée de lignages puissants à l'échelon provincial, dans une relation intermédiaire de protégés des Grands et de protecteurs de la noblesse inférieure, dispose d'une influence considérable qui en fait un échelon à fidéliser en priorité pour le pouvoir royal. Concurrencée par la noblesse administrative, elle perd toutefois cette importance stratégique à partir du règne de Louis XIV.

La noblesse de robe est composée de lignages plus récents dont certains sont cependant plus riches que bien des familles du groupe précédent. Une meilleure instruction exigée pour l'accès aux charges soutient une culture beaucoup plus riche vérifiable par l'ampleur et le contenu des bibliothèques. Un vrai décalage sépare la haute noblesse de robe, spécialement parisienne, mais aussi des parlements provinciaux, d'une noblesse moyenne qui domine les autres sièges de justice et de finances. La gentilhommerie, strate la plus importante numériquement, dispose d'une réelle puissance sociale autour de ses manoirs dans les seigneuries, influence déjà disputée si elle se laisse séduire par une vie urbaine. À sa limite inférieure évolue la noblesse « pauvre », plus à l'aise que bien des gens du peuple, mais souvent moins riche que les bourgeois ruraux ou les paysans aisés dont elle est heureuse d'épouser les filles. Une conjoncture économique défavorable qui se prolonge trop déclasse les plus faibles vers le tiers état.

Les bourgeoisies

La bourgeoisie est un horizon social d'autant plus difficile à caractériser qu'elle rassemble des familles notables assurant leur aisance financière de manière diversifiée et qu'elle est étirée dans un rôle d'articulation sociale entre les élites populaires et les noblesses. Dans une approche par opposition, on serait tenté de dire des bourgeois : ni peuple, ni nobles. Une large majorité de ses membres partage néanmoins un bon nombre de valeurs qui définissent son identité propre.

Quatre grands types de bourgeois

Quatre types d'activités regroupent des situations de fortune inégales, mais assurant une réelle indépendance économique, même en conjoncture de crise. La bourgeoisie administrative bénéficie du prestige supérieur de son intégration dans l'État monarchique. Les officiers moyens ou supérieurs de judicature, qui travaillent dans les cours de justice royale avec des anoblis ou même des gentilshommes, sont les plus respectés. Ils entraînent dans leur sillage tous les officiers inférieurs, comme procureurs, notaires, greffiers, mais aussi les avocats ou les professeurs de droit à l'université. Associés à ces derniers par les grades universitaires, les médecins voient leur notoriété s'accroître, sans doute plus vite que leur compétence réelle, entraînant derrière eux les chirurgiens et les apothicaires relégués vraiment à la frontière inférieure.

Les officiers de finance jouissent d'une moindre réputation, à égalité hiérarchique, mais sont souvent plus riches. Associés aux traitants dans le système fisco-financier ou preneurs de fermes pour eux-mêmes, ils ont ainsi l'occasion de gonfler rapidement leur fortune grâce aux avances sur recettes ou aux prêts consentis au pouvoir royal. La puissance sociale et culturelle de la Ferme générale au XVIIIe siècle montre que la dérision méprisante envers les « laquais-financiers » appartient au passé. La renommée de ces riches mécènes capables de doter magnifiquement leurs filles, profite à l'ensemble des manieurs d'argent qui demeurent cependant perçus comme des sangsues dans les milieux populaires.

La bourgeoisie marchande se décline également en plusieurs niveaux depuis le grand commerçant en lien avec le monde atlantique ou l'océan Indien, qui cherche à se différencier en se réservant le qualificatif de négociant au XVIIIe siècle, jusqu'au marchand spécialisé assurant un trafic interrégional de céréales, vins, sel, draps ou toiles et au marchand-détaillant de luxe qui débite auprès de sa clientèle les draps de laine et soie, les épices et nouveaux produits comme sucre et café, la vaisselle précieuse ou les fourrures travaillées dans les ateliers. Le contrôle de la manufacture dispersée reste un puissant levier de suprématie commerciale, mais l'émergence d'entreprises concentrées dans le secteur cotonnier et les toiles peintes pousse en avant un groupe nouveau de manufacturiers au cours du XVIIIe siècle.

Longtemps, le niveau de fortune et les jugements de valeur se sont alliés pour placer la bourgeoisie marchande derrière la bourgeoisie officière. Dans les grands ports de la façade atlantique ou à Marseille comme dans les villes manufacturières comme Amiens ou Lille pour la laine et Lyon ou Nîmes pour la soie, ce schéma se renverse au XVIIIe siècle, même si la bourgeoisie d'affaires souffre toujours de la fuite vers les offices ou la vie rentière.

La bourgeoisie propriétaire, qui valorise son patrimoine en surveillant ses baux avec les fermiers et métayers de ses biens fonciers et avec les artisans et boutiquiers pour ses immeubles urbains, mais aussi en multipliant les placements financiers soit auprès des institutions publiques, avec l'État comme premier demandeur, soit auprès des particuliers par le biais des nombreux contrats de rente ou de constitution, est moins en vue que les précédentes. Elle n'en pèse pas moins lourd financièrement. Soulignons l'importance des veuves d'officiers pour qui cette forme de gestion reste le meilleur moyen d'entretenir un capital.

Un horizon bourgeois

Définir la bourgeoisie d'Ancien Régime demeure toujours aléatoire car c'est un groupe social qui, dans sa couche supérieure, se situe volontiers dans un état de transition vers la noblesse, d'où l'invention par F. Braudel, discutable sur le plan économique mais plus pertinente sur le plan culturel, du concept de « trahison » pour caractériser sa dynamique interne. Mais il serait bien exagéré de dresser un portrait de groupe à partir du profil de sa fraction supérieure. La très grande majorité des familles inscrit ses ambitions dans cet univers de la roture aisée. Le réflexe le plus partagé reste la distinction d'avec un peuple méprisé, dont l'indignité est inscrite dans l'obligation du travail manuel. L'élévation lente des lignages sur plusieurs générations a développé le culte de l'effort et du travail, la recherche de l'épargne comme tremplin pour aller plus loin, la correction collective de l'héritage égalitaire pour positionner la branche aînée comme moteur de progression et l'entretien de la solidarité dans l'ensemble de la parenté.

L'horizon bourgeois repose principalement sur une fierté sociale fondée sur l'indépendance économique absolue capable d'absorber tous les aléas de la conjoncture, le confort d'une vie matérielle qui sait se garder de l'ostentation, le degré d'instruction assuré par une scolarisation des fils au collège et plus rarement à l'université, l'exercice du pouvoir local au niveau professionnel, paroissial, milicien, municipal ou provincial lorsque les assemblées d'états ont survécu. La reconnaissance sociale de prestige par attribution de responsabilités collectives à l'échelle de la ville de résidence est un des signes les plus forts de la condition bourgeoise. Plus que la direction des corporations supérieures de métiers comme les Six Corps de Paris, il s'agit principalement de la gestion des fabriques paroissiales, du commandement des compagnies de milice urbaine et surtout de la participation aux échevinages ou aux consulats. Un *cursus honorum* structure souvent les trajectoires de notabilité, sans que celui-ci ne soit jamais obligatoire. Toutefois, au-delà de cet univers social partagé, que de distinctions internes comme le révèlent, par exemple, la formation professionnelle selon l'importance accordée à la pratique, le contenu des bibliothèques où le retard marchand n'est comblé qu'au XVIIIe siècle, mais aussi le type constructif, le régime d'occupation et la localisation des résidences qui entretiennent des environnements sociaux plutôt robins ou plutôt marchands à l'intérieur de l'espace urbain.

Les groupes sociaux dominés

Le peuple des campagnes

Les paysans indépendants

La hiérarchie villageoise retient comme critère essentiel la notion de dépendance économique. Les paysans aisés – le laboureur du Bassin parisien, le métayer de l'Ouest, le ménager du Midi – assurent la sécurité de leur famille parce qu'ils mettent en valeur une exploitation supérieure à vingt hectares, dont ils ne sont propriétaires que pour une petite portion, grâce à la possession d'un cheptel vif (chevaux, bœufs, vaches, ovins) ou mort (charrues, araires, charrettes, herses, rouleaux) et à l'emploi de domestiques et de journaliers agricoles en nombre plus ou moins grand. Disposant régulièrement de surplus commerciaux, ils sont toujours bien placés face à la conjoncture, avec beaucoup à vendre si les prix fléchissent ou suffisamment si les prix s'envolent, ce qui est beaucoup plus rémunérateur.

Leur puissance sociale repose sur leur situation de donneurs d'emploi et de bailleurs de matériel à leurs voisins plus démunis, obligés de compenser en fourniture de travail gratuit. Ce sont aussi des prêteurs, qui avancent des semences ou de l'argent monnayé contre des hypothèques assises sur des parcelles convoitées. Forts de leur trésorerie, les meilleurs prennent à ferme la gestion des grandes exploitations de la noblesse ou de la bourgeoise absentéiste – qu'ils sous-traitent à des paysans moins fortunés – et la levée des droits seigneuriaux. Par là, ils captent non seulement une partie de la rente foncière, mais profitent peu ou prou du prestige de l'exercice de l'autorité.

Alphabétisés, ils veillent à une instruction correcte de leurs enfants dont ils espèrent pour les plus doués les petits offices ruraux, la prêtrise de village ou le petit commerce du bourg. Détenteurs du pouvoir dans la communauté d'habitants comme syndics ou consuls, ils parviennent à imposer progressivement une fermeture sociale de l'assemblée des chefs de feu.

Les paysans dépendants

Les paysans les plus nombreux connaissent une dépendance économique plus ou moins grande. Deux groupes sont à distinguer : ceux pour qui cette situation varie selon la conjoncture économique et ceux qui le sont en permanence. Les premiers disposent d'une exploitation de taille moyenne, souvent entre cinq et quinze hectares, tout en ne possédant que rarement un train de culture. Leur cheptel vif est souvent réduit. La variation des prix joue contre eux : ils sont vendeurs lorsque les cours chutent et au contraire acheteurs lorsqu'ils flambent. Leur sort dépend du rapprochement ou de l'espacement des crises climatiques.

Au-dessous de ces haricotiers du Beauvaisis, des bordiers de l'Ouest et des laboureurs à bras du Midi, s'étend la masse des manouvriers dont la précarité est d'autant plus grande que disparaît l'accès à la propriété terrienne. Les meilleurs d'entre eux sont des micro-exploitants travaillant sur leur petite propriété d'un à deux hectares, les plus faibles n'étant que des ouvriers agricoles riches de leurs bras et d'un petit jardin accolé à leur maison. Tous ont absolument besoin d'une activité complémentaire pour se dégager de la grande misère : ils la trouvent dans le travail de filature ou de tissage de la proto-industrie, les activités de voiturage, l'artisanat rural, la pêche ou le cabotage pour les habitants du littoral. Lorsque la conjoncture défavorable contracte l'emploi, ils sombrent dans la plus grande précarité, risquant la saisie de leurs petites parcelles ou l'expulsion de leur masure devant l'accumulation des arriérés de dettes.

L'intégration villageoise

Dominés, souvent méprisés, ces paysans pauvres ne sont pourtant pas des exclus. Membres de leur paroisse, ils participent aux messes et fêtes religieuses, sont enterrés dans le cimetière, lieu sacré où s'établit la conjonction entre les vivants et les morts, sans prétendre à la charge de marguillier de fabrique. Membres de la communauté d'habitants qui réglemente son terroir, ils bénéficient à leur mesure des biens communaux et des droits d'usage collectifs sur les exploitations individuelles, même s'ils n'ont guère leur mot à dire dans la police villageoise. Membres de la seigneurie, ils relèvent de sa justice pour leurs conflits avec leurs voisins ou leurs délits. Les plus à l'abri sont cotés à quelques livres sur le rôle fiscal. Rarement alphabétisés, ils n'en sont pas moins intégrés culturellement au village par les valeurs transmises par la tradition orale et la reproduction des conduites sociales. Les rivalités avec les villages voisins, la vigilance contre les excès seigneuriaux et la méfiance vis-à-vis de l'État entretiennent cette identité communautaire.

Le peuple des villes

Les maîtres des métiers

Le monde urbain connaît le même clivage autour de la dépendance économique. Le bon peuple, couche supérieure proche de la petite bourgeoisie sur la grande ligne de démarcation sociale, regroupe principalement les petits patrons des boutiques et des ateliers, mais aussi des petits marchands spécialisés, des petits officiers comme sergents et huissiers et même de menus rentiers. Les maîtres de métier travaillent en famille avec un ou deux compagnons, un ou deux apprentis. Organisés en corporations, ils restent attachés à ce mode très dispersé de production parce qu'il leur semble garantir une indépendance vénérée. Celle-ci est pourtant bien relative. Certains, comme ceux du textile, sont intégrés dans des filières sous le contrôle des grands marchands. Seule une minorité est capable de résister aux crises, le plus grand nombre est victime de la raréfaction des commandes, la priorité donnée à l'alimentation de base annulant les autres dépenses.

La plupart des maîtres savent lire, écrire, compter, ce qui leur permet d'exercer quelques menues responsabilités : jurés de corporation, marguilliers dans les paroisses populaires, sergents de milice. Leur présence dans les assemblées générales de la ville est de plus en plus récusée. Encore fréquente au XVIe siècle, au moins pour les élections, elle chute rapidement au XVIIe siècle, avec toutefois de fortes variations selon les lieux. Leur valorisation sociale est liée à leur appartenance aux métiers jurés ou réglés dont le travail de réglementation professionnelle se double d'une solidarité religieuse et sociale s'exprimant dans la célébration de cérémonies et de fêtes qui sont autant d'occasions de communion identitaire.

Des compagnons aux gagne-deniers

Le menu peuple se compose essentiellement de salariés, même si de petits patrons en font partie. La formation professionnelle et la technicité des gestes qui sont autant de garantie dans la sécurité de l'emploi séparent les compagnons des simples gagne-deniers qui sont de purs manœuvres essayant de se louer à la journée pour un travail indifférencié. Les salaires faibles (dix sols par jour sous Louis XIV, soit 100 à 120 livres par an) ne laissent espérer aucune épargne et conduisent à un endettement auprès du patron, des boutiquiers ou de l'usurier de quartier. La pauvreté s'apparente plus à un processus caractérisé par la non maîtrise de ce déclassement qu'à un état social particulier. L'entassement dans des quartiers insalubres explique les ravages épidémiques, les foyers de peste étant un révélateur parfait de la répartition sociale dans l'espace urbain. Non alphabétisé, prisonnier d'une culture non rationnelle, le menu peuple forme un milieu très favorable au développement des rumeurs et prompt à s'enflammer contre le fisc royal ou les insuffisances municipales dans l'approvisionnement en céréales. Intégrés dans le système corporatif, les compagnons hésitent entre le paternalisme patronal et la contestation organisée à partir du compagnonnage, ensemble d'organisations semi-clandestines très segmenté et secoué d'intenses rivalités internes, ce qui retarde finalement l'émergence d'une conscience de classe.

Les déracinés

Entre la campagne et la ville existe toute une population flottante qui rassemble des types de condition très divers. Certains conservent une véritable activité professionnelle incluant un nécessaire déplacement géographique comme les colporteurs ou les compagnons accomplissant leur tour de France, mais aussi tous les montagnards qui résolvent la surdensité rurale par la recherche de travail saisonnier : maçons du Limousin, ramoneurs de Savoie, moissonneurs qui remontent du Sud vers le Nord. Les débuts de Molière illustrent à merveille l'existence de ces troupes de spectacle ambulantes, parfois mal distinguées des Gitans fréquentés et redoutés pour leurs qualités de devins et de sorciers.

Les grands chemins voient aussi passer de véritables déclassés : soldats démobilisés ou déserteurs, manouvriers expulsés de leur maison, gagne-deniers à la dérive, filles-mères cherchant refuge en ville, instables toujours en quête d'aventures. Un bon nombre finissait par grossir les bandes de brigands qui rançonnaient les voyageurs en essayant d'échapper à une maréchaussée à la justice expéditive. Cette errance, qui s'achève trop souvent par mort d'épuisement sur le bord de la route ou dans les hôpitaux généraux des villes, croît et décroît selon la conjoncture. L'accumulation des crises climatiques jette les plus démunis des ruraux vers les villes et leurs secours religieux et municipaux. Submergées, ces dernières tentent de refouler ces intrus en prétendant réserver l'assistance aux pauvres originaires du lieu.

Conclusion

L'ancienne définition de la société d'ordres reposant sur une conception juridico-religieuse de l'inégalité ne cède que lentement du terrain devant de nouvelles attitudes renvoyant au respect de la hiérarchie des fortunes. La multiplication des offices royaux de type vénaux et le recours massif de l'État monarchique aux financiers sont, avec la progression d'une économie d'échanges entraînée par le commerce international, les principaux moteurs des transformations de la société. L'entrée dans la noblesse fait très longtemps rêver les riches bourgeois ambitieux, mais l'attrait exercé par les investissements capitalistes transforme de l'intérieur une fraction grandissante du second ordre. La noblesse, incarnation du sommet de la pyramide sociale, est en constante redéfinition. La prétention de l'État absolutiste à confondre ascension sociale et pure grâce royale aboutit à une rigidification de la société française qui finit par se retourner contre lui en bloquant toutes ses initiatives réformatrices au XVIIIe siècle.

Chapitre 4

Une France chrétienne

Dans le royaume très chrétien, l'encadrement clérical reste un enjeu majeur pour le contrôle de la fidélité politique des sujets. Dans une culture politique où le religieux est considéré par tous comme le meilleur ciment de l'État-nation, l'apparition d'une minorité protestante a soulevé un énorme problème qui a reçu des réponses contradictoires. La catholicité du roi ayant été inscrite au rang des principes majeurs de la couronne, la France s'est transformée en terre de mission dans l'esprit de la Réforme tridentine interprétée dans le gallicanisme traditionnel, tout en laissant cohabiter des sensibilités religieuses assez diversifiées.

La tradition chrétienne romaine

Les structures cléricales

L'ordre du clergé est divisé en deux grandes catégories selon le service spirituel rendu à la société : le clergé séculier placé sous la direction des évêques s'occupe de l'encadrement liturgique des fidèles, le clergé régulier – moines ou moniales appartenant à un ordre fondé sur l'observance d'une règle – se répartit entre contemplatifs retirés du monde par le principe de clôture et mendiants engagés dans la prédication, l'enseignement et l'assistance.

Les diocèses

Le royaume est divisé en 130 diocèses de tailles très inégales, les plus petits se trouvant dans le Sud-Est (Gaule la plus romanisée). Chaque diocèse, formé d'un ensemble de paroisses, est dirigé par un évêque. Plusieurs diocèses réunis constituent une province ecclésiastique placée sous l'autorité d'un des évêques qui prend alors le titre d'archevêque. Pour l'administration de son diocèse, l'évêque s'entoure d'un conseil dirigé par un vicaire général, sorte de lieutenant dont le rôle est essentiel pour compenser l'absentéisme plus ou moins fort du titulaire, mais aussi d'archidiacres responsables de sous-ensembles diocésains formés par l'addition de doyennés, groupes de paroisses placées sous l'autorité d'un curé-doyen.

Afin d'imprimer sa marque, un évêque publie des statuts synodaux – règlements pris et commentés dans une assemblée diocésaine des curés de paroisses – dont la vérification de l'application s'effectue lors de visites pastorales confiées aux archidiacres. Tous les manquements des clercs sont jugés devant un tribunal ecclésiastique appelé officialité, devant lequel les fidèles peuvent aussi se pourvoir, par exemple pour une annulation de mariage.

Les chapitres

Les chanoines sont des prêtres de dignité supérieure appartenant à un chapitre, collège de clercs liés à la cathédrale ou à quelques églises supérieures appelées collégiales. Les chapitres, qui élisaient les évêques au bas Moyen Âge, ont perdu leur rôle administratif qu'ils ne retrouvent que transitoirement lors des vacances épiscopales. Ils conservent cependant un rôle de représentation de l'Église dans les institutions municipales ou d'assistance sociale. Toutefois, leur principale fonction est devenue liturgique : chargés de donner du lustre aux cérémonies de leur église, ils fixent ainsi les normes à suivre et proposent un modèle à imiter. Généralement fort cultivés, les chanoines exercent une influence intellectuelle bien au-delà de leur pure fonction cléricale.

Les paroisses

Une paroisse est dirigée par un curé chargé de la célébration des messes, de l'enseignement du catéchisme, de la distribution des sacrements et des cérémonies complémentaires : vêpres, prières, processions. Il est aidé par des vicaires qu'il rémunère et par des prêtres « habitués » qui sont directement rétribués par les fidèles pour les messes demandées. Dans ce but, le curé perçoit la portion congrue – parts de dîmes reversées par le décimateur – passant de 120 livres (1571) à 300 livres (1679), puis 500 livres (1768) et 700 livres (1786), des loyers de terres ou de maisons et des intérêts de rente issus de son bénéfice ecclésiastique, ainsi que le casuel formé des versements des fidèles pour les actes religieux. Les frais d'entretien de l'église, du presbytère, du cimetière et des célébrations ne relèvent pas de lui, mais d'une caisse paroissiale nommée fabrique gérée par des fidèles élus appelés marguilliers. Les différences entre les paroisses du centre des villes et des régions rurales isolées sont considérables. La portion congrue, considérée comme convenable au XVIIe siècle, est laminée par la hausse des prix au XVIIIe siècle, et sa réévaluation tardive jugée insuffisante par bien des membres du bas clergé.

Les ordres religieux

Le clergé régulier s'est beaucoup diversifié aux Temps modernes car les ordres les plus anciens continuent d'exister tandis que naissent des branches réformées et des ordres totalement nouveaux. Les monastères ruraux bénédictins et cisterciens perpétuent la tradition contemplative, la réforme bénédictine de la congrégation de Saint-Maur au XVIIe siècle favorisant même le développement d'une érudition historique fondée sur les textes. Les ordres mendiants, appelés ainsi parce qu'ils s'étaient fondés sur un idéal de pauvreté au XIIIe siècle, se sont séparés en plusieurs branches à partir de la seconde moitié du XVe siècle, surtout la grande famille franciscaine qui se décline en minimes, récollets et capucins, ces derniers connaissant un très grand succès auprès des masses populaires pour leur prédication émotive simple et leur charité sans limite, surtout lors des épidémies.

La Compagnie de Jésus, définie par Ignace de Loyola comme une milice spirituelle au service de la papauté et officialisée en 1540, reste l'exemple le plus célèbre des nouvelles créations par sa densité de présence dans la réflexion théologique, la prédication de masse, l'enseignement dans les collèges et sa diffusion planétaire. Cette compagnie de prêtres vivant selon une règle fondatrice illustre une certaine superposition des deux types de clergé s'opérant au temps de la Réforme catholique. Cela a ouvert la voie à la création de nombreuses congrégations de prêtres comme les oratoriens, les lazaristes de saint Vincent de Paul, les eudistes, travaillant tous dans l'enseignement et la prédication. Le XVIIe siècle a vu se multiplier les couvents urbains, surtout ceux de femmes, témoignage de l'élan spirituel qui parcourt les élites au sortir des guerres de Religion.

Ce dynamisme s'est cependant commué lentement en crise au XVIIIe siècle, surtout pour les ordres contemplatifs masculins, jusqu'à obliger une commission étatique à recommander la fermeture de nombreux établissements. En 1789, on estime à 60 000 le nombre des séculiers, soit un prêtre pour 450 habitants, et à 70 000 celui des réguliers dont au moins 40 000 religieuses. La plus grande fragilité de l'ordre vient d'une tension croissante entre le haut clergé des évêques et des abbés de monastère, d'origine presque exclusivement nobiliaire, et le bas clergé, surtout rural, issu de la petite bourgeoisie et de plus en plus de la paysannerie aisée.

Le christianisme au quotidien

Un environnement chrétien

Le royaume de France appartient à une aire de civilisation chrétienne qui influe sur tous les gestes de la vie. La paroisse, unité de vie religieuse, dont les limites se confondent souvent avec celles du finage (unité de vie agricole), forme la cellule élémentaire qui façonne l'identité collective. L'église, lieu de culte et de l'assemblée des habitants, ainsi que le cimetière où se renouvelle en permanence le sentiment communautaire par la jonction entre les vivants et les morts, sont deux centres majeurs de conservation du sentiment d'appartenance. Le temps qui passe est rythmé par les repères religieux, que ce soit le calendrier agraire annuel ou le déroulement de la vie marqué par les grandes étapes sacramentelles dans lesquelles se font sentir les différences entre les approches catholique et protestante.

L'évidence de l'intégration au grand peuple chrétien est symbolisée par le recours général au baptême, démarche de foi enrichie d'une dimension sociale par le choix des parrains et marraines qui permet de consolider les liens familiaux et un premier cercle de solidarité. Pour les catholiques, l'éducation à la foi, sanctionnée par la confirmation, rite de passage religieux, prolongée dans la vie adulte par le respect du couple pénitence-communion autour des fêtes pascales, légitime le mariage chrétien, dynamique spirituelle d'un contrat économique entre deux familles, et impose la préparation à la bonne mort par le souci de l'extrême-onction au sortir de la vie. Autant de rites fondamentaux validés socialement par une pratique généralisée.

Une double ambition de refondation du chrétien

La christianisation des Temps modernes a vu apparaître une forte tension entre la perception du plus grand nombre liée à un héritage multiséculaire et une définition cléricale soutenue par la compétition entre deux confessions rivales. D'un côté, une religion traditionnelle, avant tout rituelle, dans laquelle un discours et une pratique orthodoxe recouvrent plus ou moins, en les redéfinissant, des gestes plus liés à une recherche de communication directe avec la nature et les forces surnaturelles dans une alternative de vie ou de mort, de fécondité ou de dépérissement. De l'autre, une religion recentrée sur le message du Christ, insistant davantage sur l'intériorisation de la méditation personnelle que sur l'extériorisation d'un cérémonial ritualiste, soucieuse de se débarrasser d'un certain nombre de pratiques qualifiées de superstitieuses au nom d'une rationalité évangélique. Le risque de décrochage d'une partie des fidèles, incapables de comprendre le sens de ces réprobations contre des gestes religieux de sauvegarde, existe bel et bien au sein de ce procès d'acculturation entrepris par les deux Réformes.

Cette gestion est plus compliquée pour l'Église catholique dans la mesure où celle-ci prétend se situer dans la continuité historique. La logique de rupture radicale adoptée par le calvinisme conjuguée à la conscience aiguë de l'élection divine a certainement facilité le décrochage d'avec tout ce qui pouvait prêter le flanc à l'accusation de complaisance avec un héritage païen encore sous-jacent. La différence de traitement de la tradition du culte des saints, sévèrement rejetée par Calvin comme idolâtre, mais justifiée par le catholicisme après une refondation doctrinale et esthétique, illustre sans doute le mieux cette inégalité de positionnement. Les tensions liées à l'épuration des éléments décoratifs dans les églises au XVIIe siècle en portent témoignage. Toutefois, les mutations culturelles ne s'effectuant en profondeur que sur le temps long, il est certain que les deux réformes ont été affrontées aux mêmes problèmes dans leur ambition de création d'un nouveau type chrétien.

Une France gallicane

Une tradition monarchique

Depuis le début du XIVe siècle, le gallicanisme est devenu une sorte de caractère identitaire de la monarchie française. Le roi y voit l'opportunité de contrôler une Église perçue comme une structure essentielle d'encadrement du royaume. La hiérarchie épiscopale entend préserver sa liberté de manœuvre vis-à-vis du Saint-Siège sans trop tomber sous la tutelle royale. Les juristes, spécialement les parlementaires, repoussent d'autant le magistère de Rome qu'ils souhaitent être les seuls à garantir la rectitude de la monarchie royale.

Le concordat de Bologne de 1516 institue une double investiture pour les bénéfices majeurs (nomination des évêques, des abbés des monastères et de certains prieurs et chanoines), avec sélection royale suivie d'une confirmation pontificale. En concédant au roi la maîtrise du marché des bénéfices, la papauté parvient à écarter la tentation de schisme à laquelle ont succombé des princes du Saint Empire et surtout les souverains d'Angleterre. L'Église catholique, hostile à la suppression de la Pragmatique Sanction de Bourges (1438) qui réservait l'élection de l'évêque au chapitre cathédral, ne se résigne à la nouvelle formule qu'au sortir des guerres de Religion.

La vigilance des légistes quant à la préservation du principe d'indépendance du pouvoir temporel du roi, aisément muée en refus de suivisme pour toute coopération trop voyante entre les deux autorités, explique le refus de la réception officielle des canons du concile de Trente (1545-1563) comme loi du royaume, alors que la monarchie n'a rien contre l'idée d'une renaissance ecclésiale et pastorale. Devant cette impossibilité d'une reconnaissance officielle encore vérifiée aux états généraux de 1614-1615, l'ordre du clergé doit se contenter de sa seule approbation, même si dans l'action il reçoit un large soutien de la monarchie et des élites catholiques.

La politique anti-habsbourgeoise des XVIe et XVIIe siècles récusant tout internationalisme catholique a permis de maintenir cette vigilance face à la papauté. La grande crise de la régale, qui oppose Louis XIV à Innocent XI à propos de l'attribution des revenus des évêchés vacants dans une partie de la France, se traduit par une fièvre gallicane qui inspire la Déclaration des quatre articles de 1682 que Bossuet fait avaliser par l'assemblée du clergé, même si la montée des périls extérieurs après la révocation de l'édit de Nantes (1685) oblige le Roi-Soleil à modérer ses propos dans les années 1690.

Gallicanisme et crise politique au XVIIIe siècle

En 1705 et 1713, lorsque le monarque, inquiet de la collusion entre jansénisme et richérisme, est amené à solliciter le soutien du pouvoir spirituel du pape pour anéantir l'influence d'une tendance catholique qualifiée de « républicaine », cette redéfinition du positionnement traditionnel est vécue comme une trahison par les purs gallicans qui demeurent nombreux dans les milieux juridiques.

Jusqu'à la fin des années 1750, l'opposition parlementaire, dont une minorité seulement a de véritables convictions jansénistes, trouve dans la défense du gallicanisme son principal cheval de bataille. Elle finit par obtenir en 1764 l'expulsion de l'ordre des jésuites, symbole de l'ultramontanisme, comme revanche sur l'épuration cléricale menée radicalement par les évêques dans les décennies 1720-1730. Ce rapprochement entre pouvoir royal et papauté, conforté par la montée de l'anticléricalisme des Lumières, est jugé de plus en plus comme une complaisance coupable d'un absolutisme vacillant. Cet état d'esprit explique pourquoi le parti patriote a montré aussi peu de prudence dans la rédaction de la constitution civile du clergé en 1790 – retour en force d'un gallicanisme radical – et une raideur dommageable à ses perspectives politiques dans l'affaire du serment en 1791.

Le problème du pluralisme religieux

Une foi, une loi, un roi ?

La rupture du christianisme romain a posé un énorme problème dans la France du XVIe siècle car elle a rendu explosif le vieux principe de l'unité religieuse comme garantie de la cohésion du royaume : non parce que cet adage a perdu de son intérêt, mais bien plutôt parce que chaque confession a voulu l'interpréter en sa seule faveur, ce qui a obligé à sa mise à l'écart toute provisoire.

De l'évangélisme au calvinisme

L'idéal humaniste d'une réforme de l'Église s'est diffusé en France avant même que le luthéranisme ne connaisse quelque succès. Fort du patronage de Marguerite de Navarre, sœur de François Ier, le recentrage sur la philosophie du Christ et l'expérience des premières communautés chrétiennes défendue par le courant évangéliste conduit par Lefèvre d'Étaples a séduit des fidèles qui, tout en recherchant un approfondissement spirituel centré sur les Saintes Écritures, ne voulaient pas provoquer de rupture avec Rome. Bien qu'en butte à l'hostilité de la faculté de théologie de Paris, ces érasmiens ont bénéficié de la protection royale jusqu'à ce que des réfugiés à Lausanne, dans la mouvance des réformes suisses, somment François Ier de choisir clairement son camp en placardant en 1534 dans plusieurs villes des affiches injurieuses envers la papauté et le mystère de l'Eucharistie. L'émergence de la doctrine calviniste à partir de 1536, très critique vis-à-vis de toute recherche de conciliation, a fait basculer le pouvoir royal dans une logique de répression judiciaire de plus en plus radicale de 1540 à 1559, sans que cette escalade ne parvienne à empêcher ni la diffusion clandestine du calvinisme, ni l'éclosion des églises réformées à partir de 1555, leur premier synode national se tenant à Paris en 1559.

En suivant les réseaux intellectuels des universités et des cercles érudits ou les filières commerciales liant les grands marchands des ports et les artisans du textile, le calvinisme a surtout séduit dans les catégories supérieure et moyenne de la société française, perçant beaucoup plus difficilement dans la masse paysanne malgré l'exploitation d'une hostilité ancienne au paiement de la dîme. La crise politique est devenue flagrante lorsqu'une forte minorité de la haute noblesse a basculé dans la Réforme, entraînant à sa suite bien des membres de ses réseaux de clientèle. Après la mort accidentelle d'Henri II en 1559, cet élan a convaincu le parti huguenot de la possibilité de faire basculer le royaume dans le calvinisme grâce à l'action des princes du sang comme les Condé, en obtenant la conversion du roi. Les massacres de la Saint-Barthélemy ont signé la fin de cette illusion en 1572.

Concorde religieuse ou coexistence légale ?

Conscient des graves conséquences inhérentes à toute guerre civile, le pouvoir royal, surtout en la personne de Catherine de Médicis, régente et conseillère écoutée de ses fils, et de son chancelier Michel de L'Hospital, a tenté d'éviter l'embrasement par une politique gallicane de concorde. Constatant l'impuissance des représentants des deux confessions à parvenir à un accord (échec du colloque de Poissy, 1561), l'État royal, considérant comme mission première de son statut temporel la protection de la paix civile, a essayé de conclure des édits de pacification reposant sur le principe d'une coexistence provisoire entre deux Églises, en attendant une réunification toujours considérée comme l'idéal à poursuivre par tous les partis.

Tableau des différences religieuses entre catholiques et protestants

Profil religieux	Catholiques	Protestants
Gain du salut	Par la foi et les œuvres	Par la seule foi
Rôle de Dieu	Grâce agissante si acceptée	Grâce toute-puissante
Place du fidèle	Libre arbitre	Prédestination
Mentalité du fidèle	Inquiétude pour le salut	Certitude de l'élection
Connaissance de Dieu	Tradition et Révélation	Écriture seule
Liens Dieu/fidèle	En priorité par l'Église	Dialogue direct
Vision de l'Église	Église visible de clercs	Église véritable invisible
Pastorale	Prêtres ordonnés	Sacerdoce universel
Statut des cadres	Célibat ecclésiastique	Mariage possible des pasteurs
Organisation	Hiérarchie de clercs	Consistoires et synodes
Papauté	Suprématie renforcée	Rejet de son autorité
Sacrements	Sept sacrements	Baptême et Eucharistie
Eucharistie	Présence réelle du Christ	Présence spirituelle
Purgatoire	Croyance majeure	Refus, absent Bible
Culte des saints	Extrême importance	Dénoncé comme idolâtrie
Médiations	Hiérarchie des saints Culte de la Vierge Marie	Seulement celle du Christ
Liturgie	Messe, adoration de l'hostie	Lecture Bible, commentaire Chants de psaumes
Langue	Latin	Français
Lieu de culte	Église centrée sur l'autel	Temple centré sur la chaire
Décoration	Abondance et variété	Refus des images religieuses
Pédagogie	Importance de la vue	Importance de l'ouïe
Culte privé	Dévotion personnelle	Culte familial
Lectures	Livres de prières	Bible et psautier

Malgré quelques exceptions, dont surtout l'effroyable Saint-Barthélemy de 1572 ou la politique de proscription imposée par les ligueurs de 1585 à 1589, cette orientation a été tenue sans pouvoir réellement s'imposer avant 1598. Il a fallu la dévastation issue de huit guerres, l'assassinat du roi Henri III en août 1589, la constatation de l'impossibilité d'une solution militaire et de l'acceptation d'un roi relaps en France avec la conversion de Henri IV en 1593, le risque d'une anarchie généralisée par suite de dissolution de l'État, pour que la nation épuisée se résigne au compromis qui lui avait été proposé dès janvier 1562 comme solution préventive. L'affrontement entre les catholiques intransigeants et « politiques » sur la conduite à tenir envers une petite minorité hérétique a cependant joué un rôle essentiel dans la vie politique du royaume en suscitant un renforcement du sentiment national, en obligeant à établir une première distinction entre champs politique et religieux et en provoquant un mouvement de ralliement des élites à une monarchie d'inspiration absolutiste.

La France de l'édit de Nantes

Coexister dans l'intolérance

Par l'édit de Nantes d'avril 1598, Henri IV, obligé de négocier durement avec les Réformés après avoir reconnu les privilèges des villes ligueuses, invoque sa légitimité d'élu de Dieu pour imposer à des parlements peu enthousiastes l'enregistrement d'une loi légalisant la présence d'une minorité calviniste à côté de l'Église catholique, reconnue comme Église d'État. Si le culte catholique doit pouvoir exister dans toutes les paroisses du royaume, il n'en est pas de même du culte réformé limité à certaines villes et seigneuries concentrées dans un croissant allant du Poitou au Dauphiné en contournant le Massif central par le Languedoc.

Cet édit n'est pas vraiment révolutionnaire. Constatant que la solution militaire est incapable de résoudre le problème de l'unité religieuse, le roi convient pour celle-ci de s'en remettre à la sagesse divine et à la dynamique confessionnelle et d'organiser en attendant la paix civile entre des fidèles peut-être antagonistes sur le plan spirituel, mais sujets d'un même royaume. Loin d'inventer une nouvelle définition de la tolérance, l'édit demeure fidèle au modèle de la concorde religieuse qui ne souffre une coexistence que comme un mal nécessaire pour éviter un dommage plus grand encore. Il ne fait pas disparaître miraculeusement la rivalité confessionnelle qui s'exerce toujours à travers les prédications, les publications d'ouvrages ou de libelles, la production de gravures polémiques ou l'organisation de disputes théologiques dans les limites tracées par l'autorité royale. La guerre des plumes s'est substituée au choc des armes. L'idéal d'unité religieuse étatique marque toujours fortement les esprits. L'Église catholique vit sur la confiance que lui procurent une domination écrasante et la dynamique de sa rénovation. L'Église réformée a l'espérance des minorités actives, convaincue d'être à l'avant-garde du véritable christianisme. Alors que les catholiques misent sur la brièveté du transitoire, les réformés parient sur une progression dans le temps long en partant du principe biblique du triomphe final de la vérité sur l'erreur.

En attendant, le respect de l'autorité royale renaissante impose l'établissement de règles de cohabitation. Bien que les structures cléricales restent facilement des boutefeux, les laïcs trouvent davantage dans l'idéal de concitoyenneté des communautés un principe supérieur pour organiser le partage du pouvoir. Une certaine mixité dans les réseaux de parenté sert de protection. Les relations d'affaires obligent à la mansuétude, même si chacun préfère traiter en priorité avec ceux de sa confession. Les cercles intellectuels sont des oasis de paix où chaque membre est apprécié pour l'étendue de sa culture. Un œcuménisme social du quotidien vient ainsi en soutien de la législation royale.

Variations politiques des huguenots

Si la reprise des affrontements militaires de 1620-1629 témoigne des résistances mentales dans les deux confessions face au principe de cohabitation, elle est surtout le fruit de la contradiction entre les privilèges politiques et militaires accordés aux réformés et l'évolution absolutiste de la monarchie qui formalise cette tension dans la dénonciation d'un État dans l'État. La prise de La Rochelle

La France au temps de l'édit de Nantes (1598)

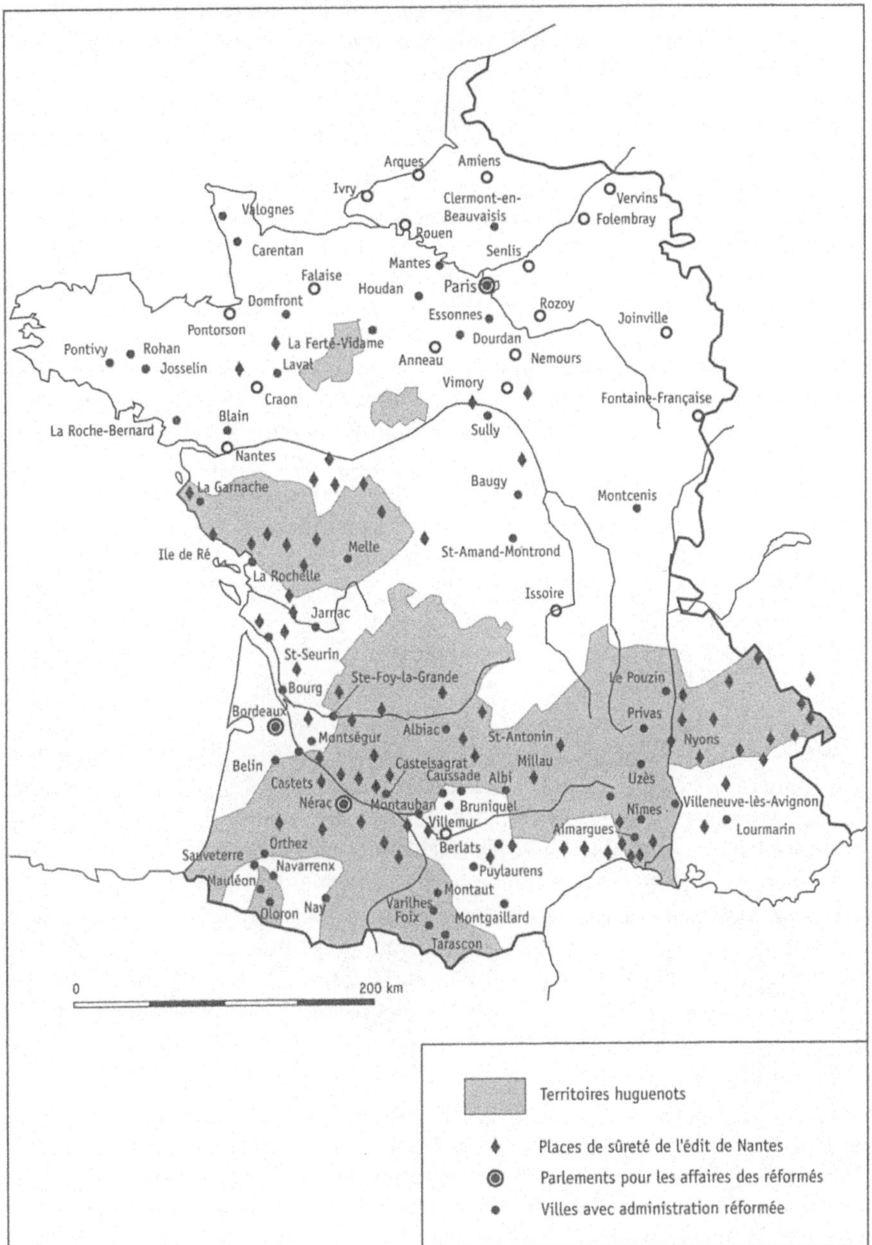

D'après *Nouvelle Histoire de l'Église,* tome 3, Paris, Le Seuil, 1968, p. 142.

et le sac de Privas obligent les protestants à accepter en 1629 l'édit de Nîmes qui ne retient plus que les privilèges religieux et juridiques. La défaite militaire contraint les réformés à redéfinir totalement leur stratégie et à placer leur survie sous la protection de l'absolutisme royal grâce à un loyalisme indéfectible, même pendant la crise de la Fronde et surtout la guerre de Hollande dirigée contre leurs coreligionnaires. D'où la profondeur du traumatisme lorsque Louis XIV, cédant à la pression grandissante de l'Église catholique, s'oriente vers une application de l'édit « à la rigueur » avant de le vider de son contenu à partir de 1679 et de le supprimer totalement en 1685.

L'interdiction du calvinisme

L'intolérance française

L'édit de Fontainebleau d'octobre 1685 interdit tout culte réformé public ou privé et oblige les familles à éduquer leurs enfants dans la religion catholique. Les pasteurs qui refusent le ralliement sont expulsés. L'émigration des fidèles est prohibée sous peine de galères pour les hommes et de prison pour les femmes. Les exilés, s'ils ne rentrent pas, verront leurs biens confisqués. La grande différence entre cette politique de retour à l'unité religieuse de l'État et celle prévalant dans les États protestants suivant la même logique, comme les Cantons suisses depuis 1531 ou les États allemands depuis 1555 et 1648, réside dans cette interdiction de l'exil après avoir vendu légalement ses biens, ce qui était jusque-là le contrepoids jugé indispensable à toute politique de territorialisation religieuse.

Résistances huguenotes

Les « nouveaux convertis » ayant accepté d'abjurer se contentent de la pratique minimale : assister à la messe sans participer aux sacrements de l'Eucharistie ou de l'extrême-onction. Si le baptême est plus facilement subi, le rite catholique du mariage est rejeté car il intègre la communion. Ceux qui entendent rester fidèles à leur foi doivent se contenter d'une dévotion personnelle privée ou se risquer aux assemblées clandestines du Désert. Environ 250000 personnes, soit un quart, préfèrent quitter la France pour les pays du Refuge : Provinces-Unies, Angleterre, Allemagne, Suisse. Le succès de la répression contre les prédicants permet un assouplissement signifié par la déclaration royale de 1698 qui prône la persuasion plutôt que la contrainte. De 1702 à 1705, les Camisards des Cévennes incarnent l'esprit de résistance, reformulé en 1715 par Antoine Court dans une condamnation de la voie insurrectionnelle au profit de la reconstruction du système consistorial et synodal.

Malgré la déclaration royale de 1724 qui réaffirme toutes les interdictions, le rétablissement de l'Église réformée s'effectue lentement, selon le degré de rigueur des intendants, le Languedoc étant plus avancé que les autres provinces. Un premier synode national se tient en Vivarais en 1726 et celui du Bas-Languedoc de 1744 voit la participation de délégués de sept provinces. Cette progression suscite une réaction défensive de l'Église catholique qui obtient un durcissement de la répression dans les années 1750. Les affaires judiciaires Calas et Sirven, popularisées par l'intervention de Voltaire (1762-1765), font nettement avancer l'idée de tolérance dans l'élite intellectuelle. Une liberté de fait s'établit progressivement du Languedoc au Poitou, non sans crises locales ni retours en arrière. L'imbroglio juridique créé par la non-reconnaissance administrative de sujets existant bel et bien contraint le pouvoir royal à publier l'édit de 1787 qui, tout en octroyant un état civil aux protestants, refuse absolument toute avancée dans la liberté de culte. Les réformés, dont les revendications sont portées par le pasteur nîmois Rabaud Saint-Étienne, se montrent déçus de cette frilosité et accueillent avec espoir une Révolution qui inscrit dans sa Déclaration des droits l'égalité des citoyens et la liberté des opinions, même religieuses.

La réforme catholique

La rénovation du clergé

Les prélats tridentins

Dans la logique du renforcement hiérarchique issue du concile de Trente, les évêques sont des acteurs majeurs de la rénovation de l'Église. Si le modèle incarné par Charles Borromée, archevêque de Milan décédé en 1584 et canonisé dès 1610, se diffuse de plus en plus, certaines pesanteurs freinent pourtant l'amélioration. Les conditions de recrutement n'ont pas changé : beaucoup d'aristocrates pensent toujours en termes de carrière et le roi doit satisfaire les demandes de la haute noblesse. Sous Louis XIV, l'épiscopat comprend 78 % de nobles, dont un tiers de Parisiens. C'est inférieur aux taux des XVIe et XVIIIe siècles. L'influence des réseaux de parenté et des clientèles ministérielles est réelle, mais elle doit intégrer l'exigence d'une formation universitaire complète et une logique de promotion interne à partir des vicaires généraux, surtout après la grande crise de la Régale.

Au XVIIe siècle, il existe de grandes figures comme saint François de Sales, évêque de Genève en résidence à Annecy de 1602 à 1622, Philippe Cospeau, évêque de Nantes (1621) puis de Lisieux (1636), Alain de Solminihac, évêque de Cahors (1636-1654) et sous Louis XIV, Bossuet, évêque de Meaux, et Fénelon, archevêque de Cambrai, tous deux précepteurs du dauphin. Par la publication de statuts synodaux, par la vigilance des visites pastorales, par les sanctions des officialités, par la création de séminaires et la commande de catéchismes diocésains, les évêques disposent d'un ensemble de moyens pour imposer leur idéal tridentin. L'image classique est celle d'un autoritarisme, d'une réforme venue d'en haut. Toutefois, le fonctionnement des synodes en Haute Bretagne au XVIIe renvoie plutôt vers une instance ouverte à la discussion, au partage d'expériences. Au XVIIIe siècle, la plupart des prélats sont pieux, zélés, charitables, même si la non-résidence demeure fréquente. Sous l'influence de l'utilitarisme des Lumières, ils se préoccupent moins de spiritualité, mais davantage de bonne administration et de bienfaisance. La domination croissante de la noblesse ancienne creuse un fossé grandissant entre une hiérarchie hautaine et autoritaire et un clergé paroissial en voie de ruralisation.

Les bons prêtres

Les prêtres séculiers sont invités à se distinguer de la société pour servir de modèle chrétien par leur comportement spirituel, moral et charitable. Ce polissage des mœurs demande du temps au long du XVIIe siècle comme le montrent les défaillances sanctionnées par les officialités : concubinage, violence, ivrognerie. Le système de patronage pour la promotion au bénéfice curial n'est pas modifié, mais placé sous une plus grande surveillance de l'évêque pour les garanties spirituelles. La constitution de rentes par les familles des candidats à l'ordination a pour but de résoudre le problème de prolétarisation née de la pléthore de prêtres au XVIe siècle. Cette exigence sociale ne gêne pas les vocations qui demeurent fortes jusqu'en 1750, avec une surreprésentation de la petite et moyenne bourgeoisie urbaine qui donne jusqu'à 40/50 % du bas clergé séculier.

Si le début du XVIIe siècle connaît encore bien des prêtres ignorants, cent ans plus tard la plupart ont le titre ou le niveau de bachelier. Après un passage par le collège pour le cycle des humanités et les deux ans de philosophie, leur formation est affinée dans les séminaires qui s'imposent comme l'institution majeure. Si le principe en a été retenu au concile de Trente, sa concrétisation n'a pu se faire en France qu'entre 1642 et 1682 pour l'essentiel. Les futurs prêtres y approfondissent leurs connaissances sur les Saintes Écritures, l'ecclésiologie et la théologie sacramentaire.

Les évêques se rendent vite compte de l'intérêt de confier l'animation de ces séminaires à des congrégations séculières spécialisées dans l'enseignement et la prédication. Vers 1750, les doctrinaires et les oratoriens dirigent chacun 14 établissements, les eudistes 13, les jésuites 32 et les lazaristes de saint Vincent de Paul 56. Les sulpiciens n'ont que 20 instituts, mais la maison-mère parisienne jouit d'une grande audience intellectuelle : elle accueille des clercs de tout le royaume venus prendre leurs grades à la faculté de théologie de Paris, ce qui en fait une pépinière d'évêques.

Tout cet effort contribue à la généralisation du bon prêtre dont la figure s'impose au XVIIIe siècle. Formé à une vulgate plus ou moins gallicane, volontiers anti-janséniste même si la référence augustinienne reste fondamentale, ce dernier doit entraîner ses paroissiens par l'exemplarité de sa conduite. Touché lui aussi par l'esprit du siècle, il se fait moins missionnaire et plus administrateur avisé de sa paroisse, avec une attention particulière aux questions d'enseignement et d'assistance sociale.

La multiplication des ordres religieux

Le grand élan de spiritualité qui jaillit dans la France du premier XVIIe siècle trouve sa meilleure illustration dans le grand succès des ordres religieux anciens, réformés ou nouveaux dont les implantations urbaines se multiplient. Si l'idéal contemplatif y trouve une véritable renaissance, surtout avec le succès de l'ordre des carmélites réformées selon la règle de sainte Thérèse d'Avila, les missions classiques de l'idéal mendiant (enseignement, prédication et assistance) attirent toujours. Cette explosion conventuelle profite davantage aux ordres féminins dont les plus connus sont les ursulines (éducation des filles), les visitandines, les calvairiennes et les filles de la Charité.

La congrégation des filles de la Charité a été fondée par saint Vincent de Paul et Louise de Marillac au début du XVIIe siècle. À l'opposé de l'idéal de clôture et de vie contemplative qui domine dans les ordres féminins, elle rassemble des femmes dont la vocation est l'assistance : le soin des malades chez eux ou à l'hôpital, les secours aux prisonniers, aux nécessiteux, aux aliénés et aux enfants trouvés, l'enseignement du catéchisme aux petites filles. Les statuts, officialisés dans les années 1650, n'exigent que des vœux simples, renouvelables annuellement, avec liberté de se retirer. La congrégation se distingue par une composition sociale plus mêlée que dans les autres ordres féminins. Son succès est confirmé au XVIIIe siècle par la canonisation de Vincent de Paul en 1737 et l'affirmation des compétences hospitalières.

La multiplication des couvents, implantés le plus souvent dans les faubourgs faute de place dans l'intra-muros, modifie considérablement le paysage urbain. Elle modèle aussi l'organisation sociale en donnant un poids inusité aux vocations religieuses, ce qui influe sur la structuration des réseaux de parenté. Cette puissante dynamique de dévotion s'appuie sur les stratégies familiales de transmission patrimoniale – une dot de religion restant toujours inférieure à celle de mariage – mais cette sortie de leur famille a pu offrir une opportunité de développement personnel aux plus fortes personnalités, à l'exemple de la mère Angélique Arnauld, abbesse réformatrice du monastère cistercien parisien de Port-Royal, transformé en foyer de spiritualité janséniste avant sa destruction sur ordre de Louis XIV en 1709.

Une meilleure christianisation des fidèles

Les progrès dans la ferveur se mesurent à la généralisation de pratiques de masse, mais aussi au développement d'engagements approfondis pour une minorité.

Un encadrement paroissial de meilleure qualité

Pratiques cérémonielles régulières, défense vigilante des sept sacrements, développements des rituels collectifs extériorisés, valorisation d'un culte des saints mieux contrôlé, insistance sur l'enseignement des vérités fondamentales à travers l'enchaînement du catéchisme, des sermons et des petites écoles, temps forts missionnaires : autant d'entrées dont la convergence augmente l'efficacité.

L'assistance à la messe dominicale et le recours aux sacrements sont érigés en conduite évidente d'affirmation identitaire et communautaire. Pour répondre à la critique calviniste, l'insistance a été mise sur l'eucharistie, la confession et l'extrême-onction comme garant de la bonne mort. Une connaissance dogmatique améliorée est obtenue par le succès du catéchisme et le développement des petites écoles créées d'abord dans un but religieux. Après le temps pionnier de catéchismes de grands auteurs, la préférence va à la rédaction de manuels diocésains à partir du règne de Louis XIV. Le curé de la paroisse cumule longtemps les deux fonctions avant que le besoin d'instruction incite au recrutement d'un maître d'école, étroitement surveillé par les autorités religieuses. Les sermons des messes dominicales et des grandes fêtes religieuses fournissent autant d'occasions pour insister sur les messages jugés les plus fondamentaux. La publication de sermonnaires est une aide appréciée des prêtres les plus isolés. Les efforts réguliers du clergé paroissial sont relayés par l'organisation périodique de missions, véritables temps forts d'approfondissement confiés aux congrégations spécialisées. Les missions des jésuites en Bretagne au XVIIe siècle sont les plus célèbres, surtout pour la réflexion pédagogique qui leur est associée.

Une meilleure distinction entre le sacré et le profane est obtenue par un embellissement des églises paroissiales à fort contenu confessionnel. Les fabriques financent le remplacement ou la restauration du maître-autel, avec son tabernacle valorisant le sacrement de l'eucharistie et son retable mettant en scène les grands épisodes de la vie du Christ et la place essentielle de la médiation des saints dans l'univers catholique, la multiplication des chapelles destinées à favoriser les fondations religieuses, l'installation des confessionnaux, la construction de chaires pour valoriser l'importance nouvelle accordée au sermon. L'église devenant le théâtre d'expression d'une foi transmise par le biais de la sensibilité, les fidèles intègrent plus aisément le principe du respect de l'espace sacré porteur des nouvelles normes de la Réforme catholique. L'adhésion des fidèles à cet embellissement signe la force de la demande sociale d'approfondissement de la foi. Du Beauvaisis du premier XVIIe siècle au Limousin du XVIIIe siècle, les mutations sont partout repérables. Elles le sont particulièrement en Bretagne où le travail des fabriques, profitant de la bonne situation économique de la province au XVIe siècle, a comme anticipé le mouvement.

Tout cet effort a permis d'associer les laïcs à cette refondation catholique. Par l'intermédiaire de leurs marguilliers et de leurs contributions financières, les fidèles sont partie prenante de cette nouvelle qualité relationnelle avec les fondements magnifiés du catholicisme. Cette démarche inclusive a joué un rôle majeur dans la progression de la Réforme catholique jusqu'aux années 1730. Il existe bien sûr des décalages sociologiques entre les paroisses des centres des villes et celles des zones rurales les plus isolées, mais cela correspond aux profils sociaux des habitants. Le principe participatif est au-dessus de ces inégalités : la gestion des fabriques a été une école de civisme et un élément de référence de notabilité pour les horizons sociaux.

Le besoin fondamental d'extériorisation du catholicisme trouve alors son apogée dans la multiplication des rituels d'appropriation de l'espace public avec la multiplication des processions et des pélerinages locaux dont les pardons bretons forment un bel exemple. Ces derniers sont associés à une demande d'expiation et d'obtention d'indulgences, dans laquelle la promotion de la confession et de la communion se coule dans les formes traditionnelles de la culture paysanne, avec forte présence de l'oralité et de la gestuelle. L'imitation des rituels développés par les capucins dans la création du sanctuaire de Sainte-Anne d'Auray à partir de 1625 fournit à cette province l'opportunité d'une rencontre douce entre culture cléricale tridentine et culture paroissiale héritée, entre formes religieuses et expressions culturelles civiles, sans éliminer toutes les tensions. Le Limousin est célèbre pour ses ostentions de reliques.

Les confréries de dévotion

La Réforme catholique se caractérise par la multiplication des conféries de dévotion qui s'imposent à côté des anciennes confréries de métier. Ici, ce n'est pas la profession qui rassemble, mais l'inclination de personnes de conditions diverses pour une spiritualité particulière. Les principales sont centrées sur les mystères de la Croix et de la passion du Christ, de l'Eucharistie et du culte du Saint Sacrement, mais aussi sur le culte marial avec le développement du rosaire. Les sodalités jésuites des provinces de l'Est et du Nord offrent un remarquable exemple de cette dernière forme de dévotion caractéristique de la Contre-Réforme. Les confréries du Sacré-Cœur ont du succès au XVIIIe siècle. Dans la France méditerranéenne, les confréries de pénitents, qui conservent un caractère baroque aux processions pénitentielles, demeurent des cadres privilégiés de sociabilité jusqu'au milieu du XVIIIe siècle. Le reflux constaté en Provence ne se vérifie pas en Languedoc. L'appartenance à plusieurs confréries dégage ainsi une élite dévote au-dessus de la masse des fidèles. À travers cette dévotion collective, c'est bien d'un approfondissement personnel de la vie religieuse dont il est question. Cette exigence progresse grâce à la multiplication des livres religieux qui constituent la part essentielle de toutes les bibliothèques du XVIIe siècle. La méditation d'ouvrages de théologie, de vies de saints, d'histoires de l'Église ou simplement d'édification morale mène les plus avancés à la pratique régulière de la direction de conscience ou à l'engagement laïc dans des œuvres charitables.

À Rouen, la soixantaine de confréries connues à la fin du XVIe siècle connaît un doublement au XVIIe siècle, suivi d'une forte réduction au XVIIIe siècle (74 en 1778). Victime de l'iconoclasme huguenot en 1562, la ville entretient un puissant esprit de Contre-Réforme. Comme partout, la volonté d'épurer le mouvement de ses rituels profanes rencontre des résistances, surtout dans les confréries de métier, de modèle ancien. Celles qui sont avant tout dévotionnelles privilégient la pratique de la pénitence et de la fréquente communion. L'exercice de la charité ne paraît pas représenter un objectif majeur. La dynamique confraternelle associe dans son élévation spirituelle des fidèles les formes collectives de la piété et l'approfondissement intérieur de la foi.

Les limites d'une acculturation

Entre la richesse des offres complémentaires d'un catholicisme rénové et la réception des fidèles, il existe naturellement un écart car il ne faut jamais sous-estimer la part d'autonomie qui régit les comportements de ces derniers. Ce décalage a varié dans le temps et dans l'espace, dans une contradiction entre le renforcement d'une adhésion et un divorce final selon les pédagogies pastorales mises en œuvre dans les provinces. Les deux questions essentielles concernent la dénonciation des superstitions et le degré de succès de moralisation des comportements.

Considérant les paroisiens dominés par les pulsions du corps, volontiers violents et impudiques, les « bons prêtres » entendent procéder à une sorte de transformation culturelle basée sur une forte offensive de moralisation dans une stratégie de culpabilisation afin de parvenir à l'intériorisation de nouvelles règles dans la maîtrise des corps. Les résultats semblent inégaux. Un apprentissage progressif de l'interaction entre les accomodations sociales et le recours aux procédures judiciaires semble avoir fait reculer la violence au XVIIIe siècle. Par contre, la croisade engagée contre le cabaret et les festivités populaires associant musique et danse est un fiasco total. Le très faible taux de conceptions prénuptiales indique au moins un arrangement entre les jeunes dans leurs relations sexuelles, mais l'exode rural fait craquer cette digue à partir du milieu du XVIIIe siècle.

Partout, mais surtout dans les campagnes, les prêtres s'offusquent de pratiques mettant sur le même pied Dieu, les saints et les forces de la nature, les rites religieux et les pratiques magiques. Le degré de raideur ou de compréhension dans le traitement des résistances héritées d'une culture encore imprégnée de réflexes pagano-magiques est une donnée fondamentale dans l'évolution régionale du catholicisme français. Une rigueur excessive d'une haute spiritualité impatiente a peut-être plus appris aux fidèles à dissimuler des pratiques réelles qu'elle ne les a convaincus de leur égarement. Ainsi, la sévérité du jansénisme a été opposée à la compréhension des jésuites, d'où des différences de religiosité et d'attachement des fidèles observées dans le Bassin de Paris et l'Ouest français. La carte du serment constitutionnel de 1791 reflète déjà en partie cette double stratégie pastorale : dans les zones d'intransigeance, avec forte érosion du catholicisme, les prêtres jureurs ; dans les zones d'accommodement, avec symbiose entre clergé rural et paysans, les prêtres réfractaires.

Reflux et intériorisation dans la seconde moitié du XVIIIe siècle

De nombreux signes convergent pour signaler une perte d'influence de l'Église catholique auprès d'une frange de la population. Cela va d'une réduction des vocations religieuses à une moindre pression morale vérifiable par l'augmentation des conceptions pré-nuptiales et des enfants abandonnés, en passant par la réduction de l'importance relative du livre religieux dans les bibliothèques privées. Du côté des élites, la concurrence du déisme de la philosophie des Lumières est certaine. Voltaire s'est fait le champion de la dénonciation du fanatisme catholique. Les affrontements internes entre les jésuites et les jansénistes ont produit une image négative, favorisant l'essor de l'anticléricalisme. La vivacité et la raideur des disputes marquent une ville comme Orléans. On a opposé l'effritement du mouvement confraternel à l'essor de la franc-maçonnerie. Les quelques exemples avancés montrent que cette érosion touche beaucoup plus les élites urbaines que le reste de la population. Ainsi s'efface lentement l'image classique de la ville, pôle avancé de réformation parmi des campagnes plus difficiles à transformer au XVIIe siècle. Dans les lamentations du clergé, elle devient le mauvais exemple heureusement compensé par la fidélité du monde rural, schéma d'interprétation qui triomphe au XIXe siècle.

Au-delà de cette prise de distance encore assez marginale, un phénomène beaucoup plus important caractérise la vie religieuse après 1750. Alors que le catholicisme a toujours privilégié les formes extériorisées de la piété, dans une dimension collective forte, la Réforme catholique, tout en reprenant totalement ces bases, y a introduit une exigence d'approfondissement individuel qui aboutit à une privatisation de la vie religieuse. L'évolution de la rédaction des testaments tout au long du XVIIIe siècle en est une des manifestations les plus significatives, dans l'évacuation progressive des nombreuses invocations religieuses et des fastes funéraires. On a pensé y lire un affadissement de la foi, voire une déchristianisation. Il s'agit bien au contraire d'une redéfinition de la place du religieux dans la vie des fidèles, suite à l'intensification de la pratique dévotionnelle, dans un approfondissement personnel. Appuyé sur la progression de l'individualisme et sur une tendance à la sécularisation de la vie sociale et politique, l'intériorisation des valeurs de la Réforme catholique renforce une privatisation de l'expérience religieuse. Pour reprendre une belle expression formulée à propos d'Orléans, on est passé de « la maison de Dieu à Dieu à la maison ».

Affrontements au sein du catholicisme

La spiritualité française au début du XVIIe siècle

Au sortir des guerres de Religion, l'engagement pour la défense de la foi, obligé de se recentrer sur le champ religieux, favorise l'épanouissement d'une brillante spiritualité catholique française justifiant la formule de « siècle des saints » pour le XVIIe siècle. Fondée sur le principe de renoncement aux séductions terrestres pour se détacher du péché, sur l'expérience mystique espagnole pour se rapprocher de Dieu et sur l'impérieuse nécessité de l'engagement dans la société pour y entretenir l'espérance du salut, la quête de la sainteté saisit une élite significative qui tire en avant l'ensemble des fidèles.

Saint François de Sales, auteur de l'*Introduction à la vie dévote* publiée à Lyon en 1608, enseigne que le chemin de la perfection n'est pas réservé aux seuls gens d'Église mais accessible aux laïcs, sans renoncement à leur situation sociale et à leurs charges publiques. Le salésianisme est ainsi une tentative de synthèse entre l'idéal de sainteté et les contraintes temporelles dans un dépassement de la contradiction entre retrait et engagement au prix d'une exigeante éthique de l'amour de Dieu. Pierre de Bérulle, théologien et controversiste célèbre, promu cardinal en 1627, livre dans son *Discours de l'état et des grandeurs de Jésus* (1623) une réflexion à l'influence durable. Partant des leçons des mystiques flamande et espagnole, mais aussi de la tradition augustinienne de l'absolue prépondérance de la grâce divine pour le salut des âmes perverties par le péché originel, il centre toute sa recherche d'élévation sur la méditation de la vie et des paroles du Christ, Dieu incarné, homme agissant et Verbe de Dieu, médiateur suprême pour l'obtention du salut. Le christocentrisme bérullien promeut le culte de l'Eucharistie comme mystère le plus signifiant, en exaltant la mission du prêtre ainsi intimement associé au renouvellement du sacrifice salvateur.

Variations autour de saint Augustin

La richesse de la pensée de ces deux maîtres spirituels montre comment deux visions du monde s'affrontent selon la place assignée à une tradition humaniste valorisant la capacité spirituelle à maîtriser une vie pour se rapprocher de la divinité, selon le penchant optimiste hérité de la pensée gréco-romaine. Cette divergence va se durcir dans le long affrontement entre les spiritualités jésuite et janséniste qui s'engage dans les années 1640. Les disciples de saint Ignace demeurent très attachés au principe du libre arbitre qui souligne la responsabilité du fidèle dans la quête du salut selon les leçons du molinisme espagnol. Il s'agit d'une expression de l'humanisme dévot à la recherche d'une morale répondant aux exigences divines tout en tenant compte des contraintes de la condition terrestre. Cette casuistique, qui tente de résoudre les cas de conscience en excusant certains moyens au nom du bien final, fait horreur aux esprits sévères tentés par une interprétation rigoriste de la pensée de saint Augustin, spécialement aux jansénistes, disciples de Jansénius, évêque d'Ypres en Flandre, dont la publication de son commentaire *Augustinus* en 1640 ouvre une crise de plus d'un siècle.

Le jansénisme

Les directeurs de conscience du premier XVIIe siècle recommandant une pratique mensuelle, voire hebdomadaire de l'Eucharistie, le Grand Arnauld, dans son ouvrage *De la fréquente communion* (1643), défend la position contraire en critiquant une « morale relâchée ». Selon lui, le sacrement ne peut être reçu que dans un état de grâce auquel le fidèle ne parvient qu'après une sévère pénitence. Cette vision rigoriste, relayée par certains ordres religieux comme les dominicains, va influencer profondément la pastorale catholique. Lorsque les jansénistes, soutenus par Pascal dans ses *Provinciales*, stigmatisent le laxisme jésuite, la compagnie réplique en dénonçant « un calvinisme rebouilli ». La théologie de la grâce et l'insistance sur la primauté de la conscience individuelle en matière de salut aboutissent à atténuer le rôle médiateur fondamental du clergé, ce qui explique pourquoi le pouvoir royal a toujours regardé négativement cette tendance. Après plus d'un quart de siècle de conflits théologiques, Louis XIV a tenté de faire taire autoritairement le débat par la paix de l'Église en 1668, ce qui a conduit Antoine Arnauld à s'exiler aux Pays-Bas espagnols en 1679.

À sa mort en 1694, l'oratorien Pasquier Quesnel, auteur de *Réflexions morales sur le Nouveau Testament* (1672) devient le chef de file d'un second jansénisme enrichi des idées d'Edmond Richer, syndic de la Sorbonne qui avait critiqué en 1611 une excessive hiérarchisation de l'Église et relancé l'interprétation conciliariste de l'Église éliminée au concile de Trente. Ce courant religieux, très minoritaire parmi les évêques, mais mieux accepté dans le bas clergé, principalement à Paris, est réduit à une expression liturgique et théologique clandestine après une sévère épuration au sein de l'Église dans les années 1720. Protégé par le gallicanisme radical, il apprécie l'expulsion des jésuites en 1764.

Conclusion

Si la préférence pour l'unité religieuse du royaume rassemble tous les monarques, l'édit de Nantes pose le principe de la distinction entre le sujet et le fidèle, donc d'une certaine autonomie du politique par rapport au religieux. L'édit de Fontainebleau prétend tout confondre au nom de la sacralisation intégrale de l'État absolu. La question fondamentale du salut rejaillit à l'intérieur de la réforme catholique en s'incarnant dans l'affrontement théologique entre jésuites et jansénistes. La monarchie entend s'appuyer sur une Église rénovée selon le modèle tridentin dans la tradition gallicane du royaume, avant que sa stratégie anti-janséniste du XVIIIe siècle ne vienne troubler les esprits. La puissante dynamique de la Réforme catholique a profondément transformé le clergé et la pastorale religieuse en direction des fidèles. Si les progrès ont été lents, ils n'en demeurent pas moins majeurs. La fin du XVIIe et le début du XVIIIe siècle correspondent à l'apogée de l'influence catholique en France. La grande œuvre d'acculturation religieuse des « idolâtres baptisés » a eu des résultats inégaux, la ville ayant été plus travaillée que les campagnes, même si la situation se retourne à la fin de l'Ancien Régime. La pédagogie pastorale de catholicisation semble jouer un rôle essentiel dans le devenir du sentiment religieux selon les provinces.

Chapitre 5

La culture politique sous l'Ancien Régime

Le profil politique de la France d'Ancien Régime ne peut se comprendre en dehors de l'affrontement de deux modèles qui se concurrencent dans l'ensemble de l'Europe : les monarchies tempérée et absolutiste. Les oppositions institutionnelles ne sont que les conséquences de définitions différentes de la souveraineté. Les débats se sont longtemps inscrits dans le cadre de la théologie politique de saint Thomas d'Aquin, professeur à l'université de Paris au XIIIe siècle. Le XVIIIe siècle est venu les enrichir en renouvelant la théorie du droit naturel dorénavant centrée sur l'individu – ce qui a permis de reformuler l'ancienne théorie du contrat entre nation et souverain – et en favorisant le processus de sécularisation de l'État porté par la philosophie des Lumières.

Qui est souverain ?

Dans la monarchie tempérée : le royaume

Dans le modèle qualifié de monarchie tempérée ou mixte résultant de l'affirmation du pouvoir royal aux dépens de la féodalité, surtout depuis le XIIIe siècle, la souveraineté n'est pas le monopole du roi, mais l'attribut essentiel du royaume, c'est-à-dire d'un corps politique mystique formé par l'union de l'individu-roi et des trois états de la société. Pour représenter au mieux cette union idéale entre le roi et les ordres, la comparaison la plus usitée est celle du corps humain car elle permet de souligner en même temps l'indispensable totalité organique et la nécessaire hiérarchisation : le roi étant la tête, le clergé et la noblesse les organes vitaux et les catégories du tiers les membres secondaires. Cette définition profite de son analogie avec celle de l'Église, corps mystique rassemblant le Christ, fils de Dieu, et les croyants. Elle bénéficie également du succès de l'humanisme qui défend, sous la plume d'Érasme, la synthèse des catégories d'Aristote (philosophe grec d'Athènes du Ve siècle avant J.-C.) en alliant les avantages de la monarchie, de l'aristocratie et de la démocratie.

Pour qualifier ce souverain collectif, les termes utilisés renvoient à deux formulations : une plus traditionnelle valorisant les trois ordres et préférant les notions de royaume, mais aussi de peuple ou de nation; une plus évolutive, favorisant le premier terme dans le couple roi-ordres en mettant en avant le concept de couronne. Par rapport à la formule thomiste *Rex a Deo per populum* qui insiste sur l'antériorité du peuple passant contrat avec le roi, comme les marchands-armateurs choisissant un capitaine pour conduire le navire, on constate un léger déplacement de sens au profit d'un idéal de fusion invitant à la préservation du dialogue entre le roi et le peuple représenté par ses élites naturelles. Dans cette optique, la bonne pratique politique est celle qui s'appuie sur la concertation dans le respect mutuel de la prérogative royale et des libertés historiques des sujets.

Dans l'absolutisme : le roi

Le seul corps mystique du roi

Depuis le XIIIe siècle, les légistes travaillent à l'affermissement de l'autorité royale en incorporant dans leurs arguments des données issues des droits romain et canonique. Le grand humaniste Guillaume Budé dans son *Institution du Prince* (1547) s'appuie sur de nombreuses références antiques pour isoler le roi dans un face-à-face avec Dieu. Jean Bodin, qui préfère le terme de *Res Publica* à celui d'État, indique sa préférence pour la forme monarchique au détriment du régime mixte car elle seule peut positivement incarner la véritable souveraineté définie comme « puissance absolue et perpétuelle », c'est-à-dire l'autorité permettant d'instituer ou de supprimer les lois ordinaires sans contraintes extérieures. Le prince se trouve ainsi délié des lois qu'il produit car il peut sans cesse les modifier puisqu'elles ne relèvent que de sa personne. Son ouvrage *De la république* (1576) est ainsi une réaction de défense de l'autorité de l'État menacé de désintégration par la succession des guerres civiles et religieuses. Afin de protéger la stabilité de cette structure garante de la cohésion du royaume, ce premier théoricien de l'absolutisme choisit de réserver l'exercice de la souveraineté à la seule personne royale, rompant ainsi avec le schéma du roi collectif au profit de la valorisation du corps mystique royal, l'enveloppe charnelle du roi-individu ayant incorporé les trois états de la société qui perdent en théorie toute autonomie d'expression.

Cette réfutation de la définition plurielle propre à la monarchie mixte se trouve ainsi au cœur de la logique absolutiste car, comme l'affirme avec la plus grande netteté Cardin Le Bret en 1632, la souveraineté « n'est pas plus divisible que le point en géométrie ». Par cette individualisation, les thuriféraires de l'absolutisme valorisent la doctrine du droit du sang qui assure la transmission immédiate de la légitimité du commandement par le biais de la géniture, sans caution extérieure. L'introduction d'un adage du droit privé – le mort saisit le vif – dans le droit public parvient à fournir une nouvelle présentation de la monarchie qui ne meurt pas. La célèbre formule mythique prêtée à Louis XIV, « l'État, c'est moi », ne peut cependant se réduire à la seule évocation du fils de Louis XIII car elle ne peut se comprendre qu'en tant que corps politique abstrait puisque le monarque est une symbiose entre le corps physique du roi et les ordres du royaume dont la seule représentation demeure pourtant l'individu royal en action.

Le roi, image de Dieu

La sacralisation de la monarchie s'inscrit dans la logique d'un absolutisme qui continue à s'insérer dans le catholicisme romain, expression supérieure de la révélation divine. Fascinés par le modèle pontifical qui revendique une délégation divine d'autorité dans les domaines temporel et spirituel – le Christ ayant remis à l'apôtre Pierre les clés du royaume des cieux tout en lui confiant la création de l'Église terrestre –, les légistes gallicans, qui récusent l'idée de supériorité politique du pape, travaillent à transférer le modèle romain dans la tradition française. Partant de la figure classique de lieutenant de Dieu, ils cherchent à imposer l'image du roi-prêtre en insistant sur l'analogie entre les sacerdoces cléricaux et royaux, comme entre le sacrement de l'ordination et la cérémonie du sacre. Du statut du roi-prêtre, il faut ensuite se hisser à la proposition du roi image de Dieu, non sans polémique au début du XVIIe siècle car cela heurtait l'inclination ultramontaine des jésuites dénonçant cette définition comme sacrilège. Cependant, affirmée dès les années 1620 par l'évêque de Chartres, cette sacralisation maximale triomphe dans *Politique tirée des propres paroles de l'Écriture sainte*, réflexion politique de Bossuet, évêque de Meaux, précepteur du dauphin et chef officieux de l'Église de France, rédigée dans les années 1670 et publiée en 1709. Le degré exact de sacralisation du monarque reste un important débat historiographique, principalement alimenté par des oppositions sur l'interprétation des grandes cérémonies royales comme le sacre ou l'inhumation.

Les variations des Lumières

Sécularisation du discours

La philosophie des Lumières est un mouvement intellectuel qui gêne l'absolutisme classique, non pas seulement par une critique de la forme d'exercice du pouvoir, mais surtout par une remise en cause de ses fondements. Le roi absolu justifie le non-partage de son autorité par le monopole de la science du gouvernement, c'est-à-dire la connaissance supérieure du Bien public qui lui est octroyée par Dieu. Avec le succès d'une nouvelle forme de rationalisme basée sur la méthode scientifique qui rejette le dogmatisme religieux et philosophique comme preuve indiscutable, la forme française de l'absolutisme sacralisé ne pouvait qu'être fortement déstabilisée. Récusant le principe d'autorité ultime de la révélation chrétienne et de l'Église romaine sur toute connaissance, la philosophie des Lumières suscite une sécularisation de l'État.

Le despotisme éclairé

Cette laïcisation du discours politique n'entraîne pas pour autant la critique de l'absolutisme, mais à coup sûr la refondation de sa légitimité. Le dialogue noué entre Voltaire et Frédéric II de Prusse ou Diderot et Catherine II de Russie fournit les épisodes les plus célèbres de cette séduction du despotisme éclairé. Si le régime demeure bien une monarchie autoritaire, le monarque n'est plus Dieu agissant mais le Philosophe qui établit sa suprématie sur sa prétention à analyser rationnellement mieux que quiconque la nature dans une perspective de réformes destinée à améliorer les conditions d'existence de la société. Ce déplacement de légitimation conduit à une redéfinition de l'État dont le roi n'est plus que le premier serviteur au service de son peuple. Cette redistribution des rôles favorise un transfert de sacralisation au profit du concept d'État, instrument politique créé par l'ensemble des citoyens pour préserver leur bien-être collectif.

Vers le libéralisme politique

Après avoir radicalement critiqué le despotisme fondé sur la force parce que le tyran gouverne sans lois ni règles et repoussé la république parce que la vertu exigible du peuple souverain lui paraît relever de l'utopie, Montesquieu fonde la supériorité du régime monarchique dans le principe de l'équilibre, donc dans le partage d'une souveraineté entre le monarque et le peuple. À partir de cette définition plurielle, l'auteur de *l'Esprit des Lois* (1748) justifie l'absolue nécessité du régime représentatif et de la séparation des pouvoirs comme garanties institutionnelles de la liberté. Cette culture politique n'est-elle qu'une résurgence du concept de roi collectif du XVIe siècle ? On pourrait le penser dans la mesure où ce conseiller au parlement de Bordeaux demeure très attaché à la société d'ordres. D'où cette valorisation de la noblesse, intermédiaire privilégié entre le monarque et son peuple : « Pas de monarchie sans noblesse ; pas de noblesse sans monarchie. » D'où aussi cette inclination pour le modèle parlementaire britannique bicamériste avec une chambre haute pour l'expression nobiliaire et une chambre basse pour celle des élites roturières.

Il ne s'agit pourtant plus du même modèle car, outre cette prétention à isoler les différents pouvoirs, totalement étrangère à l'idéal de la monarchie tempérée au sein de laquelle l'aristocratie revendique surtout le partage du pouvoir, le principe de la double représentation repose sur une nouvelle conception de la nation perçue comme la juxtaposition de citoyens définis par l'exercice de leurs droits naturels : liberté, égalité juridique, propriété, sûreté. Dans cette justification sociale du dualisme représentatif, la noblesse n'est plus que la reconnaissance officielle de la réussite de l'élite supérieure du tiers état.

Les limites du système représentatif

Dans l'analyse politique des Lumières, Rousseau est un marginal. Refusant la prise en compte de l'histoire, il ne veut retenir que des principes abstraits pour la légitimation du meilleur régime. Une multiplicité d'individus libres et égaux en droit ne devient une unité qu'avec l'acceptation de la soumission totale de chacun au corps des citoyens, être unique incarnant la nation qui ne peut avoir qu'une seule opinion qualifiée de volonté générale. Ici se mesure l'influence conceptuelle de l'absolutisme : l'indivisibilité de la souveraineté n'est ôtée de la personne royale que pour être totalement transférée au seul corps de la nation. En pure théorie, la souveraineté, qui ne peut exister que lorsque le corps est entier, demeure inaliénable et non transmissible. Le régime idéal s'assimile à la démocratie directe dans de petites unités comme les cités antiques, le régime représentatif relevant toujours quelque part de la trahison. Devant le problème de la gestion des grands

Modèles de souveraineté à l'époque moderne

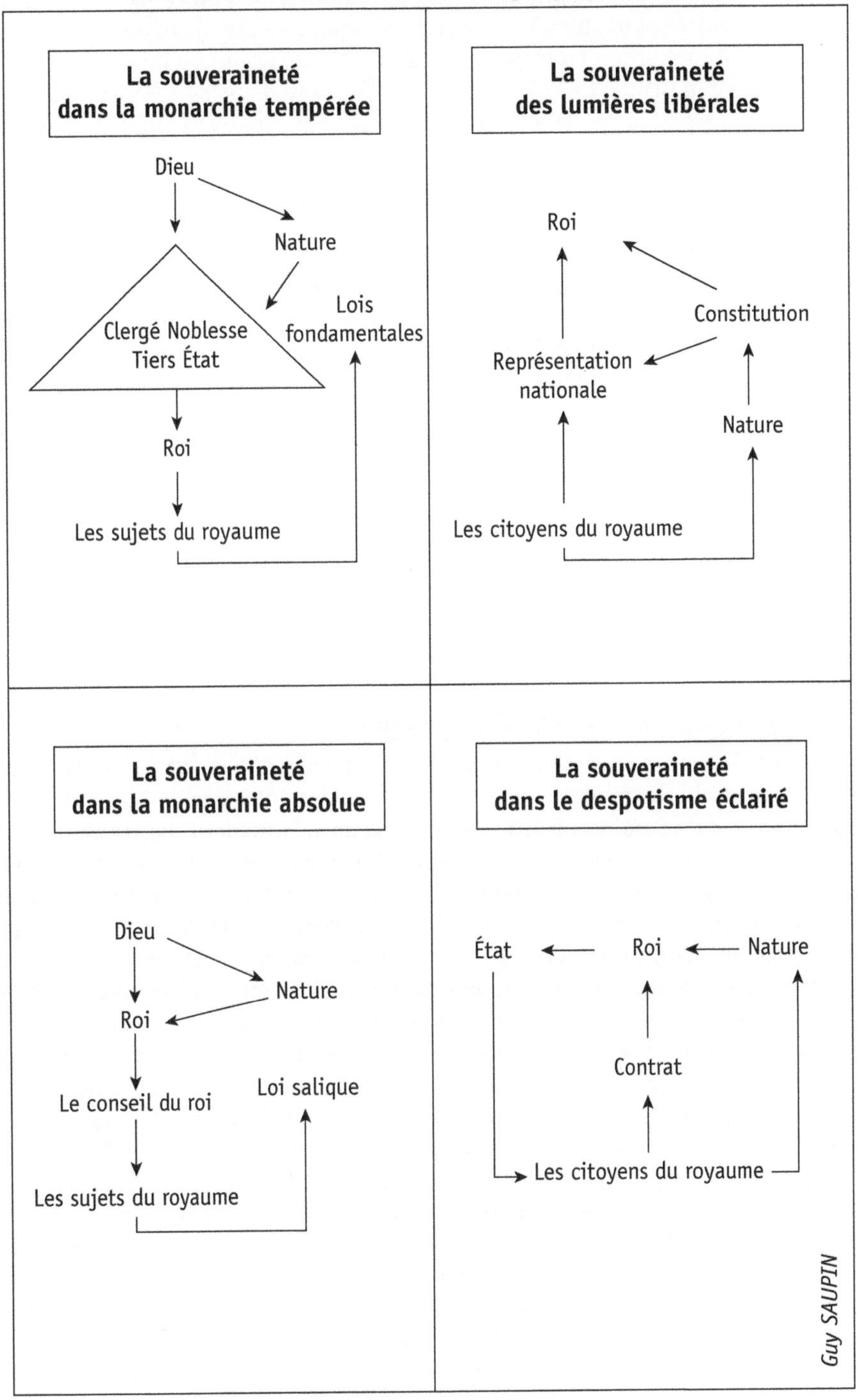

ensembles comme le royaume de France, Rousseau est obligé d'admettre le principe de la délégation comme un moindre mal, tout en incitant à un climat de méfiance vigilante vis-à-vis des députés, retrouvant là les vieux réflexes du mandat impératif. Parce qu'il est un héritier conceptuel de l'absolutisme, Rousseau ne parvient pas à concevoir le pluralisme. La volonté générale s'élabore dans les échanges entre les citoyens qui restent libres de leur opinion et égaux puisque chacun doit concéder une part de sa liberté pour faire exister l'être général. Mais il ne peut exister de majorité et d'opposition. Dès que le vote a établi une dominante, celle-ci devient l'expression de la volonté générale, c'est-à-dire le bien public. Illuminés par la découverte de leur situation de minoritaires, les opposants doivent se rallier en révisant leur jugement erroné. L'impossible division de la souveraineté conduit à défendre la supériorité du régime républicain conduit par une assemblée unique placée sous le contrôle direct des citoyens.

Il est aisé de comprendre comment tous les débats institutionnels qui ont structuré la Révolution, le Consulat et l'Empire sont fortement marqués par les deux pôles de la pensée politique que représentent les philosophies de Montesquieu et de Rousseau.

Les limites du pouvoir royal

La monarchie réglée : un principe constitutionnel ?

Une opposition conceptuelle à la tyrannie

Tous les théoriciens du régime monarchique français, y compris les partisans les plus avancés du modèle absolutiste, se rejoignent pour établir une nette distinction avec ce qui est considéré comme un dévoiement. Le roi de France doit donc obéir à des règles qui s'imposent à lui, comme autant de garanties pour la préservation des libertés – privilèges - de ses sujets. Ce modèle tire sa force de célèbres exemples médiévaux, à l'échelle européenne : les règles canoniques qui organisent les institutions ecclésiales, mais aussi des textes célèbres qui limitent l'autorité des rois comme la Grande Charte de 1215 en Angleterre et la Bulle d'Or de 1348 dans le Saint Empire. De tout cet héritage intellectuel est né le concept de monarchie réglée, c'est-à-dire du régime où le prince est encadré par des principes qui sont autant de garde-fous pour l'empêcher de déraper vers la tyrannie. Tous sont attachés à cette présentation de la monarchie royale à laquelle il est d'usage d'opposer le sultanat ottoman, pensé comme l'archétype de la tyrannie à cause de son rejet de toute noblesse féodale et de son utilisation exclusive d'esclaves politiques dans le gouvernement et dans l'administration centralisée de l'Empire. La monarchie absolue d'inspiration chrétienne n'est pas sans limites si elle se prétend sans contrôle.

L'historiographie classique a parfois eu recours au terme de « constitutionnaliste » pour expliciter cette caractéristique fondamentale. Il est préférable d'y renoncer car le risque de contresens se révèle beaucoup trop fort. Avant que Montesquieu ne défende l'idée qu'il ne saurait exister de bon régime politique sans constitution - principe repris dans la Déclaration des droits de l'Homme de 1789 dans son préambule et l'article 16 - le terme n'a pas encore la définition consacrée par l'histoire contemporaine. Le mot est employé dès la fin du XVIe siècle, mais utilisé au pluriel pour désigner les lois ordinaires liées à la prérogative royale. Avant 1791, il n'existe pas de texte de référence qui règle l'ensemble des relations entre le roi et ses sujets en répartissant les rôles institutionnels. Par ailleurs, cette lecture masque les racines proprement religieuses du discours politique sur la souveraineté qui s'est lentement dégagé de la théologie. Son seul mérite serait de signaler le processus de sécularisation de la philosophie politique qui se trouve au cœur de la construction de l'État moderne, à condition de ne pas brûler les étapes et d'en souligner toute l'irrégularité.

Variations autour du principe

Cette nécessaire régulation du pouvoir royal n'a pas besoin d'être inscrite dans un texte écrit pour exister car elle se présente plutôt comme un ensemble de principes profondément ancrés dans les mentalités. Toutefois, elle n'exclut pas le recours partiel à l'écrit, non pour la formulation de la règle en elle-même, mais plutôt pour mieux fonder par l'énumération rédigée ce qu'elle est censée protéger comme dans les chartes de privilèges, par exemple. Il existe un débat fondamental entre les tenants du modèle de monarchie tempérée et les partisans de l'absolutisme sur l'ampleur de cette limitation. Quand les premiers insistent sur des lois supérieures extérieures au trône, authentifiées par l'histoire nationale, les seconds entendent les limiter au maximum pour finalement ne retenir que des principes moraux et religieux qui s'imposent au roi très chrétien. Les uns se réfèrent à un contre-pouvoir externe incarné dans des droits corporatifs réels et leurs institutions protectrices, les autres se contentent d'une contrainte interne qui se confine à une autocensure volontaire du monarque.

La tension motrice dans la production de la législation royale correspond à l'opposition entre la mission de préservation de ces principes suprêmes dont les magistrats se sont érigés en gardiens supérieurs et l'impératif de la nécessité invoqué par la monarchie pour résoudre les problèmes politiques les plus graves, ce qui prend le nom de raison d'État après la publication de l'ouvrage de G. Botero en 1589. D'un côté un respect de lois immémoriales qui garantissent les libertés (privilèges) des sujets et des états sociaux, de l'autre une logique de renforcement de l'autorité de l'État monarchique jugé seul capable de défendre l'intérêt général dans la logique corporative organiciste qui structure la culture politique de l'époque moderne.

Une régulation interne

La loi divine

Le respect de la loi divine demeure le fondement le plus sacré. La politique royale ne doit pas entrer en contradiction avec les commandements de Dieu. Cet enracinement de l'action monarchique dans la culture catholique n'est pas perçu comme un affaiblissement de l'autorité, mais au contraire comme un renforcement car elle rend le monarque plus juste, plus à l'image de Dieu, donc plus respectable par ses sujets. Comme le Christ dans le mystère de la Passion, le roi se soumet à son Père. Seyssel va même jusqu'à dire que « la puissance de Dieu n'est pas jugée moindre qu'il ne peut pécher, ni mal faire » Les crises politiques à fort contenu religieux sont ainsi les plus graves car une partie des sujets est persuadée que le monarque s'est écarté de la loi divine. S'ouvre alors la plus grave des crises de légitimité et le temps des dénonciations prophétiques en référence à l'Ancien Testament : les rebelles s'instituent comme les instruments de la colère de Dieu face à un roi qui trahit le fondement le plus sacré de sa fonction. Henri III et Henri IV sont morts assassinés au nom de cette logique. Soulignons l'interaction et la circulation de cette rhétorique entre les deux confessions ennemies pendant les guerres de Religion. Les écrits des Monarchomaques calvinistes des années 1560-1570 sont recyclés par les Ligueurs catholiques dans les années 1580-1590.

La loi de nature

La loi de nature, qui se réfère à la vie en société, est aussi d'essence religieuse puisque depuis saint Thomas il est admis que le respect de la nature correspond au raisonnable, c'est-à-dire à l'ordre perpétuel dans lequel Dieu a créé le monde. La loi doit s'approcher au plus près de cette logique qui est la seule à garantir le Bien public. Toutefois, avec le recul de la cosmologie aristotélicienne au profit des conceptions de la science moderne, s'est ouverte puis confirmée une voie plus laïcisée du droit de nature explorée par les plus grands juristes du XVIIe siècle comme Grotius et Pufendorf, puis intégrée comme base fondamentale par les Lumières. L'ordre naturel qui met en scène des êtres libres qui choisissent de s'associer pour garantir leur sûreté et leur propriété glisse ainsi d'un support purement corporatif à une protection des droits individuels.

L'analogie entre la famille et le royaume court sous toutes les plumes. Le roi est le père de famille auquel on doit obéissance totale en référence au droit romain de plus en plus invoqué, mais qui, de son côté, doit protection et éducation à ses enfants-sujets. Ce modèle où le respect de l'autorité est échangé contre la responsabilité du pouvoir royal dans l'amélioration des conditions de vie, ce qui sous-entend l'évidence d'un interventionnisme réparateur, explique pourquoi le ralliement du gouvernement au libéralisme économique après 1750 a désorienté beaucoup de monde, pas seulement dans les classes populaires. Au-delà de la famille, cellule élémentaire de la société, sont les corps avec leurs franchises, c'est-à-dire leurs exemptions concédées pour la qualité des services rendus à la collectivité.

Les lois fondamentales de l'État

Un principe indiscutable

Si l'expression est inventée par le théologien calviniste Théodore de Bèze en 1574 dans sa critique de la déviation tyrannique des Valois au sein des guerres de Religion, l'idée n'est pas nouvelle. Les auteurs parlaient plutôt des lois ou des statuts du royaume. Il s'agit d'un ensemble de pratiques et de règles consacrées par l'Histoire. Ce sont des principes qui sont ancrés dans la mémoire collective et qu'on peut coucher par écrit selon les circonstances politiques pour mieux les consolider.

Cela ne saurait se faire sans l'évidence d'une idée enracinée dans la tradition et partagée par une large partie de la population.

Si toutes les idéologies monarchiques admettent cette référence pour bien établir la différence avec la tyrannie, elles se séparent vivement quant aux dimensions à lui reconnaître. Entre les partisans de la monarchie tempérée qui partent d'un contenu large et les tenants de l'absolutisme qui ne retiennent plus que deux principes, l'écart est énorme.

Une définition discutée

La loi salique, qui règle la succession au trône par primogéniture mâle, est devenue le pilier de l'État monarchique. Formulée en droit public pour la première fois en 1328 pour éviter que le trône de France ne passe à un roi anglais, elle a suscité de très vifs débats lors de l'avènement de Henri IV en 1589, les ligueurs plaidant la suprématie du principe de catholicité. La refondation de la règle grâce à un arrêt du parlement de Paris en 1593 doit beaucoup à la poussée du sentiment national lors de cette crise de succession. La conversion parallèle du roi au catholicisme inscrit toutefois de fait cette autre exigence au rang des fondements de la monarchie française.

Le principe d'inaliénabilité du domaine royal rappelé dans l'ordonnance de Moulins en 1566, qui tire sa justification de la crainte ancestrale des augmentations d'impôt et de la perpétuation du mythe selon lequel le roi devrait vivre uniquement des ressources de son domaine, est toujours invoqué, même si le pouvoir royal sait parfaitement le contourner par des ventes déguisées en emprunts.

Au-delà commencent les incertitudes. Quelle attitude adopter vis-à-vis des coutumes et des franchises qui entretiennent les particularismes dans le royaume ? Sont-ils des droits intouchables, validés par l'histoire et parties intégrantes d'un héritage ancien résultant d'un échange entre le roi et les corps ou des avantages ne relevant que de la pure grâce royale, consentis dans une conjoncture politique spécifique par un monarque, mais résiliables par un successeur dans d'autres circonstances, le tout au nom de la raison d'État, seule expression de l'intérêt général dont la perception suprême ne relève que du roi, lieutenant de Dieu ?

Pomponne de Bellièvre (1529-1607), juriste de formation, diplomate avant de prendre la surintendance des finances de 1574 à 1588, chancelier de 1599 à 1605, est un bel exemple de cette culture politique en mutation. Définissant encore l'autorité royale comme patriarcale et domestique, il soutient l'inflexion absolutiste en rejetant tout contrôle sur la législation royale, tout en plaidant pour un exercice volontairement tempéré par respect des privilèges des états sociaux, des corps professionnels et des territoires.

Qui protège les lois fondamentales ?

Si les lois du roi ne peuvent entrer en contradiction avec les lois fondamentales du royaume, quelle est l'autorité légitime pour en garantir l'effectivité ? La réponse est intimement liée à la définition de la souveraineté. Le droit public en reconnaît cependant le principe en obligeant le roi à faire vérifier et enregistrer ses lois dans les grandes cours de justice, établissant ainsi les magistrats supérieurs nommés par lui comme garants de cette conformité. Cette disposition ouvre une procédure de discussion et de compromis souvent utilisée par la monarchie. Ce mode de fonctionnement interactif domine le XVIe siècle et la première moitié du XVIIe siècle, avant de connaître une implosion durant la grave crise politique de la Fronde (1648-1653) où une partie des magistrats des parlements (Paris et Bordeaux) soutient des prises d'armes princières, tout en défendant ses propres intérêts. Le roi, source terrestre de toute justice, garde néanmoins le dernier mot puisqu'il peut refuser les modifications en imposant l'enregistrement de sa loi dans un acte d'autorité nommé lit de justice. Venant en personne ou par représentation dans la cour de justice, il retire ainsi temporairement sa délégation de pouvoir aux magistrats réduits à l'état de spectateurs face à l'expression de la supériorité royale. Comme sanction de son attitude frondeuse, le parlement de Paris perd son privilège d'enregistrement de 1673 à 1715.

Si le roi garde toujours les moyens d'imposer sa volonté, les dommages collatéraux peuvent être considérables comme l'illustrent les crises politiques à répétition avec les parlements qui ont marqué le XVIIIe siècle. Ce type de conflit révèle un dialogue de sourds entre des magistrats qui se présentent comme les gardiens du droit public supérieur français et un monarque qui leur rappelle qu'ils n'ont pas d'autre légitimité que sa seule délégation de pouvoir. Dans la seconde moitié du XVIIIe siècle, les parlementaires, influencés par la diffusion des grands thèmes des Lumières et le succès du modèle parlementaire britannique, ont tendance à se présenter comme les défenseurs, et donc quelque part comme les représentants de la nation, face à un régime qui récuse par principe absolutiste ce type de fonctionnement. Les conflits autour de l'enregistrement des lois royales forment ainsi un terreau très propice à l'entrée en crise du modèle monarchique.

Les préférences institutionnelles

Si le roi, source de toute justice et Maître de l'exécutif, détient le monopole de la loi, il a besoin d'être aidé et conseillé dans son action. Le terme de conseil est utilisé dans un sens très large, dans une ambiguïté très liée aux débats sur la souveraineté. Trois cercles concentriques peuvent être distingués : le conseil du roi au sens strict, c'est-à-dire le gouvernement central royal, les officiers royaux de l'administration royale ont tous le titre de « conseillers du roi » et les membres des assemblées représentatives, surtout lorsque leurs membres sont désignés par le pouvoir royal et qu'elles sont limitées à un rôle consultatif. Cette très large distribution montre combien est resté vivant le principe théorique d'une large association des élites du royaume dans l'exercice du pouvoir, beaucoup plus dans le fonctionnement de l'État monarchique que dans l'élaboration de ses orientations. Bien des exemples prouvent cependant que nombre de « conseillers » en avaient gardé la mémoire et en entretenaient la culture.

Les conseils de gouvernement

L'influence royale

La personnalité du monarque influe sur le style du conseil chargé du gouvernement du royaume. Entre le travailleur assidu qui se passionne pour la conduite de l'État et exerce un contrôle direct sur la pratique gouvernementale, dont le type achevé reste Louis XIV, et l'introverti comme Louis XIII qui ne se sent guère assuré dans sa mission, préférant l'ambiance des camps militaires à celle du cabinet de travail du Louvre ou le dilettante à l'instar de Louis XV qui ne parvient pas à s'intéresser durablement à la direction gouvernementale, l'écart est grand.

Finalement, la tentation est forte de s'appuyer ou même de se reposer complètement sur un homme de confiance que ses concurrents appellent un favori et dont la position peut aller de confident privilégié à celle de principal ministre. Le régime du ministériat n'est en rien synonyme d'affaiblissement de l'autorité royale car un ministre peut parfois mieux conduire qu'un roi une politique absolutiste comme le rappellent les exemples des cardinaux de Richelieu, Mazarin et Fleury. Les jalousies nées autour du choix royal, parfois accusé de ne pas respecter la hiérarchie naturelle des dignités, attisent les crises politiques comme l'illustrent l'hostilité de la grande noblesse envers les « mignons » de Henri III et les complots aristocratiques contre Richelieu.

Une régence est toujours une phase de faiblesse pour l'autorité royale parce que les proches parents de l'enfant-roi, qui supportent mal la promotion de sa mère, exercent une forte pression pour entrer dans le noyau dur du conseil du roi. Le jeune âge est perçu comme une déficience physique du souverain qui appelle une compensation. La conception organique du roi collectif renforce la prétention des Grands au partage de l'autorité suprême alors que celle du roi-individu appuyée sur le droit du sang aide plutôt la reine mère à s'imposer.

L'évolution des critères d'entrée

Les deux modes de souveraineté entretiennent surtout deux conceptions différentes de la formation du conseil. La monarchie tempérée plus marquée par l'héritage du féodalisme préserve mieux l'idéal du large conseil sur le modèle des vassaux rassemblés autour de leur suzerain, ce qui favorise l'idée de conseillers-nés, siégeant de droit étant donné le prestige de leur naissance et la dignité de leur fonction : princes du sang, ducs et pairs, prélats, grands officiers de la couronne et de la Maison du roi. L'entrée de ces compagnons d'armes, chefs des grandes familles aristocratiques, s'impose au roi comme une tradition de type « constitutionnel ». Prisonnier d'un principe d'autant plus raisonnable qu'il est ancré dans le respect de la hiérarchie naturelle, le roi subit une formule qui lie la qualité de sa politique à l'ampleur et à la hauteur de la consultation qui la précède.

Dès que le roi essaie de se rapprocher de l'absolutisme, il entend devenir le maître de son conseil en renversant les critères : la compétence administrative et le loyalisme éprouvé surpassent l'honorabilité de la naissance et de la fonction, sans que cette dernière s'en trouve pour autant récusée. François Ier est le premier à opérer un dédoublement en isolant un étroit conseil des affaires composé de ses fidèles pour traiter de la grande politique, laissant au large conseil privé le suivi des questions ordinaires. Louis XIV porte à son degré maximal cette politique de subdivision et de promotion de robins tout juste intégrés à la noblesse, suscitant la célèbre critique excessive de Saint-Simon contre ce « règne de vile bourgeoisie ». Le XVIIIe siècle marque le retour de l'aristocratie dans le cercle gouvernemental, tout en conservant la même structure de conseil après l'échec de la polysynodie sous la régence du duc d'Orléans.

Le conseil, la maison du roi, la cour

Au XVIe siècle, ces trois institutions s'avèrent très complémentaires car la circulation des membres des lignages de grande ou moyenne noblesse ancienne et de tradition militaire y est intense. L'admission à la cour, l'obtention de grands offices domestiques de la maison du roi et l'appel au conseil royal sont autant de marqueurs du degré d'influence qui peuvent entrer en rotation ou se cumuler. Cet entrisme est particulièrement important pour les grandes maisons aristocratiques, têtes de réseaux de clientèle très ramifiés. La proximité de la personne royale est stratégique car la distribution des grâces reste très dépendante de la qualité de la relation entre les personnes. La compétition étant très forte, les tensions peuvent atteindre un niveau de violence accentué, surtout pendant les guerres de Religion. Lorsque le roi entend manifester son autonomie d'action en ne respectant pas la hiérarchie établie au sein de la noblesse, il prend le risque de l'incompréhension qui peut se retourner contre son autorité. Ce fut le drame d'Henri III. Véritable théâtre où se mettent en scène en permanence les aléas de la vie politique, les trois espaces servent de lieux de protestation de « malcontentement », à partir des retraits volontaires vers les domaines seigneuriaux.

Le XVIIe siècle connaît un décrochement progressif entre le monde du conseil et les deux autres sphères, processus consacré sous le règne personnel de Louis XIV. La marginalisation de l'aristocratie ancienne dans les conseils est compensée par un accès privilégié aux grands offices domestiques de la maison du roi. La cour sert d'articulation entre les deux espaces de proximité royale. La haute noblesse s'y presse pour rester connectée à la fontaine des grâces royales, entendant tirer parti au maximum de son soutien politique apporté à l'affermissement absolutiste. La maison du roi joue un rôle moteur dans la revitalisation des grandes cérémonies royales, principalement le sacre et les funérailles, ce qui nourrit la fidélité dynastique de la haute noblesse.

Les officiers royaux : conseillers du roi

Tous les offices de justice et de finances mis en vente par la monarchie portent comme privilège de s'intituler « conseillers du roi ». Les titulaires n'oublient jamais de le mentionner sur tous les actes privés et publics qui les concernent. Cela pourrait passer pour une concession honorifique, mais l'attitude des magistrats montre qu'il n'en est rien. Dans tous les écrits privés ou publics, on retrouve une grande attention à valoriser cette dimension, soit pour exalter la dignité de leur fonction soit pour justifier les actions entreprises dans l'exercice de leur charge. La claire conscience de la maîtrise de la science de l'administration fondée sur l'exigence de diplômes universitaires entretient cette prétention. Si l'ensemble des officiers partage cette mission, le respect de la hiérarchie institutionnelle explique que ce soit dans les parlements que ce dialogue ait surtout été valorisé. Pour définir son rôle, le parlement de Paris du XVIe siècle se compare volontiers à un sénat pour la dimension collective de l'autorité, à un théâtre pour la liturgie de la parole et un temple pour une sacralisation de la justice.

Cette vigilance a largement bénéficié à la monarchie car le monde des officiers l'a souvent soutenue dans des phases politiques difficiles. En forme de reconnaissance des perspectives d'ascension sociale ouvertes par la multiplication des offices, le loyalisme s'est inscrit comme le réflexe naturel du plus grand nombre. Fiers de partager une parcelle de l'autorité royale et satisfaits de la politique de coopération menée dans l'exercice de la justice ou dans la collecte fiscale, les officiers ont nettement soutenu l'inflexion absolutiste conférée à l'État royal. Ceci s'est révélé particulièrement décisif dans les guerres de Religion, plus spécialement dans les années 1590, la plus grave crise politique de la monarchie française. Récompensés par Henri IV, ils ont fait contrepoids aux prises d'armes des Grands de la première moitié du XVIIe siècle. La rébellion de quelques parlements durant la Fronde fait figure d'exception. Les liens ont été renoués sous le règne personnel de Louis XIV, autour de la préparation des grandes ordonnances judiciaires. Le XVIIIe siècle est d'un tout autre style. Les parlements se saisissent des grands conflits opposant des mouvements d'opinion entre eux et au pouvoir royal pour prétendre éviter une déviation vers le despotisme en tant que gardien traditionnel des lois fondamentales du royaume. Perméables au développement de la philosophie des Lumières, ils se présentent ensuite comme protecteurs des intérêts de la Nation faute d'une représentation officielle de cette dernière. Le contresens à ne pas commettre serait ainsi de caractériser les deux premiers siècles de l'époque moderne à la lumière du dernier.

Les états : assemblées représentatives d'une société d'ordres

Les variations théoriques sur la monarchie ont des conséquences directes sur l'appréciation portée sur les institutions représentatives. L'attribution de la souveraineté au royaume explique la référence spontanée aux assemblées d'états car il s'agit de la meilleure concrétisation possible du principe invoqué. Sa confiscation par le seul individu-roi ne laisse plus de place à cette pratique car à quoi servirait de consulter une nation qui n'est plus qu'une part de lui-même ? L'attitude du pouvoir face aux assemblées d'états devient ainsi un critère très éclairant de son orientation idéologique.

Les états généraux

Alors que le premier renforcement de l'autorité royale avec François Ier et Henri II voit disparaître les états généraux et les assemblées des notables, pâles substituts, sa remise en cause pendant les guerres civiles les ramènent au premier plan avec les réunions de 1560-1561, 1576-1577, 1588-1589, 1614-1615, auxquelles s'ajoute le rassemblement rebelle de la Ligue en 1593 pour désigner un nouveau roi catholique à la place du huguenot Henri IV. À partir du moment où la dynamique absolutiste est relancée par Richelieu, surtout après la journée des Dupes de 1630, la monarchie oublie son assemblée consultative avant que l'ampleur de la crise financière et le blocage de la situation politique ne contraignent Louis XVI à y revenir en 1789. À la différence de bien des États européens, la monarchie française bénéficiait pourtant d'un rapport de forces favorable : pas de périodicité d'une réunion convoquée au bon vouloir du roi, procédure simplement consultative à partir de l'expression de doléances, aucun vote de consentement à l'impôt ou d'élaboration de la loi. Les assemblées de notables sont utilisées pour se maintenir dans la tradition consultative dans un cadre plus contrôlé par la monarchie car il s'agit seulement de recueillir l'avis de personnalités nommées sur des réformes projetées. Le calendrier, très proche de celui des états généraux, illustre la réticence fondamentale de la monarchie absolutiste pour la procédure consultative. Sur les douze assemblées de l'époque moderne, sept ont eu lieu au XVIe siècle, trois dans le premier tiers du XVIIe siècle et deux à la veille de l'écroulement du régime en 1787 et 1788. Le tout apparaît donc comme une ultime solution, retenue par la monarchie quand elle ne peut plus faire autrement.

Les états provinciaux

L'absolutisme manifeste longtemps la même hostilité à l'égard des états provinciaux dont il essaie de réduire le nombre sans pouvoir aller jusqu'au bout de sa logique par crainte des réactions des populations dans les provinces où ils sont le mieux implantés. Si au début du XVIe siècle quinze grandes provinces disposent de cette assemblée des trois ordres qui siège sur convocation royale, mais avec régularité, pour consentir l'impôt ou faire remonter les doléances, une importante érosion, où l'hostilité du pouvoir royal rencontre l'indifférence des élites locales, en supprime un grand nombre. Au milieu du règne de Louis XIV ne subsistent plus que quatre grands pays d'états (Bourgogne, Bretagne, Languedoc, Provence) et seize petits pays d'états situés surtout dans le Nord, les confins bourguignons et les Pyrénées. Toutefois, l'expérience acquise avec les grands états sous le règne de Louis XIV, et tout spécialement avec les puissantes assemblées du Languedoc et de Bretagne, a progressivement conduit le pouvoir royal à modifier sa perception au XVIIIe siècle.

Dans un premier temps, il s'est agi d'une collaboration fructueuse avec les élites sociales provinciales autour du système financier associant la levée des impôts et le bon fonctionnement du crédit public, soit la facilité pour l'État de lever ses emprunts. Il en est résulté la formation d'une administration provinciale permanente, sous forme de commission ou de chambre composée des représentants des trois ordres, chargée du suivi entre les sessions et du contact régulier avec les bureaux des ministères parisiens. Dans la seconde moitié du XVIIIe siècle, le pouvoir royal a procédé à une déconcentration des compétences en déléguant la gestion des voies de circulation (voies terrestres et navigables), de l'impulsion économique (soutien aux manufactures et partage des biens communaux ruraux) et un rôle accru dans l'assistance sociale et la lutte contre la mendicité. Contrairement à une image historiographique ancienne parlant du dépérissement d'anciennes structures archaïques, il convient donc de considérer les états provinciaux comme des institutions dynamiques, compétentes et efficaces au XVIIIe siècle, ayant trouvé leur place dans la collaboration avec la monarchie, dans une logique de rééquilibrage des rôles avec l'administration royale dominée par les intendants.

Ceci ne signifie pas que les rapports politiques avec le pouvoir royal aient suivi partout le même modèle. Trois profils sont ainsi repérables : l'association étroite avec les ministères faisant des états provinciaux un relais efficace de l'absolutisme à l'exemple de ceux d'Artois, durement critiqués dans un pamphlet célèbre par Robespierre à la veille de la Révolution, la bonne collaboration harmonieuse n'empêchant ni négociation ni capacité de proposition comme dans l'exemple des états de Bourgogne, travaillant sous le patronage des princes de Condé, gouverneurs de la province, et enfin des relations parfois plus conflictuelles comme en témoigne la grande crise de l'Affaire de Bretagne dans les années 1760 opposant les états au duc d'Aiguillon, représentant de l'autorité royale. Quelle que soit la situation, l'évolution générale inscrivait de plus en plus la perception des populations locales dans la question de la représentativité de ces institutions intimement liées à la société d'ordres.

Modes de représentation dans les états provinciaux les plus importants

États	Clergé	Noblesse	Tiers État
Artois	2 évêques, 18 abbés 14 députés chapitres	Nobles fieffés anciens	Échevinage Arras Députés de 9 villes
Cambrésis	Archevêque, chapitres et abbés	12 députés	Le Magistrat de Cambrai
Flandre		Baillis de 4 seigneuries	Députés des Magistrats de Douai, Lille et Orchies
Béarn	2 évêques 4 abbés	12 barons 500 seigneurs	Députés des bourgs et vallées
Bretagne	9 évêques, députés 9 chapitres, 40 abbés	Tous les nobles	Députés de 42 villes
Bourgogne	5 évêques, 20 abbés 22 doyens, 72 clercs	Nobles fieffés anciens	55 députés (40 villes et états du Charolais et Maçonnais)
Languedoc	23 évêques	23 barons	68 députés des villes avec 46 suffrages
Provence	2	2	37 communautés (villes)

Les communautés d'habitants

Les assemblées villageoises

La plupart des sujets qui vivent à la campagne voient leur vie quotidienne organisée par leur communauté villageoise, institution locale assumant trois grandes fonctions : la police rurale (réglementation des travaux agricoles et gestion des équipements comme la petite école), la défense des droits collectifs du terroir et la collecte des impositions directes de la monarchie. La France du Nord se contente d'une organisation rudimentaire reposant sur une assemblée générale des chefs de feu, réservée de plus en plus à la paysannerie aisée et à la bourgeoisie rurale des bourgs, qui se choisit un mandataire (syndic) pour la représenter et surveiller l'application des décisions. Dans certaines provinces, les gestions des affaires civiles et religieuses sont associées, la communauté se confondant alors avec la fabrique paroissiale. La France du Sud a des instances plus élaborées reposant sur un système pyramidal plaçant au-dessus de l'assemblée générale un conseil politique étroit et un consulat de trois ou quatre membres à qui revient le rôle d'exécutif. Appuyée sur ses compoix (cadastres fiscaux), la vie municipale villageoise apparaît plus consistante.

Après avoir consenti une très grande autonomie, le pouvoir royal impose un contrôle beaucoup plus strict à partir de Louis XIV. C'est l'endettement qui fait peur. Les intendants sont chargés de surveiller les comptes et de favoriser le rachat des biens communaux vendus afin de consolider la capacité fiscale villageoise. Par cette tutelle qui reste longtemps influencée par une approche morale de l'économie, ils jouent plutôt un rôle de protection des traditions communautaires face aux remises en cause du libéralisme économique dans la seconde moitié du XVIIIe siècle.

Les communautés rurales entretiennent des rapports étroits avec le pouvoir seigneurial, surtout lorsque ce dernier se concrétise par l'existence d'un tribunal intervenant dans la police rurale. Les droits seigneuriaux entrent parfois en contradiction avec les intérêts des villageois, principalement dans le partage des terres communes. Ce type de tension, souvent nommé réaction seigneuriale, a été abusivement associé à la fin du XVIIIe siècle comme élément causal de la Révolution. C'est une réalité qui court irrégulièrement selon les lieux tout au long de l'époque moderne, et qui prend seulement une allure particulière au XVIIIe siècle par l'engagement accru des domaines seigneuriaux dans l'agriculture commerciale. La situation de juge et partie dans ces questions collectives explique pourquoi la justice seigneuriale a si mauvaise presse dans les cahiers de doléances de 1789 alors qu'elle est très utilisée comme justice de proximité entre les individus.

Les corps de ville

Les villes disposent d'institutions municipales beaucoup plus solides, assises sur des finances provenant de biens patrimoniaux, mais surtout de la levée d'octrois sur les marchandises qui entrent et qui sortent. La structure pyramidale habituelle additionne un corps de ville (échevinage dans la France du Nord, consulat dans la France du Sud) assurant l'essentiel du travail, un conseil de notables à caractère consultatif et une assemblée générale de plus en plus fermée socialement et limitée aux élections.

Les municipalités assurent des fonctions essentielles pour l'organisation d'une vie communautaire marquée par une forte concentration humaine sur un espace restreint. La question de l'auto-défense est demeurée longtemps primordiale car elle est intimement liée à l'identité collective. L'évolution a cependant fini par opposer les villes des frontières et les villes de l'intérieur, principalement à partir du règne personnel de Louis XIV avec la disparition des grandes révoltes nobiliaires au sein du royaume. Dans la police urbaine, les principaux champs d'intervention correspondent à la réglementation du marché, tant du côté des métiers que du côté des produits vendus, pour leur abondance et leur prix, à l'intervention sanitaire sous la forme de l'hygiène publique et la lutte contre les vagues épidémiques, à l'organisation de l'assistance sociale, à travers les distributions de secours aux bons pauvres ou la gestion des hôtels Dieu pour les malades et des hôpitaux généraux pour la réinsertion des indigents, sans oublier le soutien au collège de la ville. Dans le contrôle de l'évolution de l'espace matériel urbain, il faut distinguer entre la réglementation pour les constructions privées et les interventions directes dans les travaux publics touchant aux voies de circulation et aux bâtiments municipaux.

Absolutisme et corps de ville

La monarchie du XVe siècle a largement favorisé les villes parce qu'elle recherchait leur appui pour réduire l'influence de l'aristocratie féodale. L'idéal de monarchie tempérée entretient cette orientation vers une politique contractuelle qui privilégie l'échange de bons services : la fidélité d'une communauté contre la préservation de ses franchises. L'absolutisme n'apprécie guère cette faculté d'autogestion qui s'insère mal dans son projet de renforcement de l'appareil étatique. Ne voulant pas prendre le risque d'attaquer de front les privilèges concédés par leurs prédécesseurs, les rois entendent les faire payer de plus en plus cher. L'endettement des villes, partiellement provoqué par la lutte contre l'enchaînement de famines et d'épidémies depuis 1570, devient le prétexte à l'établissement d'un contrôle administratif serré à partir de Colbert. L'édit royal de 1683 établissant la tutelle financière de l'intendant forme le point d'orgue d'un processus commencé vingt ans plus tôt. Les graves difficultés du Trésor royal lors des grandes guerres aboutissent au dérèglement de la vie municipale car les fonctions électives sont transformées en offices royaux vénaux que les municipalités essaient de racheter pour conserver une certaine liberté de désignation.

L'époque moderne est donc caractérisée par le passage du système des « bonnes villes » reposant sur la logique contractuelle de « l'entente cordiale » à celui de la ville royale inscrite dans un projet absolutiste. À partir du règne de Louis XIV et encore plus au XVIIIe siècle, les municipalités sont entrées dans un processus de bureaucratisation qui en a fait les cellules de base de l'administration provinciale, sous l'autorité des intendants. Ceci n'a pas entraîné un rétrécissement, mais au contraire un accroissement de leurs compétences, surtout avec l'ouverture des grands chantiers de l'embellissement urbain. La mutation n'a pas entraîné de révoltes urbaines car le plus souvent les corps de ville ont vu dans la collaboration avec l'intendance une bonne stratégie pour réduire la tutelle des cours de justice sur la police urbaine.

La monarchie ayant une vue avant tout fiscale des municipalités, elle n'entend pas toucher à l'organisation du pouvoir urbain, ni dicter un mode de gestion tant que la ville se révèle une bonne payeuse. Il faut attendre le projet du contrôleur général Laverdy en 1764-1765 pour voir un plan presque général d'uniformisation, abandonné dès 1771. De même, le loyalisme politique est largement récompensé par la préservation d'une large autonomie dans le renouvellement de l'oligarchie dirigeante qui s'opère dans la concertation entre les notables et les représentants de l'autorité centrale que sont les gouverneurs et les intendants. Là encore, aucune politique d'ensemble, tout étant lié aux réactions des communautés et à la personnalité des commissaires royaux. Les oligarchies urbaines les considèrent d'ailleurs autant comme des protecteurs capables de défendre leurs intérêts devant le conseil du roi que comme des censeurs destinés à ruiner leurs privilèges. Dans une province comme la Bretagne, l'intendance a trouvé dans son alliance avec les villes la meilleure arme pour contenir les débordements de l'opposition nobiliaire aux états provinciaux du XVIIIe siècle.

La culture politique urbaine ne pouvait qu'être modifiée par ce changement de fonctionnement. Le corporatisme municipal reposant sur le principe de l'unité politique de la bourgeoisie, au sens juridique du terme associant la possession de privilèges à la reconnaissance de devoirs, est entré dans un long et irrégulier dépérissement du fait du double positionnement des officiers royaux capables d'agir comme citoyens dans les corps de ville mais aussi en concurrents directs par leur insertion dans une administration royale en pleine croissance. Progressivement, la réticence à la consultation conduit à une fermeture sociale des assemblées élargies et même à leur marginalisation. Pourtant, les municipalités n'ont jamais perdu leur identité d'institutions représentatives, même au temps des expédients financiers transformant les charges électives en offices vénaux à partir de 1692. Elles ont même préservé ce principe, aux côtés des états provinciaux, au sein du processus absolutiste. Le pouvoir royal lui-même a fini par en reconnaître le bien fondé dans une pure logique administrative comme l'illustre la réforme Laverdy (1764-1771), balayée comme tant d'autres par l'urgence des expédients financiers pour alléger la dette.

Conclusion

La France moderne est caractérisée par l'affrontement entre deux cultures politiques : celle de la monarchie tempérée qui associe souveraineté collective, limites externes et pratiques de concertation, celle de l'absolutisme qui récuse tout contrôle au nom d'une souveraineté monopolisée par la personne royale, en admettant certaines limites identifiées comme une auto-contrainte morale et religieuse. Le maintien de l'idéal du large conseil autour du Prince est un trait d'union entre les deux modèles. Toutes les attitudes envers les institutions représentatives et une bureaucratisation centralisée découlent de cette opposition initiale. La monarchie française, ayant cheminé plus loin que les autres grands États européens dans la logique absolutiste, n'arrive pas à gérer par elle-même son adaptation à un autre modèle défendu par les Lumières du second XVIIIe siècle. La monarchie sacrée de droit divin ne parvient pas à choisir entre un despotisme éclairé sécularisé et une monarchie parlementaire à légitimité nationale. Elle est renversée par une assemblée nationale qu'elle n'a pas su conceptualiser et maîtriser.

La plus grande mutation politique de la France moderne est celle de la noblesse qui est passée du « devoir de révolte » pour la défense de ses libertés à la collaboration active et volontaire avec l'État absolutiste pour la protection de ses intérêts. Le succès relatif de l'absolutisme ne s'explique pas par l'imposition brutale d'une contrainte par un pouvoir autoritaire, mais par le ralliement volontaire des élites à un système jugé plus performant pour la défense de leur supériorité sociale.

Claude de Seyssel, *La grand monarchie de France*, **1515**

« Néanmoins, la dignité et l'autorité royale demeurent toujours en leur entier, ni totalement absolues, ni par trop restreintes, mais réglées et refrénées par de bonnes lois, ordonnances et coutumes, établies de façon à ne pouvoir être rompues ni annihilées, même s'il arrive à certains moments et en certains endroits infraction et violence. Et pour parler des freins par lesquels la puissance des rois de France est réglée, j'en trouve trois principaux : la religion, la justice et la police.

Quant au premier, ce royaume est appelé très chrétien et les rois très chrétiens. (...) Or si le roi vit (au moins en apparence) selon la loi et la religion chrétiennes, il ne peut faire des choses tyranniques et s'il en fait il est loisible à chaque prélat ou homme religieux, ayant estime dans le peuple, de le lui remontrer (...).

Le second frein est la justice qui sans point de difficulté est plus autorisée en France qu'en nul autre pays du monde qu'on connaisse à cause des parlements qui ont été institués principalement à cet effet afin de refréner la puissance absolue dont voudraient user les rois (...).

Le troisième frein est celui de la police, à savoir de plusieurs ordonnances qui ont été faites par les rois eux-mêmes et ensuite confirmées et approuvées de temps en temps : elles tendent à la conservation générale du royaume. (...) Elles ont été conservées si longtemps que les princes n'entreprennent pas d'y déroger et quand ils veulent le faire, on n'obéit point à leurs commandements (...). »

Innocent Gentillet, *Briève remonstrance à la noblesse de France*, **1575**

« Car un royaume est composé d'un roi et de ses sujets. Il faut donc qu'il y ait quelque loi qui fasse distinction d'entre le roi et ses sujets, de celui qui doit commander et de ceux qui doivent obéir : car s'il n'y avait point de loi qui en fît distinction et qu'il y eût confusion, ce ne serait pas royaume. Il faut aussi nécessairement que le commandement soit réglé par une loi, laquelle tende à la conservation du commandeur et des commandés tous ensemble, non à leur ruine. (...) Et partant, ceux qui disent comme par commun proverbe que le prince est par dessus la loi, ils disent bien, mais ils l'entendent mal : car ils n'entendent qu'il soit par dessus la loi pour la pouvoir casser et abolir à plaisir : mais à la vérité il est par dessus la loi comme l'édifice est par dessus son fondement, lequel on n'en peut abattre sans que l'édifice ne tombe (...) En un royaume aucunes lois (voire beaucoup) qui se peuvent changer, corriger et abolir, selon la circonstance du temps et des personnes et qualité des affaires : mais les lois fondamentales d'un royaume ne se peuvent jamais abolir que le royaume ne tombe bien tôt après. »

Jean Bodin, *De la République*, **1576**

« La souveraineté est la puissance absolue et perpétuelle d'une République (...) Il faut que ceux-là qui sont souverains ne soient aucunement sujets aux commandements d'autrui et qu'ils puissent donner loi aux sujets et casser ou anéantir les lois inutiles pour en faire d'autres (...) On a voulu dire et publier par écrit que l'État de France était aussi composé de trois républiques et que le parlement de Paris tenait une forme d'aristocratie, les trois états tenaient à la démocratie et le roi représentait l'État royal : qui est une opinion absurde, car c'est un crime de lèse-majesté de faire les sujets compagnons du prince souverain (...). Il faut en l'État bien ordonné que la puissance souveraine soit à un seul, sans que les états y aient part et puissance de lui donner loi, combien qu'en ce cas ce serait État populaire et non monarchie (...). La monarchie pure et absolue est la plus sûre république. »

David Rivault de Fleurance, *Traité sur la noblesse*, 1596

« Nous avons donc trois (états), qui ensemble constituent l'État, à savoir le Très-bon qui est le Prince, duquel naît le Meilleur sous le nom de noble, et le Bourgeois ou le Tiers État qui, demeurant le bon, dépend des deux précédents. (...) Le Prince a de vrai pleine et entière puissance, et toutefois permet qu'elle passe sous la justice des lois. (...) Il les entretient (ses sujets) en leurs privilèges, immunités, droits et anciennes coutumes, sans rien innover si le Bien public ne le lui dicte. Permet outre que sous l'aile de sa Majesté les peuples entretiennent leurs particulières sociétés d'un côté en forme d'Aristocratie ou de petit nombre et d'autre, en état populaire, avec pleine puissance d'élire leurs particuliers Magistrats entre eux selon que leurs vieilles coutumes portent. (...) Car même contre les coutumes de la cité, de la province ou du Royaume qui ne sont fondamentales de l'État entier, le Prince ne peut innover des constitutions. »

Louis XIV, *Mémoires pour l'instruction du dauphin*, dictés vers 1664

« Toute puissance, toute autorité réside dans la main du roi et il ne peut en avoir d'autre dans le royaume que celle qu'il y établit. Tout ce qui se trouve dans l'étendue de nos États, de quelque nature que ce soit, nous appartient. (...) Les rois sont seigneurs absolus et ont naturellement la disposition pleine et entière de tous les biens qui sont possédés aussi bien par les gens d'Église que par les séculiers. (...) Celui qui a donné des rois aux hommes a voulu qu'on les respectât comme ses lieutenants, se réservant à lui seul le droit d'examiner leur conduite. Sa volonté est que quiconque est né sujet obéisse sans discernement ; et cette loi si expresse et si universelle n'est pas faite en faveur des princes seuls, mais est salutaire aux peuples mêmes auxquels elle est imposée. »

Bossuet, *La politique tirée des propres paroles de l'Écriture sainte*, rédigé dans les années 1670, publié en 1709

« Article II, Livre III
Première proposition
Dieu établit les rois comme ses ministres et règne par eux sur les peuples. (...) Les princes agissent donc comme ministres de Dieu et ses lieutenants sur la terre. C'est par eux qu'il exerce son empire.
Deuxième proposition
Il paraît de tout cela que la personne des rois est sacrée, et qu'attenter sur eux c'est un sacrilège. Dieu les fait oindre par ses prophètes d'une onction sacrée, comme il fait oindre les pontifes et ses autels.
Troisième proposition
Saint Paul, après avoir dit que le prince est le ministre de Dieu, conclut ainsi : "Il est donc nécessaire que vous lui soyez soumis non seulement par la crainte de sa colère, mais encore par l'obligation de votre conscience" (Romains, XIII, 5) (...)

Saint Pierre dit : "Soyez donc soumis pour l'amour de Dieu à l'ordre qui est établi parmi les hommes; soyez soumis au roi comme à celui qui a la puissance suprême : et à ceux à qui il donne son autorité, comme étant envoyés de lui pour la louange des bonnes actions et la punition des mauvaises". »

Montesquieu, *De l'Esprit des lois*, 1748

« Il y a dans chaque État trois sortes de pouvoirs : la puissance législative, la puissance exécutrice des choses qui dépendent du droit des gens et la puissance exécutrice de celles qui dépendent du droit civil. Pour la première, le prince fait des lois pour un temps ou pour toujours et corrige ou abroge celles qui sont faites. Par la seconde, il fait la paix ou la guerre, envoie ou reçoit des ambassades, établit la sûreté, prévient les invasions. Par la troisième, il punit les crimes ou juge les différends des particuliers. (...)
Lorsque dans la même personne ou dans le même corps de magistrature la puissance législative est réunie à la puissance exécutrice, il n'a point de liberté, parce qu'on peut craindre que le même monarque ou le même sénat ne fasse des lois tyranniques pour les exécuter tyranniquement. (...)
Comme, dans un État libre, tout homme qui est censé avoir une âme libre doit être gouverné par lui-même, il faudrait que le peuple en corps eût la puissance législative; mais comme cela est impossible dans les grands États, et est sujet à beaucoup d'inconvénients dans les petits, il faut que le peuple fasse par ses représentants tout ce qu'il ne peut pas faire par lui-même. Le grand avantage des représentants, c'est qu'ils sont capables de discuter les affaires. Le peuple n'y est point du tout propre : ce qui forme un des plus grands inconvénients de la démocratie. (...) Ainsi la puissance législative sera confiée, et au corps des nobles et au corps qui sera choisi pour représenter le peuple, qui auront chacun leur assemblée et leurs délibérations à part, et des vues et des intérêts séparés. »

Diderot, *Encyclopédie*, Article « Autorité politique », volume 1,1751

« Aucun homme n'a reçu de la nature le droit de commander aux autres. La liberté est un présent du ciel, et chaque individu de la même espèce a le droit d'en jouir aussitôt qu'il jouit de la raison. Si la nature a établi quelque autorité, c'est la puissance paternelle : mais la puissance paternelle a ses bornes; et dans l'état de nature elle finirait aussitôt que les enfants seraient en état de se conduire. Toute autre autorité vient d'une autre origine que la nature. (...) On la fera toujours remonter à l'une de ces deux sources : ou la force et la violence de celui qui s'en est emparé ou le consentement de ceux qui s'y sont soumis par un contrat fait ou supposé entre eux et celui à qui ils ont déféré l'autorité. (...)
Ce n'est pas l'État qui appartient au prince, c'est le prince qui appartient à l'État; mais il appartient au prince de gouverner dans l'État parce qu'il s'est engagé envers les peuples à l'administration des affaires, et que ceux-ci, de leur côté, se sont engagés à lui obéir conformément aux lois. En un mot, la couronne, le gouvernement et l'autorité publique sont des biens dont le corps de nation est propriétaire et dont les princes sont les usufruitiers, les ministres et les dépositaires. »

Rousseau, *Du contrat social*, 1762

« Si on écarte du pacte social ce qui n'est pas de son essence, on trouvera qu'il se réduit aux termes suivants : Chacun de nous met en commun sa personne et toute sa puissance sous la suprême direction de la volonté générale, et nous recevons encore chaque membre comme partie invisible du tout. À l'instant, au lieu de la personne particulière de chaque contractant, cet acte d'association produit un corps moral et collectif, composé d'autant de membres que l'assemblée a de voix, lequel reçoit de ce même acte son unité, son moi commun, sa vie et sa volonté. Cette personne publique, qui se forme ainsi par l'union de toutes les autres, prenait autrefois le nom de cité et prend maintenant celui de république. »

Louis XV, Discours de la « Flagellation » au parlement de Paris, 1766

« C'est en ma personne seule que réside la puissance souveraine dont le caractère propre est l'esprit de conseil, de justice et de raison ; c'est de moi seul que mes cours tiennent leur existence et leur autorité ; la plénitude de cette autorité, qu'elles exercent en mon nom, demeure toujours en moi et l'usage n'en peut jamais être tourné contre moi ; c'est à moi seul qu'appartient le pouvoir législatif sans dépendance et sans partage ; c'est par ma seule autorité que les officiers de mes cours procèdent, non à la formation, mais à l'enregistrement, à la publication, à l'exécution de la loi, et qu'il leur est permis de remontrer ce qui est du devoir de bons et utiles conseillers. L'ordre public tout entier émane de moi et les droits et les intérêts de la Nation, dont on ose faire un corps séparé du Monarque, sont nécessairement unis avec les miens et ne reposent qu'en mes mains. »

Chapitre 6

L'État monarchique

Le développement de l'appareil d'État dans une perspective absolutiste impose de gérer des mutations liées au fait que l'État moderne a pris racine dans la féodalité dont il ne se dégage que progressivement. Le principal débat est de savoir si l'État monarchique reste principalement un système social relationnel centré sur le roi, basé sur la logique des fidélités personnelles, du patronage et du clientélisme, ou s'il devient surtout un appareil administratif dirigé par le roi, développant sa propre logique pour répondre aux problèmes qu'il doit solutionner. Le substrat féodal garde son influence comme dans la définition des offices à partir du modèle du fief ou des grandes charges domestiques des maisons princières. Le glissement du roi seigneur au roi magistrat provoque bien des turbulences dans la définition du conseil royal, dans l'équilibre à trouver entre les clientélismes aristocratiques et ministériels et dans l'émulation à créer entre la masse des officiers royaux et la minorité des commissaires du roi définis comme des intermédiaires avec le conseil.

Le gouvernement royal

Conseil et conseils

La croissance régulière de l'administration étatique exige une organisation de plus en plus précise d'un exécutif dont les effectifs ne cessent de se développer. Cela conduit à une double évolution par rapport à l'héritage médiéval : une montée en puissance des grands officiers qui se substituent peu à peu aux grands vassaux et aux dignitaires ecclésiastiques, une division du travail par conseils spécialisés pour une plus grande efficacité. Cependant, le conseil gouvernemental reste perçu comme une extension de la personne publique du monarque, ce qui préserve son unité intrinsèque.

Une lente spécialisation

Cette logique naît avec François Ier qui sépare ce qui relève de la justice arbitrale, travail lent et solennel confié à l'ensemble du conseil, et ce qui touche à la guerre et la diplomatie où l'obligation de la rapidité et du secret légitime la sélection d'un petit nombre d'intimes de confiance. Le principe d'un conseil étroit où se traite la grande politique extérieure et intérieure se perpétue pendant tout l'Ancien Régime sous les appellations de conseil des affaires, conseil d'en haut ou conseil d'État. Les problèmes financiers nés de l'endettement provoqué par l'enchaînement des guerres d'Italie et de l'affrontement avec Charles Quint justifient la création d'un conseil des finances en 1563. Abandonné en 1573, celui-ci est restauré en 1615 au sortir des états généraux, renforcé par Richelieu en 1630 en raison d'un engagement de plus en plus lourd dans la guerre de Trente Ans. À partir de 1623, une section du conseil des affaires s'occupe plus spécialement de correspondre avec les agents provinciaux. La Fronde oblige à un contact régulier entre Mazarin et les secrétaires d'État qui lui rendent compte de ce type de courrier. De là est né le conseil des dépêches qui perdure après la crise. Il a pour but de bien fixer l'attitude à adopter avec les parlements, les états provinciaux, les villes et tous les corps et communautés.

La fixation du modèle par Louis XIV

Louis XIV confirme cet héritage en l'étoffant et en le remodelant légèrement. Les règlements de 1670 et 1673 sont observés jusqu'à la fin de l'Ancien Régime. Il est d'usage de distinguer trois conseils de gouvernement toujours réunis autour du roi et les conseils de gestion dirigés par le chancelier qui traitent du contentieux. Le conseil des finances, réorganisé après la disgrâce de Fouquet en 1661, reçoit la supervision de toute l'économie jusqu'en 1730. Après quelques essais fugitifs en 1602-1604 et 1664-1676, un conseil de commerce réapparaît en 1700 avec compétence sur les échanges et l'industrie. Il rassemble six conseillers et douze députés des plus grandes places marchandes. Supprimé en 1715, il est recréé en 1730 par amputation du conseil des finances jusqu'à l'annulation de cette partition en 1787.

L'inflation des questions et du nombre des conseillers d'État, maîtres des requêtes et avocats aboutit à une séparation de l'ancien conseil privé en deux sections. Le conseil des parties demeure l'organe judiciaire suprême de la monarchie avec compétence en matière administrative, cassation et appel devant la justice retenue du roi. De lui relève toujours la rédaction des édits et des ordonnances. Le conseil d'État et des finances surveille l'application de la politique fiscale et émet des arbitrages sur des requêtes et les adjudications de fermes. Au XVIIIe siècle, il est concurrencé par les réunions hebdomadaires entre le contrôleur général et les intendants de finances, ce qui explique sa suppression en 1768.

La permanence des termes masque une grande mutation historique gérée par les cardinaux-ministres et Louis XIV. Le cœur du conseil du roi se limite à une minorité de « ministres », véritables créatures du souverain, mais appuyés sur un réseau clientélaire puissant dont le clan Colbert donne l'exemple le plus impressionnant. Même si l'aristocratie rétablit ses positions sous le règne de Louis XV, ce n'est pas sur la base du retour des fidèles vassaux mais en s'adaptant à ce schéma du clientélisme ministériel et administratif.

Ministres et ministères

Le terme de « ministre » est d'abord un qualificatif d'honorabilité accordé à toute personne ayant été appelée par le roi à siéger au conseil d'en haut ou d'État. Conférée par lettre avant 1661, cette dignité n'est plus ensuite signifiée qu'oralement. Comme les rois n'essaient d'appeler régulièrement que les grands officiers chargés de tâches gouvernementales précises, l'usage s'est établi de désigner sous le nom de ministères les services bureaucratiques rattachés à ces serviteurs d'excellence.

Ces grands officiers ont besoin d'un personnel de plus en plus nombreux. Comme le recrutement s'opère sur la base des connaissances dans le cadre d'un statut salarié, il s'agit d'une évolution importante vers la fonction publique d'allure contemporaine. À partir de Louis XIV, les ministères s'organisent en divers bureaux, avec une hiérarchie interne. Les premiers commis et leurs chefs de service acquièrent un rôle croissant en assurant la permanence de l'administration. Ainsi s'opère une double évolution qui fait passer de l'État de justice à l'État de finances et de la monarchie arbitrale à la monarchie administrative.

L'État des clientèles

Les clientèles aristocratiques

Jusqu'au milieu du XVIIe siècle, les clientèles aristocratiques ont tenu une place majeure dans le fonctionnement du régime monarchique. Il s'agit d'ensembles très complexes de systèmes sociaux relationnels centrés sur une grande famille d'ancienne noblesse, très puissante et très prestigieuse, vivant dans l'intimité du roi comme princes du sang ou comme ducs et pairs, la plus haute titulature de la hiérarchie nobiliaire. Il en est ainsi des Bourbons sous la dynastie des Valois jusqu'en 1589 et des Orléans et des Condé sous la dynastie des Bourbons, mais aussi des Montmorency, des Guise, des Nevers...La logique de fonctionnement repose sur la relation entre patron et clients, dans un système hiérarchisé à plusieurs étages prolongeant largement le modèle féodal des relations entre suzerain et vassaux. Ce système d'échanges de services, de soutiens politiques, militaires et financiers contre une distribution d'avantages (beaux mariages, charges domestiques ou étatiques, offices militaires, marchés économiques, recommandations diverses...) s'inscrit dans une logique de relations personnelles où la fidélité est doublement garantie par l'intérêt matériel et le sentiment d'affection liant les deux partis. La promotion des Montmorency sous François Ier doit beaucoup à l'efficacité de la pyramide réticulaire à leur service, d'abord pour garantir le contrôle de l'Île de France, mais surtout pour collecter les fonds exigés par la rançon du roi prisonnier à Madrid après la défaite de Pavie en 1524. Promu connétable en 1531, Anne de Montmorency devient pour dix ans le favori du roi, principal animateur de son conseil, tout en partageant cette influence avec le cardinal de Lorraine.

Une clientèle aristocratique se décompose en trois cercles concentriques. Le noyau central, organisé autour de la maison princière qui fonctionne comme une petite cour, regroupe diverses catégories de nobles qui ont besoin d'un puissant protecteur. Des intermariages donnent de la cohésion sociale à ce groupe de cent à deux cents personnes. Un second cercle médian concerne des acteurs qui sont en relation d'affaires ou de services avec la famille aristocratique, pour répondre à tous les besoins économiques, juridiques, religieux et culturels suscités par le bon fonctionnement de la clientèle, dans lequel les roturiers sont fort majoritaires. Cet ensemble diversifié, souvent nommé affinité par les historiens, intéressait environ 1200 personnes, dont 40% de nobles, pour les Laval au XVIe siècle, alors principale maison aristocratique de l'Ouest. L'influence des Guises sur la Normandie, seconde province d'implantation après la Champagne, reposait sur l'hôtel seigneurial de Rouen et ses multiples postes. Les relais concernaient tous les états sociaux, depuis la petite et moyenne noblesse intéressée par l'entrée dans les compagnies militaires, le clergé sous l'influence de l'archevêque de Rouen et les officiers de justice suivant le parlement dirigé par son premier président. Des notables urbains de condition officière, marchande ou rentière étaient engagés dans le réseau sous forme de créanciers. Le dernier cercle réunit tous les dépendants, principalement des paysans ou des artisans vivant sur les seigneuries englobées dans cette pyramide de fidélités. Pour les Bourbons-Penthièvre au XVIIIe siècle, cela devait concerner près de 200000 personnes.

Il ne faut pas imaginer des structures trop rigides, mais au contraire des systèmes fluides, soumis à des évolutions irrégulières selon le contexte historique, parfois en difficultés, mais toujours susceptibles de trouver dans leur connexion intime à la personne royale la force nécessaire pour se relancer. La puissance d'action repose sur la richesse de la propriété foncière concrétisée par l'accumulation de seigneuries, dont la concentration géographique détermine l'aire d'influence, mais qui sont aussi disséminées sur tout le territoire selon les opportunités d'achat et les héritages. Grâce à une politique très active, les Bourbons-Penthièvre ont multiplié leur fortune par 7,7 au XVIIIe siècle. Les principales menaces sont internes et externes : la faiblesse de la fécondité conjuguée aux accidents de mortalité peut mener à la disparition biologique du lignage comme pour les Laval au tout début du XVIIe siècle. Le grand train de vie exigé par la préservation de la réputation du lignage et la lourdeur des services, principalement militaires, demandés par le roi portent les risques de dépenses excessives menant vers la faillite, obligeant à une intervention royale de protection qui a son prix politique comme dans le cas des Nevers au XVIe siècle. Les divisions religieuses ont joué un rôle ambivalent. Elles peuvent distendre les liens d'affection jusqu'à la rupture tout comme la défense confessionnelle peut consolider une clientèle militante. Le choix du protestantisme éloigne surtout de la figure royale. L'attachement au catholicisme des Gonzague a facilité l'entretien de cette relation intime pour la maison de Nevers. L'avènement d'Henri IV, chef du parti huguenot, en 1589 posa un cas de conscience, vite résolu dans le maintien du loyalisme monarchique dans la perspective d'une conversion rapide au catholicisme.

Témoignage du maintien partiel et reformulé de l'imaginaire féodal, le mode de fonctionnement politique basé sur le clientélisme aristocratique garde comme principe que ce système reste le meilleur encadrement du royaume au bénéfice de la monarchie. Les Grands sont les redistributeurs naturels de la grâce royale vers tous les étages de la pyramide sociale, ce qui leur permet de garantir la fidélité des sujets. Mettant leur puissance de patronage et leurs réseaux d'influence au service du monarque, celui-ci n'a pas besoin de construire un coûteux appareil d'État. Cette vision est intimement liée au concept de souveraineté partagée concrétisée par l'union structurelle du roi et de sa noblesse dans une reformulation de l'image du suzerain entouré de ses grands vassaux. C'est au nom de cette vision que les Grands et la noblesse ancienne de tradition militaire se sont longtemps opposés à la mise en vente des offices royaux en multiplication rapide. La puissance des clientèles reposait en effet sur leur capacité à distribuer ces fonctions, en leur donnant une double nature à la fois royale et seigneuriale, au plus grand avantage des grands lignages.

Les clientèles ministérielles

La volonté de la monarchie de marquer sa supériorité sur les Grands et les nécessités techniques du gouvernement progressant dans la consolidation d'une administration provinciale se sont conjuguées pour écarter les prestigieux lignages de noblesse militaire du conseil du roi au profit de familles de noblesse plus récente, ayant prouvé leur compétence dans les charges administratives et leur fidélité dans des crises graves. Richelieu a donné une impulsion majeure à cette orientation puisqu'il est usuel de parler de ses « créatures », mais la logique a été systématisée par Louis XIV qui a dirigé personnellement l'État en s'appuyant sur quelques familles comme les Colbert, les Le Tellier (Louvois) et les Phélyppeaux dont la très forte influence a reposé sur le cumul des grandes charges gouvernementales. Si la puissance et la ramification du clan Colbert est bien établie, grâce au cumul des fonctions de contrôleur général, de secrétaire d'État à la Maison du roi, y compris les bâtiments de France, et à la marine et aux colonies, le lignage Phélyppeaux a totalisé pour sa part dix secrétariats d'État, sa figure la plus marquante, Louis de Ponchartrain, ajoutant même la fonction de chancelier au cumul colbertien. La logique absolutiste favorisant un processus de centralisation, il était logique que le renforcement du poids politique du gouvernement central favorise la création de nouveaux systèmes clientélaires centrés sur ces nouveaux médiateurs de la puissance monarchique.

La concurrence entre ces réseaux est demeurée intense, même si elle est surtout connue à travers l'affrontement sans merci entre Colbert et Fouquet s'achevant au bénéficie du premier en 1661 et la rivalité entre Colbert et Louvois au temps de la plus grande gloire de Louis XIV. Ici encore, il faut se garder de l'image de réseaux trop rigides, enfermant leurs membres dans une lutte bloc contre bloc. Outre le fait que tous ces ambitieux étaient soumis à la primauté de la faveur royale, les liens de parenté créaient des connexions internes mobilisables. Michel Chamillart, contrôleur général de 1699 à 1708 et secrétaire d'État à la guerre de 1701 à 1709, membre d'un lignage passé en quatre générations du commerce à la tête du gouvernement, bénéficiait dans son ascendance de membres des réseaux Colbert et Louvois. Le système fonctionne dans une passation de relais entre des réseaux disposant de puissants patronages. La branche Pontchartrin du lignage Phélyppeaux a bénéficié de la protection des Villeroy sous le règne de Louis XIII. Louis III Phélyppeaux, premier président du parlement de Bretagne sous Louis XIV, joue le rôle de courtier politique auprès de son patron le contrôleur général des finances Claude Le Peletier. Poussé par le réseau Louvois, il sait mener une politique modérée dans la reconfiguration du secrétariat d'État à la marine, domaine réservé du réseau Colbert.

Le XVIIe siècle se présente ainsi comme une transition entre deux modèles, ce qui oblige les grandes familles de noblesse à s'adapter à la nouvelle donne. Il ne s'agit pas d'une logique de substitution, mais d'un processus de connexion puisque les Grands se sont progressivement ralliés à la solution absolutiste. Grâce à une préservation de leur proximité avec la personne royale, les Grands peuvent protéger leur capacité de recommandation et donc de distribution des fonctions militaires, religieuses et administratives de la monarchie en agissant à la fois comme courtisans efficaces et agents de cet État monarchique, tout particulièrement par leurs fonctions de gouverneurs provinciaux. Les princes du sang comme les Condé en Bourgogne ou les Bourbons-Penthièvre en Bretagne en sont les plus illustres exemples. Alors qu'ils luttaient contre l'expansion de l'administration royale pour préserver leur propre système, les Grands ont été obligés d'insérer leurs réseaux d'influence à l'intérieur de l'appareil d'État et d'entretenir de bons rapports avec les grandes familles ministérielles, ce qui a été facilité par une fusion progressive dans une même noblesse d'État.

La Cour : instance politique de régulation

La Cour est le lieu d'excellence permettant à la grande noblesse de vivre aux côtés du roi et d'ainsi maintenir cette relation personnelle d'intimité qui est si importante pour la participation à la distribution de la grâce royale, source indispensable à toute prétention à un rôle politique dans la monarchie. Il s'agit de vivre avec le roi, c'est-à-dire d'être toujours au plus près de lui dans tous les actes de son existence : ses repas, sa vie religieuse, ses divertissements, ses voyages. De cette proximité naît parfois une relation de confiance qui permet d'occuper une place de choix dans le cœur du roi, ce qui provoque nécessairement une déstabilisation au sein du monde des courtisans. Réussir comme courtisan est tout le contraire d'une sinécure, puisqu'il faut sans cesse s'adapter à la variabilité de la faveur royale et contrer les manœuvres des concurrents. La vie de cour est structurée autour des maisons royales : celles du roi, de la reine et du dauphin qui portent toutes des charges domestiques de direction des services très recherchées pour la garantie d'intimité qu'elles assurent. C'est la voie habituelle dont sont sortis la plupart des favoris.

La cour de France s'est longtemps inspirée de celle d'Espagne qui elle-même avait beaucoup repris de celle de Bourgogne du XVe siècle, avant de s'imposer comme modèle européen avec Versailles. Si François Ier et Henri III sont les rois qui ont le plus marqué son style et son organisation au XVIe siècle, Louis XIV en tant que roi en représentation permanente en a assumé la plus grande maîtrise. Dans son désir de séparer vie publique et vie privée, Louis XV en a sensiblement modifié le style, sans en perdre toutefois le contrôle. Il n'est guère judicieux de rechercher des phases d'apogée et de déclin ou de parler de dépérissement interne du rituel puisque c'est un instrument politique en perpétuelle adaptation au contexte historique.

Jusqu'au milieu du XVIIe siècle, la cour qui demeure déambulatoire pour entretenir la relation physique concrète entre le roi et les sujets, est souvent le lieu de mise en scène des tensions politiques entre le pouvoir royal et les Grands. Si le roi peut visualiser ses préférences, le départ de toute une clientèle vers ses bases provinciales, préfigurant souvent une prise d'armes, ou son retour symbolisant la réconciliation, servent de révélateur des jeux de régulation politique au sommet de l'État. De la même manière, l'alternance du succès des factions favorables ou hostiles à Madame de Pompadour, maîtresse de Louis XV, donne à lire les tensions s'exerçant autour des projets de réforme de l'État. Une des plus belles réussites de Louis XIV est sans doute d'avoir convaincu la noblesse du bien fondé de l'absolutisme par sa parfaite maîtrise de l'équilibre dans la distribution de la faveur. Avec lui, la cour de Versailles n'est pas devenue le lieu de la « domestication » de la noblesse, mais bien plutôt celui de sa « servitude volontaire » pour sa meilleure intégration possible à l'État monarchique.

L'État des offices

La vénalité des offices

Vers une définition patrimoniale

Selon le juriste Charles Loyseau, l'office est à la fois « dignité ordinaire » parce qu'il est associé à l'exercice de l'autorité royale et « fonction publique » puisqu'il s'agit du service du roi justifiant des émoluments sous forme de gages. Avec l'acceptation du principe de vénalité, il devient progressivement une propriété privée héréditaire. Si la monarchie admet officiellement la vente des offices de finances dès 1483, elle se montre plus hésitante pour les offices de justice. Un refus théorique cache mal un abandon réel à partir de 1522, date de la création de la Recette des parties casuelles pour recueillir le produit des ventes.

En 1534, François Ier légalise la résignation *in favorem*, c'est-à-dire la désignation par le titulaire (résignant) de son successeur (résignataire) à condition que soit respecté un délai de quarante jours entre le décès du premier et la réception des lettres de provision par le second. En 1568, Charles IX supprime cette condition contre le paiement du tiers denier, taxe représentant le tiers de la valeur de l'office. Henri IV conclut le processus en 1604 en établissant l'hérédité complète contre une taxe nommée « paulette » consistant en un versement annuel égal à un soixantième de la valeur de l'office, augmenté d'un droit de mutation d'un huitième. Le choix massif de la vénalité des offices royaux est une spécificité de la monarchie française, par comparaison avec les réticences et les solutions retenues par les monarchies anglaise et espagnole.

Absolutisme et offices : les contradictions

Cette consolidation sociale d'un groupe de serviteurs du roi marque ainsi l'importance historique de l'alliance passée entre celui-ci et le pouvoir royal dans le renforcement de l'encadrement du royaume. De François Ier au début du règne de Louis XIV, leur nombre est passé de 4 000 à 46 000 et le mouvement ne cesse de s'amplifier ensuite. Il faut dire que la création d'offices est une tentation presque irrésistible lorsque le Trésor est en grande difficulté à cause des guerres. Cela s'apparente parfois plus à une sorte d'emprunt forcé sur les notables qu'à une logique d'amélioration de l'administration. Il ne faut pourtant pas sous-estimer l'importance d'une double demande sociale, celle des justiciables qui font de plus en plus confiance à la justice royale et celle des notables en quête de moyens de promotion sociale. La quasi-impossibilité pour une monarchie impécunieuse de rembourser les acquéreurs fait de ceux-ci des agents inamovibles, incrustés dans leur fonction tant qu'il peut leur plaire, avec tous les risques d'être phagocytés par les élites locales dont ils font d'ailleurs partie. La vénalité étatique française est ainsi une arme à double tranchant : véritable pompe à finances qui sauve de la banqueroute, elle renforce la pesanteur d'une administration qui répond plus ou moins bien aux impulsions venues du pouvoir central.

Force essentielle sur laquelle peut s'appuyer la monarchie jusqu'aux années 1630 – le groupe s'est majoritairement conservé dans le loyalisme pendant la grande crise des guerres civiles (1584-1598) –, le monde complexe des officiers royaux vit mal la grande mutation vers le second absolutisme sous les cardinaux ministres et se laisse volontiers aller à la Fronde (1648-1653). Si Louis XIV les ramène à l'obéissance coopérative en recadrant leur rôle, ce milieu n'en sert pas moins de vivier aux contestations les plus tenaces du XVIIIe siècle. La réforme du chancelier Maupeou, qui remplace la vénalité par un fonctionnariat salarié en 1771, mesure la plus révolutionnaire sur le plan social prise par la monarchie, n'est qu'une brève parenthèse supprimée dès 1774 à l'avènement de Louis XVI, tant cette nouvelle logique a fait scandale.

État de justice

Il est impossible de séparer justice et police (administration générale) car il est d'usage que chaque tribunal dispose d'un droit de réglementation couvrant tous les domaines sur lequel il a compétence judiciaire. Historiquement, les premiers administrateurs royaux, tels les prévôts et les baillis qui s'imposent à partir du XIIIe siècle, ont d'abord été des juges. C'est en tant que détenteurs de la justice déléguée du roi qu'ils ont pu faire reconnaître leur autorité par les grands féodaux, d'où cette tendance durable à définir les modes d'intervention de tous les agents royaux sous une forme judiciaire.

Les cours royales de justice

La hiérarchie des cours royales de justice juxtapose la pyramide de la justice ordinaire et l'ensemble des tribunaux spécialisés, avec dans les deux cas une différence entre les tribunaux inférieurs et les cours souveraines, dernier niveau d'appel de la filière avant de passer à l'ultime justice retenue du monarque qu'il exerce individuellement ou dans son conseil.

Arbre des Estats & Offices de France, Par Charles de Figon Conseiller du Roy, & maistre ord. en la chambre des Cõptes à Montpellier

L'arbre de justice de Charles Figon

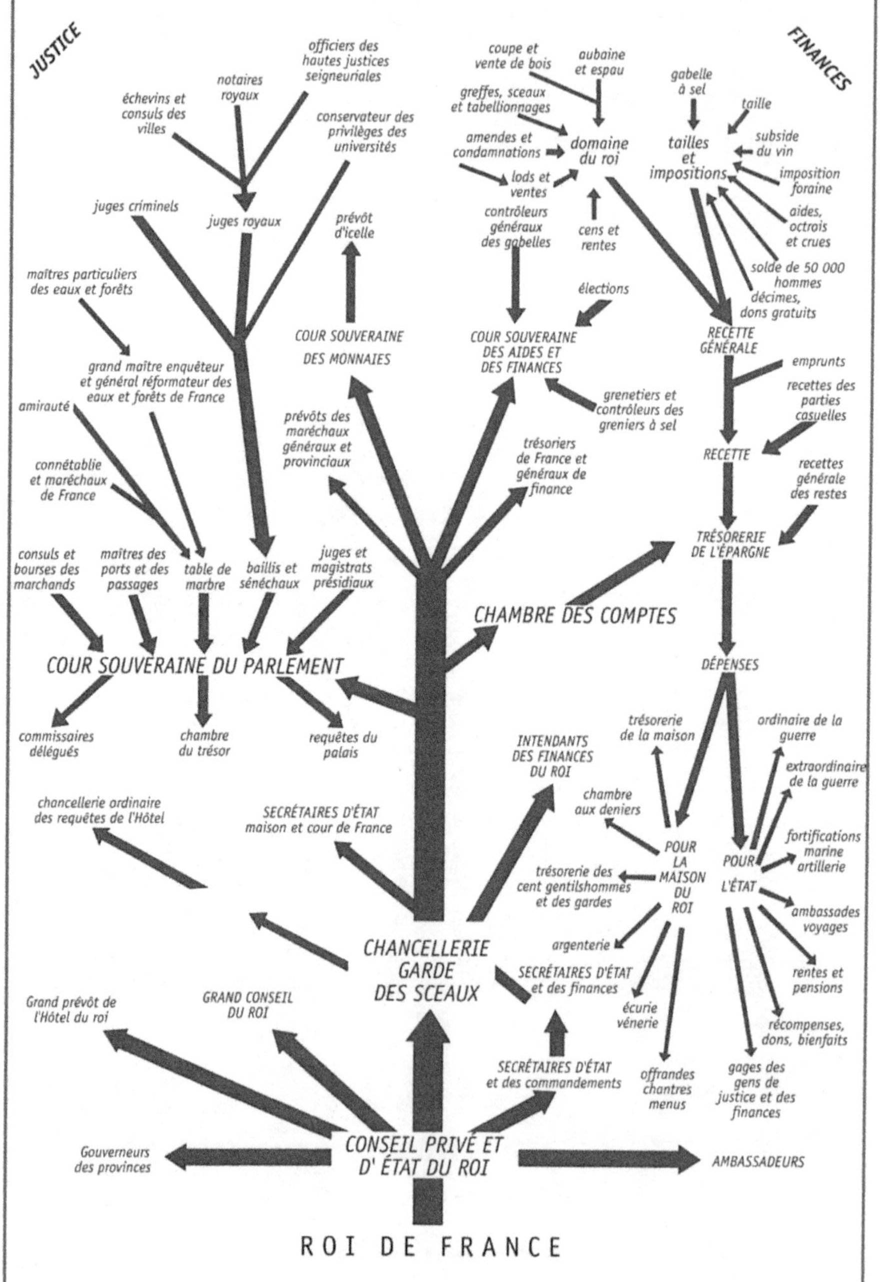

D'après Laboratoire de Graphique - E.H.E.S.S. — E. Le Roy-Ladurie, *L'État royal*, Paris, Hachette, 1987, p. 246-247.

Les affaires de justice civile et criminelle concernant les sujets sont traitées à quatre niveaux. Les prévôtés royales, appelées aussi vigueries en Provence ou vicomtés en Normandie, n'ont connu qu'une grande décadence jusqu'à leur suppression en 1749, avec cependant la préservation d'un rôle de police pour les sièges installés dans les villes. Les bailliages de la France du Nord ainsi que les sénéchaussées de la France de l'Ouest et du Sud, placées théoriquement au second niveau, constituent en fait la base essentielle de la justice royale. Ils reçoivent les appels des nombreuses justices seigneuriales et des prévôtés, mais jugent aussi en première instance les causes des nobles, les problèmes de bénéfices ecclésiastiques, les affaires de tutelle et certaines causes criminelles appelées « cas royaux ». Ces sièges, qui se sont multipliés, constituent souvent la fonction essentielle de la petite ville, en lui conférant son élite. Les présidiaux, créés seulement en 1551 par Henri II à la fois pour des raisons financières (création d'offices) et pour soulager l'échelon supérieur, sont associés aux bailliages ou sénéchaussées des villes moyennes et importantes. Le ministériat de Richelieu est la seconde phase importante de création qui satisfait les demandes de nombreuses villes. Passant de soixante à une centaine, ils forment la base institutionnelle du groupe des « officiers moyens », élite sociale, politique et culturelle de la plupart des villes importantes du royaume.

Les parlements : des cours d'appel

Les parlements sont donc des cours souveraines qui jugent en appel de toutes ces juridictions inférieures mais aussi, en première instance, les crimes de lèse-majesté, les procès des pairs, des villes et du domaine royal, qui interviennent dans la police de leur ressort par leurs arrêts sur l'approvisionnement, l'assistance, les arts et métiers, les communautés rurales, les cultes et l'instruction... Ils touchent également au pouvoir législatif par le biais de l'enregistrement. Tous les édits et ordonnances publiés sous forme de lettres patentes doivent être copiés sur leurs registres pour devenir opératoires, ce qui leur ouvre un rôle plus politique si la procédure bascule de la négociation à l'affrontement. Le parlement de Paris est le plus important à cause du prestige de ses origines anciennes – il a été retranché de la cour du roi à la fin du XIIIe siècle – et de l'immensité de son ressort qui déborde largement au-delà du Bassin parisien, mais il existe treize autres parlements et quatre conseils souverains qui jouent le même rôle dans les provinces périphériques.

État de finances

Au-dessous du Trésor de l'épargne, caisse centrale créée en 1523, l'administration financière juxtapose deux systèmes différents illustrant la rivalité entre les modèles de monarchie absolue ou tempérée. La majeure partie du territoire obéit au schéma des pays d'élections tandis qu'une partie restreinte conserve celui des pays d'états.

Les généralités

Le royaume est découpé en grandes zones dénommées généralités passant de 16 en 1542, à 23 sous Louis XIV et 32 à la fin de l'Ancien Régime. Dans le type absolutiste de gestion centralisée, elles sont dirigées par un bureau des finances fondé en 1587 par regroupement des trésoriers de France, officiers affectés à la gestion du domaine royal, et des généraux des finances, officiers responsables des impôts royaux. Chargée avant tout de la répartition de la fiscalité, cette structure est doublement victime du développement de l'intendance et du recours de plus en plus massif aux fermiers d'impôts à partir de Richelieu. La concentration sur le contrôle de la voirie urbaine est une adaptation possible comme le montre l'exemple de Tours. À leurs côtés travaillent deux receveurs généraux (1553) qui centralisent les remontées de leurs subalternes. Au XVIIIe siècle, il existe ainsi 24 recettes générales.

Les élections

Les élections sont des circonscriptions inférieures qui découpent une généralité et qui sont placées sous la responsabilité des élus, officiers royaux sous le régime de la vénalité et non députés d'une quelconque communauté comme pourrait le laisser penser leur appellation. Leur mission est double : répartir la taille entre les communautés et juger les conflits fiscaux liés à leur perception, comme à celle des aides et des octrois des villes. Les appels de leurs jugements partent vers les cours des aides. À ce niveau sont aussi les receveurs des tailles et des aides qui opèrent un premier rassemblement des collectes paroissiales autogérées par les communautés d'habitants (taille) et des taxes à la consommation, principalement sur les boissons (aides). Le découpage du territoire, très instable au XVIe siècle, finit par produire environ 150 élections, puis 180 à la fin de l'Ancien Régime.

Les pays d'états

Dans le système des pays d'états, la grande différence vient du maintien d'une assemblée représentative des trois ordres qui a pour rôle essentiel de négocier le montant de l'imposition provinciale avec les représentants du pouvoir royal. Le don gratuit étant fixé, l'assemblée en organise la perception en supervisant des officiers royaux qui agissent dans le cadre des diocèses comme en Bretagne ou en Languedoc, mais aussi d'élections comme en Bourgogne. L'essentiel des fonds collectés est destiné au Trésor royal, mais une partie demeure à disposition des états pour financer les efforts d'équipement (aménagements des ports et des rivières, reconstruction des ponts, amélioration des grandes routes) et l'assistance en période de disette et d'épidémies. Pour la gestion de tous ces flux financiers, les états disposent d'un trésorier général, théoriquement choisi par eux, mais surtout coopté par son prédécesseur dans le cadre d'une vénalité de fait, sinon de droit.

Ce modèle d'administration décentralisée n'a pas cessé de reculer jusqu'au règne de Louis XIV où la partition du royaume s'est stabilisée. Ce dépérissement résulte surtout d'un manque d'intérêt des élites provinciales au XVIe siècle, mais aussi d'une offensive monarchique au XVIIe siècle. La principale attaque est menée par Richelieu avec la volonté de changer de système en Dauphiné, Bourgogne, Languedoc, Provence, Navarre et Béarn. L'exemple du Dauphiné met à jour certaines conditions du succès monarchique. En 1628, les états sont suspendus et remplacés par une assemblée du pays sans réel pouvoir tandis que dix élections sont formées. En passant de la taille personnelle à la taille réelle, Richelieu sait habilement gagner le soutien du tiers contre la noblesse et les roturiers privilégiés.

En octobre 1639, la nouvelle organisation est confirmée par édit royal. Ce ne fut pas aussi facile ailleurs : le cardinal dut retirer ses projets en Languedoc et Provence et laisser subsister les états en Bourgogne.

Au XVIIIe siècle, ce régime n'est plus sur la défensive et connaît à l'inverse une progression dans toutes les provinces ayant conservé ce mode de fonctionnement. La création d'une commission intermédiaire, comme en 1734 en Bretagne, en est la meilleure concrétisation.

La concurrence des fermes

Dès le XVIe siècle, la monarchie a goûté à la facilité de l'affermage des impôts, spécialement des indirects. Une ferme fiscale est un contrat passé entre le pouvoir royal et un détenteur de capitaux représentant toujours plusieurs associés, concédant à ces derniers la levée de taxes avec assurance de profit contre l'avance rapide de la somme attendue par le Trésor royal. Le roi abandonne ainsi à une entreprise privée une part de la fonction publique financière.

Les traités passés avec les financiers (traitants ou partisans) sont d'abord très spécialisés et limités géographiquement. Au XVIIe siècle, la tendance est au regroupement. En 1598, Henri IV réunit les cinq grosses fermes des traités de taille du Bassin parisien, et répète l'opération pour les aides en 1604. Au milieu du XVIIe siècle s'opère la réunion des fermes des gabelles. Colbert regroupe tous les traités de gabelle, aides, traites et domaine royal dans un seul contrat, ce qui oblige les financiers à s'associer dans une Ferme générale (1681), avant de redistribuer le travail grâce à un système pyramidal de sous-affermement à plusieurs degrés. En 1726, la Ferme générale rassemble 40 associés; en 1784, il en faut 87. Cette procédure ayant une réputation détestable auprès des sujets, l'idée d'une régie directe connaît un certain succès sous le règne de Louis XVI. Necker en retient le principe pour la levée des aides et la gestion du domaine.

Pressée par l'obligation impérieuse de financer ses nombreuses guerres, spécialement au XVIIe siècle, la monarchie a largement exploité ce mode de gestion en y incluant également la vente de ses offices. Comme par ailleurs les financiers sont sollicités en priorité pour les emprunts et les avances sur recette, s'est mis en place un énorme système fisco-financier qui, à travers des réseaux assez opaques, a fini par associer une large partie des élites du royaume à toutes les spéculations autour des finances royales. L'analyse de la ferme des gabelles de 1632 à 1662 en donne une saisissante illustration en soulignant l'importance des gros investissements : la moyenne s'établit à 70 000 livres, avec 40 % de placements inférieurs, en décalage avec les 10 % supérieurs à 100 000 livres. Les placements sur l'État ont fortement concurrencé les autres formes d'investissement, expliquant ainsi le demi-échec de la politique mercantiliste lancée par Colbert en 1664.

Les commissions royales

Les gouverneurs de province

Le roi dans la province

Dans le cadre des guerres d'Italie, Louis XII décide de confier la surveillance de dix provinces frontières et de l'Ile-de-France à des gouverneurs auxquels l'ordonnance de 1494 demande de « tenir le pays à eux confié en sûreté, le garder de pillerie et visiter les places et les forteresses ». Progressivement, et avec une grande instabilité, le territoire est totalement couvert au XVIe siècle en redécoupant quelques unités jugées trop vastes, surtout au centre du royaume. Les territoires conquis s'ajoutent ensuite à cette organisation. Ce processus laisse ainsi coexister des gouvernements de tailles très différentes : à côté des immenses Guyenne et Languedoc, les circonscriptions des frontières Nord et Est sont beaucoup plus réduites. Ces dernières marquent les avancées du XVIIe siècle aux endroits les plus stratégiques de l'affrontement continental qui oppose la France aux Habsbourg.

Nommés par lettres de provision, les gouverneurs disposent de pouvoirs très étendus puisqu'ils sont considérés comme le roi présent dans la province. Leur mission est avant tout politique : veiller à la bonne application de la législation royale, surveiller de près les comportements de la noblesse et des villes pour les tenir en fidélité. Le gouverneur provincial est secondé par des lieutenants-généraux, eux-mêmes supérieurs aux gouverneurs particuliers des places militaires. Tous ces postes sont réservés à la grande noblesse et les familles les plus prestigieuses se disputent les provinces les plus importantes. Espérant s'attacher leur reconnaissance, les monarques du XVIe siècle laissent facilement s'établir un principe d'hérédité comme, par exemple, pour les Montmorency en Languedoc.

Une relative marginalisation

Cette persistance d'un état d'esprit marqué par les valeurs du féodalisme se révèle dangereuse car ces grands aristocrates placent les gouvernements sous leur coupe en tissant un efficace réseau de clientèles à travers toute la hiérarchie nobiliaire régionale et les oligarchies du réseau urbain. Pour la monarchie, il s'agit d'un rapport bien ambivalent : autant c'est un bon moyen de tenir en fidélité une province avec une économie de moyens administratifs, autant le risque est grand de voir ses cadres basculer dans la rébellion à la suite d'une grande famille. Les guerres civiles (1562-1598) ont vu se multiplier ces prises d'armes et réconciliations éphémères. Après la remise en ordre de Henri IV, la régence de Marie de Médicis a paru ramener le royaume en arrière, d'où cette priorité que Richelieu rappelle dans son *Testament politique* : tenir les Grands en sûreté. La forte implication d'une partie de la noblesse dans la Fronde ne pouvait que renforcer Louis XIV dans cette conviction.

À partir de 1661, la fonction de gouverneur est affaiblie puisque les nominations ne sont plus que pour trois ans renouvelables et que tout séjour sur place est soumis à autorisation royale. La montée en puissance de l'intendance comme relais privilégié de l'autorité royale les affecte d'autant. Les Grands sont fixés à Versailles par le développement de la cour. Toutefois, la stratégie militaire impose le maintien sur place des lieutenants-généraux et des gouverneurs particuliers qui, au XVIIIe siècle, sont placés sous les ordres de commandants en chef dont certains peuvent se révéler fort ambitieux, tel le duc d'Aiguillon en Bretagne au milieu du siècle. Il ne faut pourtant pas enterrer trop vite les gouverneurs qui demeurent des relais efficaces auprès du gouvernement royal et sont ainsi toujours fort sollicités par les notables provinciaux.

Les intendants du XVIIe siècle

Origines

Les intendants sont les héritiers des « commissaires départis » envoyés en chevauchées par Henri II pour assister les gouverneurs en matière de justice et de finances. Apparus vers 1548, ces inspecteurs, dont les attributions sont précisées par l'édit d'août 1553, ont comme missions prioritaires d'enquêter sur le zèle des juges, spécialement dans la répression du protestantisme, mais aussi sur l'efficacité et la régularité des receveurs et fermiers d'impôts et sur le comportement des gens de guerre dont ils devraient en principe assurer l'intendance. On devine combien cette action s'est trouvée terriblement gênée par la perpétuation des guerres civiles. Relancés par la mise en application de l'édit de Nantes, ils ont vite retrouvé les missions originelles.

Primauté de la fonction financière

La véritable invention de l'intendance reste cependant à l'actif de Richelieu qui, pressé par les énormes besoins financiers exigés par l'entrée de la France dans la guerre de Trente Ans, comprend vite que l'administration financière du royaume a besoin d'un changement de régime. Il imagine donc, sous la pression des événements, un nouvel agent royal, à la fois juge et administrateur, directement relié au conseil du roi. Les lettres de commission fondent une délégation directe sur le triptyque : justice, police, finances. Comme juge, l'intendant peut entrer dans les tribunaux royaux à l'exception des cours souveraines, retirer une affaire à une cour pour la confier à une autre et créer une juridiction spéciale pour un procès particulier. Son rôle de police, intimement lié au précédent, le met en situation de surveillance de toutes les turbulences, des prises d'armes nobiliaires aux émotions populaires, des révoltes ponctuelles à la répression du banditisme sur les grands chemins grâce à la maréchaussée.

Toutefois, son autorité trouve surtout à s'exprimer dans les questions financières. Nommé prioritairement pour accélérer la collecte de la taille, il conserve la haute main sur toute l'imposition directe et ses officiers ainsi que sur les fermiers des impôts indirects. Dès 1634, les commissions établissent son droit de présider le bureau des finances de chaque généralité. À partir de 1636, la levée des emprunts forcés sur les villes lui demande beaucoup d'énergie car elle suscite de fortes résistances de la part de communautés très attachées à leurs privilèges. La répression des révoltes antifiscales rurales et urbaines n'est que la traduction concrète de la brutalité de la Raison d'État. Agent direct du pouvoir royal, ses décisions ne peuvent être contestées qu'auprès du conseil du roi. Si un appel auprès des cours souveraines est jugé impossible afin de ne pas nuire à son efficacité, il reste indispensable auprès du conseil pour ne pas donner prise à l'accusation de tyrannie.

Circonscriptions militaires, judiciaires, financières et administratives

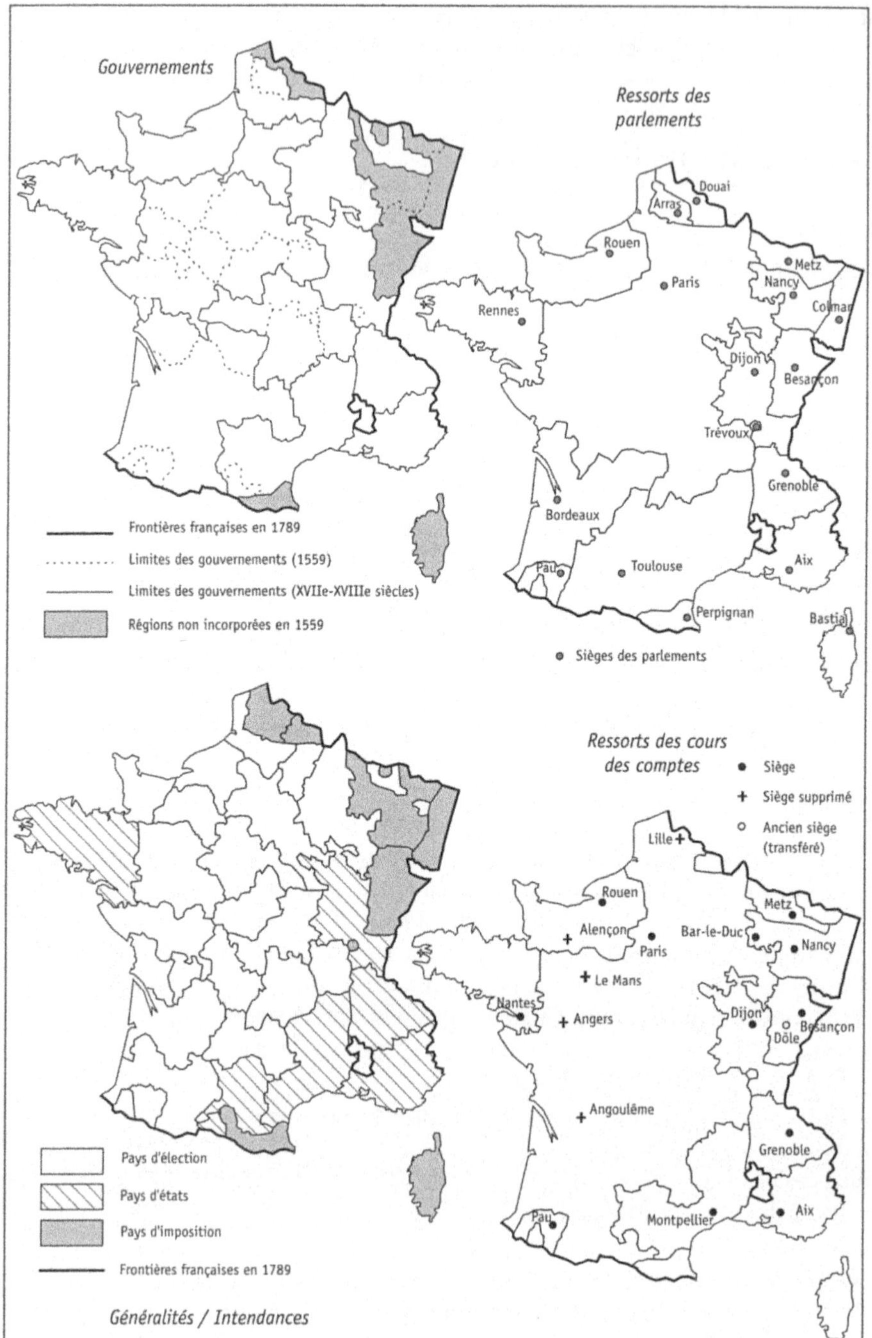

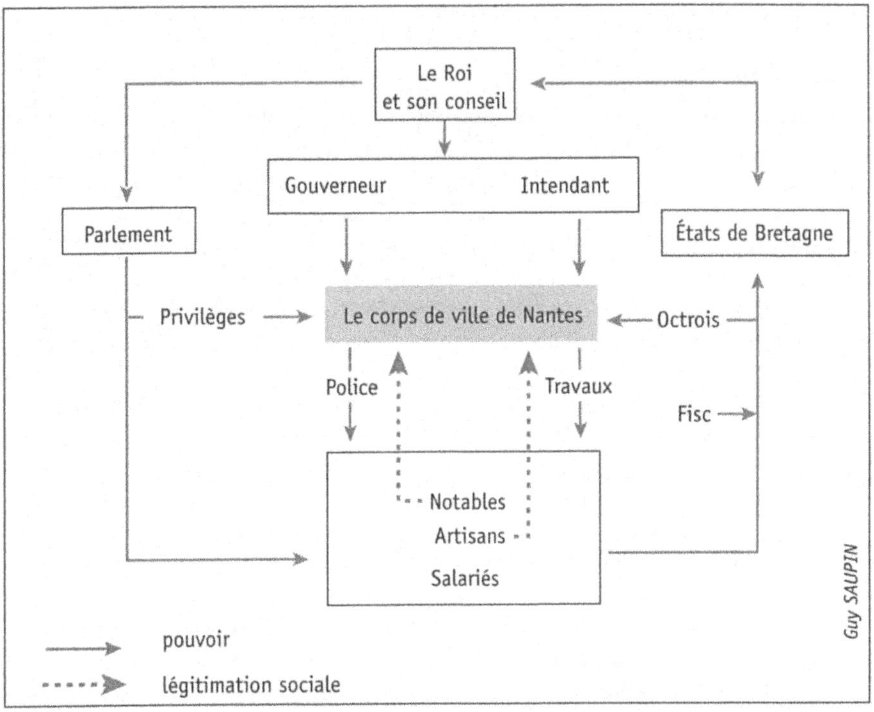

L'agent de la centralisation

Si la fonction relève bien d'une commission, c'est-à-dire d'une délégation temporaire d'autorité, à l'opposé du statut de l'office vénal, ces missions sont confiées à des officiers, choisis le plus souvent dans la robe du conseil des parties, mais aussi dans les cours souveraines comme les parlements ou, mieux encore, le grand conseil.

Supprimés temporairement pendant la Fronde pour calmer l'opposition officière animée par les parlements, les intendants sont réimplantés dès 1653 par Mazarin. Louis XIV les transforme définitivement en administrateurs attachés à une généralité pendant une durée variant autour d'une dizaine d'années. Il laisse aussi ses représentants se doter d'un bureau employant quelques commis et de subdélégués chargés de l'informer pour l'instruction des dossiers et recrutés pour cela dans la notabilité locale, surtout parmi les officiers de justice. L'orientation guerrière du règne explique pourquoi le rôle fiscal reste prépondérant, avec en sus la tutelle sur les finances des communautés, d'abord sur les assemblées villageoises en 1667, mais surtout sur les municipalités urbaines en 1683.

Les intendants du XVIIIe siècle

Élargissement du rôle

Si la définition statutaire ne change pas, cette stabilité masque une double évolution avec une diversification des fonctions et un recadrage progressif dans l'ensemble des pouvoirs provinciaux. Tout en conservant un rôle financier prépondérant, l'intendant élargit plutôt ses attributions de police. Il se mêle davantage des problèmes d'assistance : régulation de l'approvisionnement des villes, établissement des périmètres sanitaires et distribution de médicaments lors des épidémies, réorganisation des dépôts de mendicité dans une logique de répression moralisatrice. Les réponses à apporter aux besoins sociaux le portent à s'intéresser au développement économique. Nettement influencés par la physiocratie, les intendants du second XVIIIe siècle poussent à la diffusion de l'agronomie de modèle anglais en favorisant la création des sociétés d'agriculture. En prenant appui sur le corps des inspecteurs institué par Colbert, ils soutiennent le développement des manufactures royales. Ce sont eux qui supervisent les grands travaux occasionnés par la réalisation d'un excellent réseau de grandes routes royales sous la direction technique des ingénieurs des Ponts et Chaussées et grâce au travail paysan réquisitionné par la corvée royale.

Les actions de Feydeau de Brou à Rennes, Tourny à Bordeaux, Du Cluzel à Tours rappellent le rôle essentiel que le commissaire du roi tient dans l'établissement des programmes d'urbanisme qui assurent l'embellissement des villes : création de places royales, percée de nouvelles rues, aménagement de promenades après destruction des remparts, planification de nouveaux lotissements, unification stylistique des programmes architecturaux. Même s'il convient de se défaire du mythe du grand administrateur génial qui invente tout et doit se battre contre une oligarchie locale endormie et réticente, son rôle de coordonnateur impulsant une certaine cohérence dans un champ d'action où interviennent de multiples acteurs reste inscrit à son actif.

Un nouveau style dans le second XVIIIe siècle

Le mouvement des idées et l'évolution des formes de sociabilité associés dans la promotion de l'idée de participation des gouvernés à la gestion de la chose publique obligent les intendants à réorienter partiellement leur comportement. Après 1750, l'heure n'est plus à la direction de combat qui a prévalu sous le règne de Louis XIV. Les difficultés de la monarchie à faire accepter ses réformes et l'exigence de participation politique qui monte des élites imposent plus de souplesse, surtout sous le règne de Louis XVI quand le blocage de l'appareil d'État devient plus manifeste. Le phénomène est surtout visible dans les intendances des pays d'états comme le Languedoc, la Provence, la Bretagne où l'Artois car l'existence d'une assemblée provinciale catalyse mieux le refus d'une gestion trop centralisée.

Conclusion

En subdivisant les sections de son conseil, le roi est parvenu à imposer une définition plus technique du gouvernement qui lui a permis de se détacher lentement du conseil de la grande noblesse. L'influence des réseaux sociaux de type clientélaire reste majeure dans la nature de l'État monarchique moderne et il importe de comprendre comment s'est opérée la transition entre les clientèles aristocratiques et ministérielles, non pas pur remplacement, mais par addition et connexion. En multipliant les officiers royaux, la monarchie a amélioré l'encadrement du royaume et conforté régulièrement ses finances tout en prenant le risque de créer une bureaucratie molle protégée par la patrimonialité des charges, d'où l'invention de l'intendance sous Richelieu. Cette croissance de la fonction publique a accompagné une grande mutation interne : à l'État de justice, première forme historique de l'affirmation de l'autorité royale sur les féodaux, a succédé l'État de finances, prétention nouvelle à asseoir une forte autorité sur tous les sujets. La transformation de la nature de l'État s'opère non pas par rupture brusque, mais par lente métamorphose de formes traditionnelles comme l'illustrent la succession de deux types de clientélisme et la persistance de formes seigneuriales et domestiques dans les définitions de l'office et de la commission.

La concurrence des pouvoirs dans la généralité d'Aix-en-Provence (seconde moitié du XVIIIe siècle)

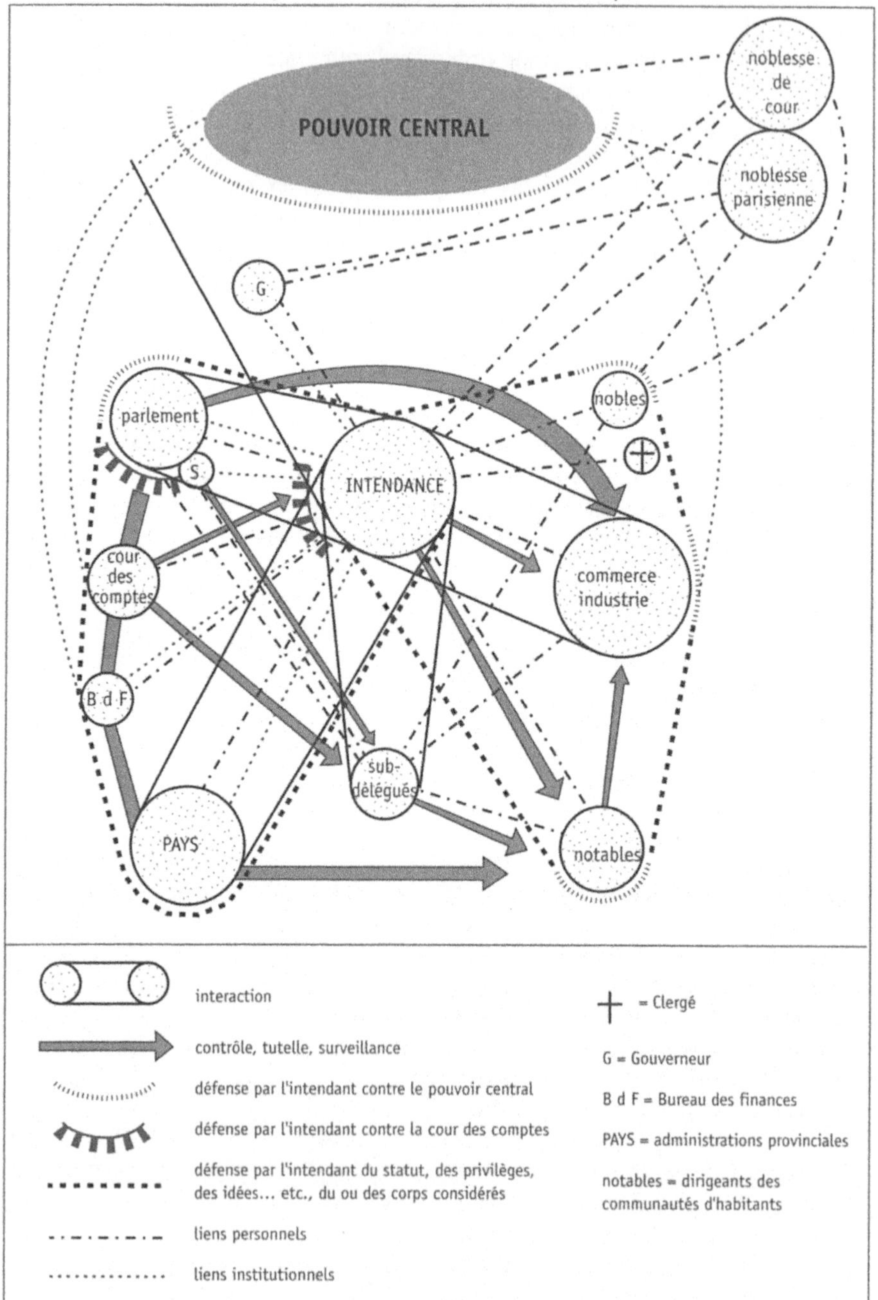

D'après F. X. Emmanuelli, *État et pouvoirs dans la France des XVIIe - XVIIIe siècles*, Paris, Nathan U., 1992, p. 64.

Chapitre 7

Les moteurs d'une évolution

La construction de l'État moderne en France est une dynamique qui se nourrit d'impulsions venant de trois grandes matrices fécondes : la guerre, les finances et la culture. La guerre, bouleversée par la révolution militaire, et la transformation induite de la fiscalité ont joué un rôle essentiel en posant brutalement la question de l'efficacité de l'appareil d'État. L'invasion progressive du social par l'argent permet de comprendre les conditions du ralliement des élites à l'absolutisme. L'État ne peut pas être saisi en dehors des mutations culturelles car il est un organisme savant, consommateur de nouveaux savoirs, nouant des rapports complexes avec l'opinion d'abord niée en même temps que surveillée, avant que cette dernière ne s'érige en force autonome obligeant l'État à justifier sa politique.

La guerre

Le roi de guerre

L'image militaire du roi

L'image du roi vainqueur de ses ennemis, assurant en même temps sa gloire et la sécurité de ses sujets en étendant son royaume afin de mieux le sanctuariser, reste certainement la plus féconde pour dynamiser la force d'attachement qui rassemble les peuples autour du trône. La guerre victorieuse renforce la sacralité du roi puisqu'elle favorise une identification avec le Dieu terrible de l'Ancien Testament qui n'hésite pas à châtier les pécheurs. Le recours systématique aux cérémonies de *Te Deum* pour célébrer les succès militaires traduit une volonté de mise en scène de l'absolutisme guerrier : le roi, isolé dans sa relation privilégiée avec Dieu par le rituel adopté, s'offre en spectacle à la contemplation des élites.

Jusqu'à Louis XIII, le trône est occupé par des rois familiers du champ de bataille où ils mènent eux-mêmes leurs troupes. Avec Louis XIV, il s'agit plus du roi de guerre en représentation tel que le suggèrent les statues équestres qui ornent les places royales en insistant sur l'expression du commandement. Le programme iconographique de Versailles reprend largement cette thématique :

dans la galerie des Glaces qui accueille l'épopée de la guerre de Hollande, les figurations de combat servent avant tout à prouver que le roi gouverne par lui-même. La sédentarisation de la monarchie ne souffre ainsi qu'une exception, celle du voyage militaire qui permet au roi d'aller parfois visiter des équipements, mais surtout d'apparaître à la tête de son armée lors des plus sièges les plus importants.

La cohésion du royaume

Sous l'influence des deux Réformes calviniste et catholique, marquées par une vision pessimiste de la condition humaine avilie par le péché originel, l'état de nature est surtout imaginé comme un état de guerre. Le roi absolu dispose du monopole de la violence légitime qui permet seule de constituer la société et ses règles de fonctionnement et qui sert à l'apprentissage de l'obéissance par le biais du spectacle des supplices sanctionnant les dérapages. La guerre internationale assure d'autant mieux la consolidation du pouvoir royal qu'elle transfère dans la confrontation avec les États rivaux les pulsions d'agressivité qui menacent toujours la cohésion du royaume, rivalités internes canalisées dans un renforcement du sentiment national qui se confond encore avec la reconnaissance d'une dynastie. Par réciprocité, la légitimité royale, fondée sur une communion entre le monarque et le peuple dans un travail idéologique interne, sert à valider la politique extérieure. La guerre devient juste non plus d'abord parce qu'elle obéit aux critères définis par le droit canon, mais surtout parce qu'elle est œuvre du roi, image de Dieu.

Les devoirs royaux

Toute l'éducation politique du jeune monarque est orientée par cette primauté de la figure du roi de guerre. Dépassant le seul apprentissage du maniement des armes et la simple expérience pratique du champ de bataille, le développement de l'État moderne exige de plus en plus l'analyse des cartes et des plans-reliefs, l'étude des enquêtes des intendants et des rapports des ingénieurs militaires. Cette connaissance plus géographique et technique du royaume se différencie de l'ancienne approche, plus historique et mythologique.

La puissance évocatrice du roi victorieux dans l'imaginaire politique est telle que toute redéfinition ne peut être que fortement déstabilisante. La part prise par l'incompréhension du pacifisme de Louis XV en 1748 et le comportement peu militaire de Louis XVI dans la désacralisation de la fonction royale dans le second XVIIIe siècle est à la mesure de la puissance synergétique de la symbiose antérieure. Quand la souveraineté est détachée de l'individu-roi au profit de la nation, cette dynamique reste si forte qu'elle lance aveuglément cette dernière dans l'aventureuse croisade pour la liberté en 1792. Dans cette perspective, l'Empire apparaît bien comme la dernière grande crise par laquelle s'accomplit le deuil du roi de guerre.

Les enjeux pour la France

La lutte contre les Habsbourg

L'histoire du positionnement français dans les relations internationales aux Temps modernes se découpe en deux phases, avec comme époque de basculement le milieu du règne de Louis XIV. Pendant le XVIe siècle et l'essentiel du XVIIe siècle, la monarchie française vit principalement dans la hantise de l'encerclement. Né dans l'affrontement entre François Ier et Charles Quint, prolongé par la rivalité avec les Habsbourg d'Espagne et d'Autriche, ce syndrome de la forteresse assiégée commande pendant presque deux siècles la logique de la diplomatie royale. Les Espagnols sont non seulement derrière les Pyrénées, mais aussi dans le Milanais par-delà le duché de Savoie indépendant, en Franche-Comté et surtout dans les Pays-Bas, base de départ de toutes les invasions dangereuses en direction de Paris à travers la Picardie. Pour contrer les volontés hégémoniques de ces deux branches d'une même famille, la royauté française doit miser sur l'association de tous leurs rivaux en Europe.

Principales guerres intégrant la France à l'époque moderne

Conflits	Durée	Batailles	Traités
Les six guerres d'Italie	1494-1519	Marignan, 1515	Trêves
Les six guerres contre les Habsbourg	1521-1559	Pavie, 1525 Metz, 1552	Madrid, 1526 Cateau-Cambrésis
La guerre de Trente Ans Guerre indirecte Guerre directe	1618-1648, 1631-1635, 1635-1648	Allemagne Lützen, 1632 Rocroi, 1643	Westphalie Bärwald, 1631 Munster
France-Espagne	1648-1659	Dunkerque, 1658	Pyrénées
Guerre de Dévolution	1667-1668	Lille, 1667	Aix-la-Chapelle
Guerre de Hollande	1672-1678	Le Rhin, 1672	Nimègue
Les réunions	1679-1684	Strasbourg, 1681	Ratisbonne
Guerre de la Ligue d'Augsbourg	1689-1697	Palatinat, 1689 La Hougue, 1692	Ryswick
Guerre de Succession d'Espagne	1702-1713	Malplaquet, 1709 Denain, 1712	Utrecht
Guerre contre l'Espagne	1719-1720	Sardaigne	Madrid
Guerre de Succession de Pologne	1733-1738	Italie-Rhin	Vienne
Guerre de Succession d'Autriche	1740-1748	Fontenoy, 1745 Colonies	Aix-la-Chapelle
Guerre de Sept Ans	1756-1763	Rossbach, 1757 Québec, 1759	Paris
Guerre d'Indépendance américaine	1778-1783	Yorktown, 1781 Les Saintes, 1782	Versailles

Les alliances avec les princes protestants du Saint Empire dès les années 1550, l'appui donné aux Provinces-Unies au moment de leur indépendance de fait dans les années 1580, la solidarité avec la Suède dans la guerre de Trente Ans prennent appui sur l'animosité structurelle qui oppose des États luthériens et calvinistes à deux dynasties qui se définissent volontiers comme les championnes de la Contre-Réforme. L'inquiétude des princes allemands catholiques devant les ambitions politiques de l'Empereur cherchant à renforcer sa fonction au détriment de leur autorité territoriale offre un champ de manœuvres à la diplomatie française comme l'illustrent les accords momentanés avec la Bavière. La réduction de l'influence des Habsbourg pousse même au rapprochement avec l'Empire ottoman, surtout à l'époque de François Ier, au grand scandale de la chrétienté qui entretient toujours le mythe de la croisade contre l'islam.

Le rapport avec les Anglais est plus complexe, donc très instable, parce que la religion se mêle aux intérêts géostratégiques. Si la France peut jouer sur la durable animosité de l'Angleterre contre une Espagne prétendant au monopole colonial avec le Portugal depuis 1494, elle peut être aussi victime de la confusion entre le sentiment national et l'antipapisme qui s'impose depuis le règne d'Élisabeth Ière. D'autre part, les relations franco-anglaises ont été perturbées par l'évolution contradictoire des deux pays. Quand la France est forte avec François Ier, l'Angleterre se remet lentement de la dureté de sa guerre civile des Deux Roses et lorsque cette dernière s'affirme sous Élisabeth Ière, la France s'enlise dans les guerres de Religion. Quand Richelieu s'engage dans la guerre de Trente Ans, Charles Ier renonce à toute grande politique pour ne pas convoquer le parlement, finissant ainsi par provoquer la guerre civile (1642-1648) qui se clôt par son exécution et la suppression de la monarchie. N'oublions pas cependant que c'est l'aide militaire de la république de Cromwell qui permet à Mazarin de faire plier la puissance espagnole en 1659.

La lutte contre les puissances maritimes

Sous le règne de Louis XIV, une nouvelle donne géopolitique émerge progressivement. La reconnaissance de droit de l'indépendance des Provinces-Unies par l'Espagne de Philippe IV et le programme mercantiliste de Colbert transforment la république marchande calviniste en rivale inquiète de la poussée française vers les Pays-Bas. L'essor commercial, la création d'une puissante marine de guerre grâce à Colbert et le choc psychologique de la révocation de l'édit de Nantes font passer l'Angleterre du rôle de l'alliée incertaine à celui de chef de file des coalitions anti-françaises. À partir de 1672, la guerre maritime à base économique prend une place qu'elle n'avait jamais connue, ce qui se traduit dans la diplomatie à partir de 1713. La Grande-Bretagne devient le grand adversaire de l'expansion commerciale et coloniale française car les tensions sont vives sur les côtes africaines, au Canada, aux Indes et même aux Antilles. Ce grand affrontement qui s'étend de 1688 à 1815 mérite bien l'appellation de « seconde guerre de Cent Ans » (J. Meyer).

Afin de contrebalancer le poids des puissances maritimes, la France peut bénéficier au XVIIIe siècle de l'alliance espagnole grâce au « pacte de famille » permis par l'accession d'une branche des Bourbons au trône d'Espagne. La traditionnelle hostilité anti-habsbourgeoise perdure, surtout après la récupération des Pays-Bas par la branche autrichienne en 1714, jusqu'à ce que le redéploiement des forces en Europe centrale au profit de la Prusse ne commande un renversement des alliances dans la guerre de Sept Ans (1756-1763). Après avoir atteint son apogée au lendemain de la guerre de Trente Ans, le prestige de la France, déclarée protectrice des libertés germaniques dans les traités de Westphalie en 1648, connaît un net déclin dans le monde allemand après la destruction systématique du Palatinat en 1688. Si la culture française, y compris la philosophie des Lumières, reste à l'honneur au XVIIIe siècle, elle masque difficilement une solide méfiance vis-à-vis de toute manifestation de l'impérialisme français.

La transformation de la guerre

La « révolution militaire » du XVIIe siècle

L'évolution technologique a profondément renouvelé la gestion des entreprises guerrières avec la formidable croissance des effectifs engagés, la redéfinition de l'importance relative et du rôle des trois grandes armes (infanterie, cavalerie et artillerie), la place prépondérante prise par le système des fortifications et la nécessité de soutenir parallèlement un double effort pour l'armée et la marine.

Au sein d'une tendance longue à la croissance quantitative de l'armée, le règne de Louis XIV s'impose comme une phase particulièrement décisive. Il est vrai que sur les 54 ans de règne personnel, 29 ont été placés sous le signe de la guerre, proportion seulement moyenne à échelle européenne. Au temps de François Ier, la troupe permanente ne forme qu'un petit noyau qui doit être complété par l'appel aux bandes de volontaires et au mercenariat suisse et allemand. Lors de l'entrée directe dans la guerre de Trente Ans, Richelieu a dû lever en catastrophe quatre armées selon le système de l'entreprise et utiliser les soldats du condottiere Saxe-Weimar. L'armée qui achève victorieusement le conflit contre l'Espagne en 1659 atteint 55000 hommes dont 35000 pour l'infanterie. En 1672, dans sa soif de vengeance contre les républicains calvinistes qui ont saboté l'invasion des Pays-Bas quatre ans plus tôt, Louis XIV aligne 120000 hommes pour sanctionner la trahison d'une puissance traditionnellement alliée. Pour résister à l'impressionnante coalition européenne conduite par la Triple Alliance de la Grande-Bretagne, des Provinces-Unies et de l'Empereur pendant la guerre de Succession d'Espagne (1702-1713), il a dû mobiliser environ 600000 hommes, faisant de son armée le « géant du siècle ».

Des entrepreneurs de guerre à l'armée de l'État-nation

Cette inflation a conduit à l'abandon du recours aux entrepreneurs de guerre, employeurs de mercenaires passant des contrats avec l'État, au profit d'un système de recrutement national de volontaires salariés entièrement contrôlé par l'État. Si les conditions d'intégration de la première moitié du règne sont demeurées correctes, la pression exercée par les énormes besoins de la seconde moitié a multiplié les engagements forcés. Cet effort s'étant révélé insuffisant, Louvois a été contraint de poser pour la première fois le principe d'une conscription avec la création de la milice en 1688. La désignation de soldats par chaque village en proportion de son assiette fiscale, par tirage au sort avec possibilité d'achat de remplacement dès 1692, a permis de dégager des forces d'appoint d'abord réservées aux garnisons urbaines, mais vite intégrées à l'armée du front. Conçue comme un expédient lié à une conjoncture militaire périlleuse, la milice est pourtant devenue un service permanent à partir de 1726.

Une telle augmentation des effectifs impliquait une vive amélioration de l'administration militaire. Avec la nomination de Sublet des Noyers comme secrétaire d'État en 1636 naît un département ministériel à la Guerre qui ne peut être vraiment organisé qu'avec Michel Le Tellier et son fils, le marquis de Louvois, qui le structurent en sept bureaux spécialisés coordonnant le travail des commissaires et des intendants des guerres. Ces deux grands serviteurs de l'État ont accompli un travail considérable caractérisé par la recherche de la professionnalisation du métier des armes, l'organisation d'un avancement au mérite à côté de la vénalité des grades de colonel et de capitaine, l'adoption de règlements disciplinaires contre les soudards et les déserteurs, la création d'une intendance pour le contrôle des étapiers et munitionnaires comme des magasins d'approvisionnement, un effort soutenu d'équipement illustré par le succès du fusil équipé d'une baïonnette à douille, et l'attention portée aux anciens soldats grâce à la création de l'Hôtel des Invalides.

L'art de la guerre

L'art de la guerre, imposant au XVIIe siècle la préférence de l'ordre mince étirant le front par raccourcissement du nombre de rangs et positionnement de la cavalerie sur les ailes, conduit aussi à une stratégie de plus en plus défensive par suite d'un blocage tactique. Même si le XVIIIe siècle voit un effort des théoriciens pour plaider un retour à l'offensive par l'utilisation de colonnes-bélier frontales ou obliques ou la division de l'ensemble en petites unités avec toutes les armes, les deux siècles demeurent dominés par la priorité donnée à l'occupation du terrain, c'est-à-dire l'investissement méthodique des places fortes. La poliorcétique devient alors une science militaire essentielle et le XVIIe siècle l'âge d'or des ingénieurs militaires français qui améliorent les principes posés par les Italiens au XVIe siècle : protection du rempart par un remblai de terre (glacis) et construction de bastions défensifs afin de multiplier les angles de tir.

Vauban, principal acteur depuis le siège de Lille en 1668, contrôleur général des fortifications depuis 1677, porte ce système à sa perfection. Il rénove en même temps l'art du siège : contrôle du plat pays pour couper les communications, choix d'un angle d'attaque, construction de tranchées reliées par des boyaux en zigzag, utilisation d'artillerie. Les opérations de guerre sont de plus en plus commandées par cette succession de sièges qui permettent d'avancer méthodiquement, d'où l'importance du réseau défensif qui doit protéger le royaume des invasions. En 1673, Vauban invente le concept de « pré carré », c'est-à-dire d'une frontière linéaire placée sous la protection de la double ligne de la ceinture de fer.

L'absolutisme, fils de la guerre

Le financement des guerres

Afin de faire face à la hausse considérable des dépenses engendrées par les grandes guerres, la monarchie dispose de trois grands moyens d'action : augmenter les impôts ou en créer de nouveaux, multiplier les offices que l'on peut ensuite pressurer si besoin, emprunter par le biais des villes ou des prêts forcés imposés aux officiers de finance et aux manieurs d'argent. Toutes ces procédures sont largement utilisées pendant les trois siècles, mais chaque période a ses préférences. Sous François Ier et Henri II, où la guerre accapare environ la moitié des dépenses (100 millions de livres), le prélèvement fiscal est demeuré stable, le déficit étant comblé de plus en plus par les emprunts. En 1522 sont créées les rentes sur l'hôtel de ville de Paris qui sert d'intermédiaire pour placer des rentes dont les intérêts sont garantis par les rentrées fiscales, spécialement les impôts à la consommation. Les marchands-banquiers de Lyon sont de plus en plus sollicités. À la modération de François Ier s'oppose la fuite en avant sous Henri II qui finit par provoquer la faillite du *Grand Parti* lyonnais. La manne officière n'est pas oubliée, spécialement par Henri II lorsqu'il ajoute les présidiaux dans la hiérarchie judiciaire en 1551.

La participation française à la guerre de Trente Ans sous la direction de Richelieu et de Mazarin représente une mutation historique capitale, la plus décisive de tout l'Ancien Régime. La taille, impôt direct permanent créé en 1431 à la fin de la guerre de Cent Ans, est passée de 10 à 53 millions de livres de 1632 à 1643. Le total des recettes, chiffré à 15 millions de livres en 1575, est monté à 100 millions à la même date, pour atteindre 250 millions de livres à la fin du règne de Louis XIV. En 1683, année de paix, les dépenses de l'armée, de la marine et des fortifications ont atteint 65 millions, soit 56,5 % de l'ensemble. En 1690, année de guerre, ces mêmes postes en retiennent les trois quarts. En un demi-siècle, les comptes de l'État ont connu une explosion passant de 3 à 22 % de la production céréalière du royaume.

Les débuts du règne de Louis XV sont synonymes de détente financière puisque l'effacement des guerres permet de revenir à 182 millions de livres de dépenses en 1726 et de ne retrouver les hauteurs ultimes de Louis XIV qu'après la guerre de Succession d'Autriche (258 millions de livres en 1751). Si, à la première date, la guerre n'est qu'au deuxième rang des dépenses derrière le service de la dette, elle est revenue au premier en 1751 (42 %). La guerre de Sept Ans et la guerre d'Indépendance d'Amérique, qui ont coûté chacune un milliard de livres, ont été principalement financées par l'emprunt qui grimpe de 28 % (1740-1748) à 65 % avant de culminer à 91 %. En 1788, les 630 millions de dépenses se ventilent en trois séries : les affaires civiles (23,2 %), les affaires militaires (26,3 %) et le remboursement de la dette (49,3 %). L'impossible réforme fiscale plonge ainsi la monarchie d'Ancien Régime dans une très grave crise financière d'où va sortir le processus révolutionnaire.

Les finances de la monarchie

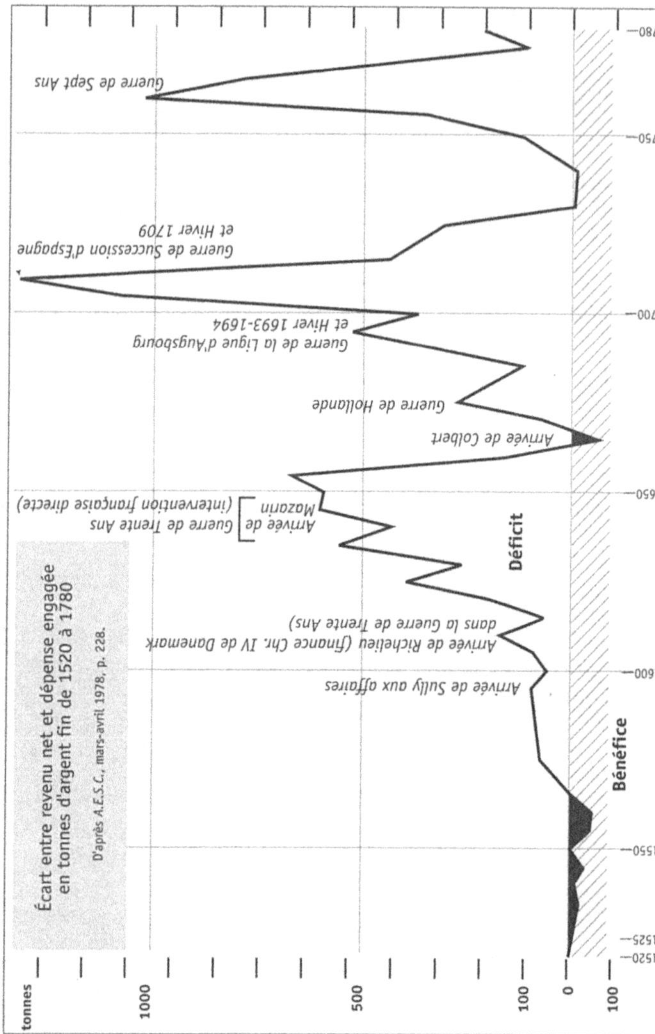

Finances et mutations administratives

Les embarras financiers de la monarchie ont eu deux conséquences majeures sur son évolution interne : la recherche d'une plus grande efficacité dans la collecte fiscale a imposé le recours aux commissaires institués pour aiguillonner et surveiller les officiers, l'obligation de disposer rapidement de fonds considérables a justifié la multiplication des fermes, c'est-à-dire des traités entre le Trésor royal et les manieurs de capitaux avançant la somme exigée contre la cession du droit de recouvrement sur les contribuables ou les acquéreurs d'office. Le glissement des commissaires départis de Henri II aux intendants transitoires de Richelieu puis aux chefs des généralités de Louis XIV est le produit de cette nécessité. Le recours systématique aux financiers à partir des années 1630, forme encore plus poussée que l'office de l'aliénation de la fonction publique aux intérêts privés, apparaît comme la condition historique nécessaire au développement de l'État militaro-absolutiste. Refusant la logique de la concertation politique en général et du consentement national aux efforts fiscaux en particulier, la monarchie française parvient à se détacher des pratiques anciennes de contrôle qui subsistent dans la plupart des autres États européens, en se posant en anti-modèle de la monarchie anglaise qui se tourne vers le libéralisme parlementaire à partir de 1689 en tirant les leçons de deux révolutions.

En se servant des contraintes d'urgence liées à la guerre érigée en cause nationale supérieure, la monarchie s'est appuyée sur le vieux principe médiéval : « la nécessité fait loi », redéfini sous l'influence de Machiavel en raison d'État pour disqualifier le droit de résistance des sujets, rogner le droit de remontrance des parlements et dénoncer les faiblesses des institutions représentatives. Comme l'écrit en 1632 Cardin Le Bret, l'obligation du triomphe des armes permet aux rois « d'user absolument de leur autorité et de lever sur leurs peuples des tailles et des subsides, même sans leur consentement, qui est un des droits les plus remarquables de la souveraineté du roi ». Cette logique a fini par se retourner contre la monarchie. Par son incapacité à réformer d'en haut un système fisco-financier incapable de répondre aux exigences guerrières de la seconde moitié du XVIIIe siècle, elle a fini par créer les conditions politiques de l'implosion finale d'un système devenu anachronique.

La monarchie absolue, fille de la guerre

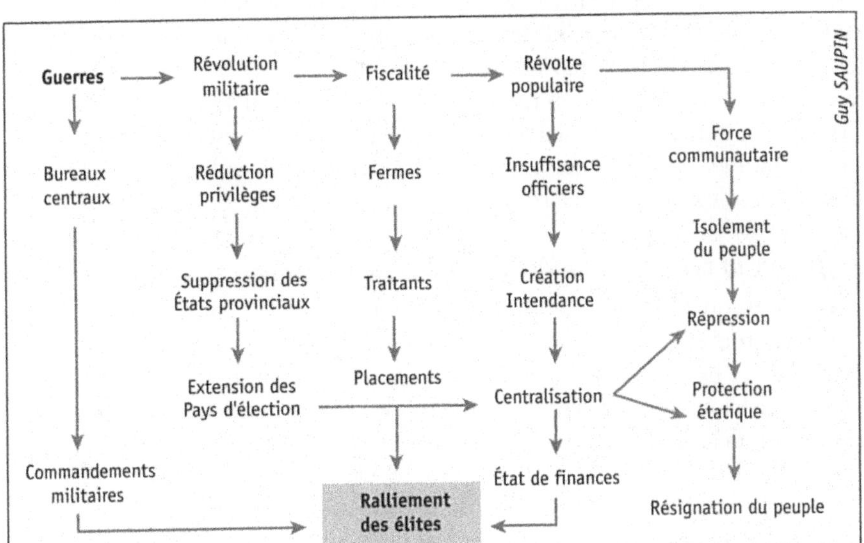

État, argent et société

Le marché de la fonction publique

Les « mines » de l'État

En poussant au maximum la politique de monétarisation de l'administration publique, la monarchie française a pesé lourdement sur la dynamique sociale en permettant la constitution d'un groupe puissant, véritable trait d'union entre la noblesse et la bourgeoise, suffisamment conscient de sa spécificité pour avoir soulevé la question de l'existence d'un quatrième ordre dans la structuration traditionnelle. L'honorabilité issue du service du roi s'ajoute à l'esprit de profit lié à la rétribution par gages ou à l'espoir d'un bon placement financier pour provoquer une fascination sur les familles ambitieuses en quête d'ascension sociale, même si la stagnation ou la baisse du prix des charges provoquent un réel malaise au XVIIIe siècle.

Les conséquences économiques sont majeures : en spéculant intensément sur la marchandise d'État, la monarchie absolutiste assèche les autres investissements, en prenant le risque de ralentir l'essor commercial et manufacturier, les « mines de l'État » apparaissant plus attractives et finalement moins hasardeuses que les autres affaires. Toutes ces données économiques, sociales et culturelles soutiennent le schéma de mobilité sociale tant de fois vérifié sur trois ou quatre générations : à partir d'une réussite primitive dans la marchandise, les lignages optent pour la filière de la judicature passant des offices inférieurs aux offices anoblissant avant de conserver ces derniers par effet de consolidation ou de bifurquer vers une vie de seigneurs fonciers, tout en n'oubliant pas de placer quelques enfants dans les carrières militaire ou ecclésiastique. Le passage par les offices de finances joue souvent le rôle d'accélérateur de l'enrichissement, même si leur réputation reste inférieure à ceux de la justice royale.

L'office et la crise du modèle des « bonnes villes »

Les conséquences du renforcement de la robe ont été considérables, tout en se révélant toutefois ambivalentes pour la monarchie. Aux XVIe et XVIIe siècles, ce phénomène a provoqué l'éclatement politique des anciennes oligarchies urbaines dont la cohésion s'était ancrée dans une solide culture municipale bien enracinée dans le modèle de la monarchie tempérée nourrissant une entente avec ses « bonnes villes » depuis le XVe siècle. Se constituant de plus en plus en noblesse de ville et se refermant sur lui-même au détriment des anciennes alliances avec la marchandise et les auxiliaires de justice, le milieu officier a de plus en plus lié son destin au renforcement de l'État moderne, au détriment de l'idéal d'autonomie urbaine, déclenchant ainsi un processus de dépérissement plus ou moins lent et jamais totalement abouti de l'esprit communautaire. Plus exactement, si le sentiment d'identification à une totalité urbaine spécifique s'est toujours maintenu, c'est la définition de sa relation avec l'État qui a été complètement reformulée.

Sous l'influence de la robe urbaine, érigée au sommet de la pyramide sociale, la ville n'a plus été perçue comme un partenaire établissant un contrat de confiance avec la monarchie, mais comme un relais de l'État, au sein duquel les institutions représentatives devaient accepter la prééminence des officiers auréolés de leur qualification de conseillers du roi. La vénalité des offices a ainsi été un grand dissolvant de la monarchie tempérée car elle a miné le front social qui aurait pu veiller à la préservation de cette alliance envisagée par le pouvoir royal pour se dégager du tête-à-tête trop pressant avec l'aristocratie.

Une contradiction motrice

Elle constitue par ailleurs une des manifestations majeures du jeu dialectique qui conduit l'évolution de l'État moderne. Une double tension structurelle entretient une contradiction motrice. L'officier, serviteur du roi, reste un agent du contrôle royal sur les sujets ; propriétaire de sa charge, il risque de se muer en représentant de réseaux de notables de son pays ou sa province. Comme bénéficiaire de délégation royale, il contribue au renforcement de l'encadrement monarchique ; comme gardien du droit public, il se sent investi de la mission sacrée de veiller à la sauvegarde des limites que l'absolutisme est obligé d'admettre pour ne pas se faire accuser de tyrannie. Selon les phases historiques de la construction de l'État, la résolution de cette tension intrinsèque a joué en faveur ou au détriment de l'autorité royale.

Au XVIe siècle, la multiplication des officiers est un des meilleurs soutiens du renforcement du pouvoir royal comme le montrent le succès des thèses « politiques » et le loyalisme majoritaire du groupe dans la grande crise qui achève les guerres civiles. De 1484 à 1614, la monarchie a bien pris soin de pousser ces loyaux serviteurs dans la représentation du tiers aux états généraux. Le malaise des années cardinales, révélé par la composante parlementaire de la Fronde, n'a été dissipé par Louis XIV qu'au prix d'une habile politique mêlant séduction et sanction. Ce long règne ne fait pourtant figure que de parenthèse, révélant ainsi l'incapacité de la monarchie à maîtriser durablement la dynamique des contradictions statutaires et idéologiques. Le caractère éphémère de la réforme Maupeou (1771-1774), tentative de substitution d'un régime de fonctionnariat au marché de la vénalité, souligne comment un sursaut d'autoritarisme n'a pas résisté à la prétention gouvernementale des juges.

Trop liés à l'absolutisme, y compris dans une complicité tactique contre l'émergence de véritables institutions représentatives qui les auraient privés de leur fonction tribunicienne, les officiers royaux ont longtemps tiré profit de la double nature de ce régime théorisant ses limites tout en refusant les contrôles externes pour occuper une place maximale au cœur de l'État, même s'ils ont dû subir une tutelle plus ou moins forte des commissaires royaux. Leur penchant conservateur, en empêchant l'esprit réformiste de la monarchie de se concrétiser dans le second XVIIIe siècle, a fini par provoquer une grande crise politique dont a été victime le couple agité qu'ils formaient avec le roi absolu.

La dynamique sociale de l'absolutisme

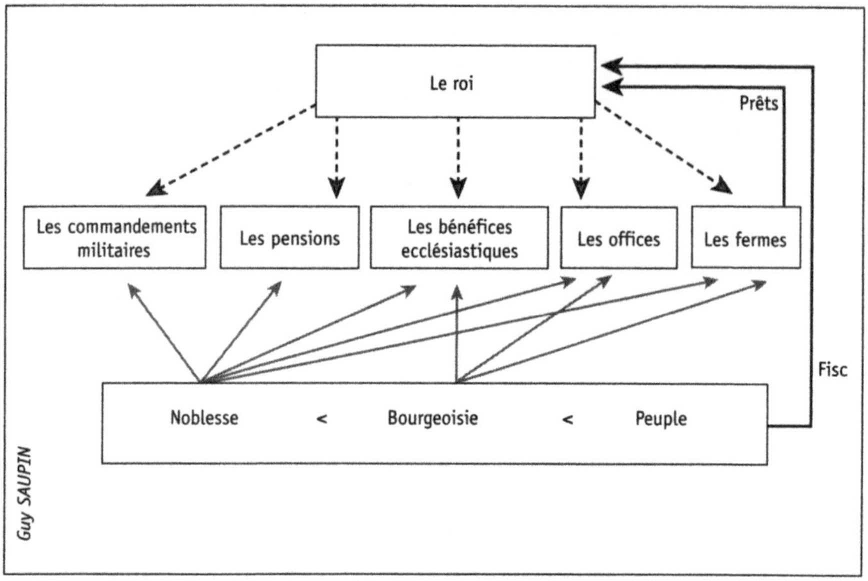

Finances d'État et élites sociales

Recours privilégié aux traitants au XVIIe siècle

À partir du XVIIe siècle, sous l'impérieuse nécessité du financement rapide de la guerre, la collecte des revenus royaux a été de plus en plus concédée à des financiers liés par traités avec l'État. L'importance des cautions à déposer pour l'obtention du marché, l'énormité des avances à fournir avant de recouvrer les fonds, l'obligation de répondre aux emprunts royaux pour ne pas perdre les baux, les aléas des taxations de détresse expliquent la lourdeur des capitaux à rassembler. Les officiers royaux, qui doivent répondre aux anticipations de recette, n'y parviennent souvent qu'avec le concours de capitaux privés bien rémunérés pour ce service rendu. Les professionnels de la finance, qui travaillent ainsi en étroite liaison avec les officiers royaux, n'y peuvent satisfaire à eux seuls et jouent donc à fond sur les possibilités de la sous-traitance pour élargir l'aire de mobilisation du capital. À force de démultiplication, ce réseau pyramidal finit par atteindre toutes les élites sociales : haut clergé, noblesse ancienne ou récente, bourgeoisie officière et rentière, plus rarement marchande. Si les appels sont permanents, les phases de guerre se révèlent particulièrement fructueuses car le Trésor aux abois est contraint d'accepter des conditions usuraires, par exemple, des taux à 25 % quand ces manieurs d'argent empruntent eux-mêmes à 10 %, alors que la rente foncière ou le loyer officiel de l'argent ne sont que de 5 %.

Les risques ne sont pas inexistants, mais demeurent limités. Régulièrement, le pouvoir royal tente de redorer son image auprès des sujets en organisant des

La fiscalité d'Ancien Régime et les groupes sociaux

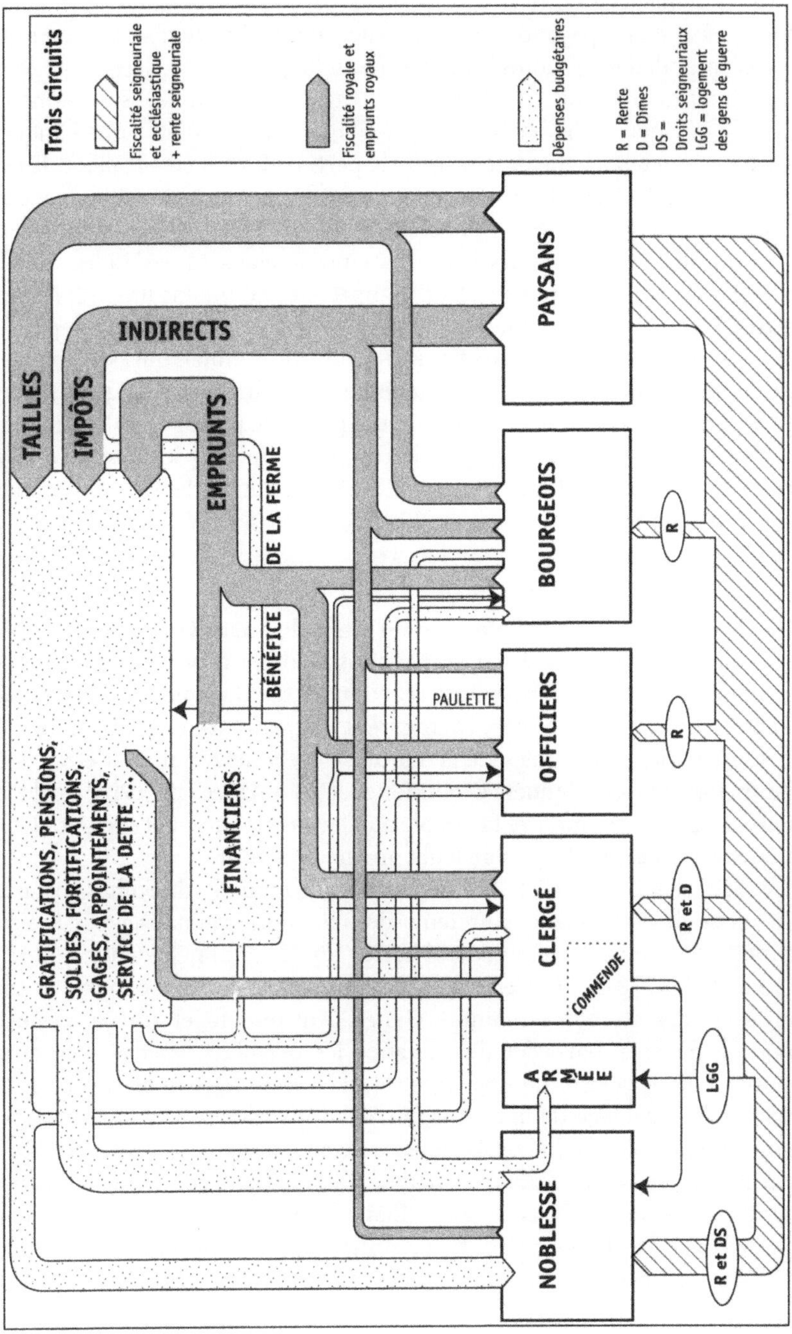

D'après G. Durand, *État et institutions*, Paris, A. Colin, p. 124-125.

chambres de justice destinées à sanctionner les abus des traitants. Convoquées à grand renfort de propagande, ces cours spéciales ne peuvent se terminer que par des accommodements moins glorieux, faute de pouvoir ou de vouloir se passer entièrement du système. La purge des « sangsues du peuple » se résume le plus souvent à quelques condamnations symboliques masquant mal une banqueroute déguisée ou un changement de réseau : le parti de Richelieu à la place de celui de La Vieuville en 1624, le clan Colbert en remplacement du réseau Fouquet en 1661.

Toutes les contributions financières sont infiltrées par ce système, même la gestion des « dons gratuits » des états provinciaux et de l'Église de France. L'exemple du Languedoc permet de comprendre comment un circuit financier complexe, greffé doublement sur le trésorier des états et la finance parisienne, met en jeu de nombreux réseaux familiaux et institutionnels qui associent ainsi les élites dirigeantes au maniement rémunérateur des finances publiques. Seulement 42 % de l'impôt récolté quitte réellement la province pour Paris alors que le reste se redéploie sur place pour le plus grand profit de tous les intermédiaires. La part de la taille (impôt direct) affectée à la rémunération des officiers, traitants et prêteurs d'argent est ainsi passée de 29,6 % en 1647 à 36,4 % en 1677.

Les variations du XVIIIe siècle

Si la banqueroute obligée de la fin du règne de Louis XIV a orienté le pouvoir royal vers une réappropriation administrative de la collecte fiscale, l'échec du Système de Law a transformé cette réaction en feu de paille. Sous Louis XV, les financiers, dont les plus célèbres demeurent les quatre frères Paris, ont reconquis leur suprématie. Le « règne » de la marquise de Pompadour peut être considéré comme l'apogée de l'influence politique de la finance au XVIIIe siècle car, si Choiseul s'est encore montré favorable aux fermiers, Turgot et surtout Necker en ont fait des cibles privilégiées de leurs projets de réforme.

À partir des années 1770, le crédit public a connu des difficultés consécutives à une crise de confiance des prêteurs durablement traumatisés par la brutalité des méthodes du contrôleur général Terray lors de l'ultime réaction autoritariste de Louis XV (1770-1774). Cette désaffection a obligé le Trésor royal à se tourner vers les places étrangères comme Gênes, Amsterdam et surtout Genève. La banque genevoise, qui avait déjà financé les dernières guerres de Louis XIV, s'impose avec la guerre de Sept Ans. Necker, remarqué pour son rôle dans la tentative de sauvetage de la compagnie des Indes supprimée en 1769, est ainsi promu au contrôle général en 1776 après l'échec du réformiste Turgot. En 1777, ses collègues s'associent pour participer à la création de la Caisse d'escompte, relais essentiel pour les placements d'État auprès de la banque suisse. L'abandon de la réforme fiscale pour la fuite en avant dans les emprunts lors de la guerre d'Amérique plonge la monarchie absolue dans une crise dont elle ne se relève pas.

Fortunes des financiers et modèle social

L'enrichissement rapide de tous ces intermédiaires a fortement perturbé l'équilibre socio-culturel des élites françaises d'Ancien Régime. Malgré ses jugements méprisants sur les nouveaux riches encore très fréquents sous le règne de Louis XIV, une partie de l'aristocratie n'a pas résisté à la tentation des dots mirifiques apportées par les plus brillants financiers. La multiplication des mésalliances au XVIIIe siècle a progressivement remis en cause le discours traditionnel sur les valeurs fondatrices de la hiérarchie sociale. Bénéficiant de l'éclat du mécénat artistique développé par les plus illustres financiers, le poids de l'argent dans la reconnaissance de l'honorabilité s'est renforcé, soulignant davantage l'importance du critère du mérite personnel au détriment de celui de la pure naissance.

Si la promotion sociale des financiers n'a pas abouti à la remise en cause de la société d'ordres – ces derniers se montrant au contraire fort avides d'anoblissement par achat de la célèbre « savonnette à vilain », c'est-à-dire l'office de secrétaire du roi auprès d'une chancellerie de cour souveraine dont les prix grimpent de 70 000 à 120 000 livres à Paris et même de 15 000 livres à 120 000 livres à Bordeaux au XVIIIe siècle –, elle oblige néanmoins le deuxième ordre à redéfinir sa justification de supériorité sociale en faisant une place plus large au talent exprimé dans des services autres que la guerre ou la justice, en particulier dans la finance et le commerce international. La rapidité de l'enrichissement des financiers, si contraire au vieux principe du lent décrassage de roture, mais légitimé par le laxisme matrimonial d'une partie significative de la noblesse militaire et parlementaire, a provoqué une profonde déstabilisation des références culturelles qui s'est surtout manifestée par l'éclatement politique du deuxième ordre entre une aile libérale prête à négocier des réformes et une tendance conservatrice crispée sur la défense des privilèges anciens.

La science de l'État

De la raison d'État à l'État de raison

La raison selon saint Thomas d'Aquin

Pour les théoriciens de l'absolutisme, la pleine puissance royale est justifiée par la science du gouvernement. Le roi peut prétendre au monopole législatif parce qu'il est le seul à pouvoir saisir et exprimer l'intérêt général, de par l'origine divine d'une souveraineté non partagée. Afin de mieux se défaire des pesanteurs de la monarchie mixte, ils ont nettement insisté sur le caractère rationnel de l'exercice d'autorité, en essayant de refouler l'interprétation historique des lois fondamentales du royaume au profit d'une justification par le seul droit de nature.

Héritière du thomisme, la monarchie du XVIIe siècle continue à se réclamer de la raison car celle-ci n'est que l'expression de l'ordre du monde issu de la création divine et fondé pour l'éternité. Procédant d'une synthèse entre la théologie chrétienne et la philosophie antique, cette conceptualisation du politique n'a pas été bouleversée par l'humanisme du XVIe siècle qui a simplement soudé davantage les deux composantes en élevant Aristote et Platon au rang des Saintes Écritures. L'influence du néo-platonisme et du néo-stoïcisme a été justement soulignée dans l'interprétation de la politique monarchique en vue de maîtriser les guerres civiles de religion.

La révolution philosophique du XVIIe siècle

Par contre, la révolution scientifique du XVIIe siècle a eu des effets beaucoup plus déstabilisateurs dans la mesure où le concept de raison s'est trouvé complètement redéfini à la suite des découvertes en astronomie et en physique aboutissant à une lecture mathématique de l'univers et justifiant l'adoption de. nouvelles règles méthodiques. Entre Galilée et Newton, Descartes (*Discours de la méthode*, 1637) a d'abord proposé le premier basculement de la théorie de la connaissance avant que Locke ne formule le schéma qui a largement dominé le XVIIIe siècle (*Essai sur l'entendement humain*, 1690).

Pour le philosophe français, le principe de mise en cause de toute preuve d'autorité, qui ne peut fonder l'existence que dans la pensée même, aboutit à la reconnaissance des idées innées inscrites dans la conscience par le créateur. Si les humains sont corporellement des animaux machines, leur raison est d'origine divine. Pour le philosophe anglais, l'esprit n'est qu'une page blanche sur laquelle l'expérience humaine écrit progressivement les principes logiques du meilleur comportement à partir des sensations de plaisir ou de douleur éprouvées par chaque individu. La raison fonde ainsi son universalisme dans le caractère unique de la nature humaine, par-delà les particularités géographiques, sociales ou culturelles.

La raison des Lumières

Cette laïcisation du principe de découverte de toute vérité constitue la rupture intellectuelle majeure de l'Ancien Régime car elle pose comme principe que l'analyse fondée sur l'observation et la recherche critique des causes doit s'appliquer à tous les domaines, y compris à l'État et à la religion. Comme le proclame l'*Encyclopédie* en 1751, « la raison est à l'égard du philosophe ce que la grâce est l'égard du chrétien. La grâce détermine le chrétien à agir ; la raison détermine le philosophe (…). De cette observation que les principes ne naissent que des observations particulières, le philosophe conçoit de l'estime pour la science des faits ». À partir de ce postulat dont le triomphe est illustré par le succès des cabinets scientifiques, des expériences, des collections d'animaux et de plantes rapportées d'explorations et des récits de voyage décrivant d'autres sociétés, la philosophie repousse la métaphysique qui associait Dieu, les substances et les causes premières, pour légitimer un rationalisme sceptique dont l'apogée est atteint au milieu du XVIIIe siècle. Même si ensuite une réaction contre ce despotisme excessif de la raison entend réévaluer le rôle de la sensibilité pour une meilleure connaissance de l'homme et la fixation des règles morales, telle que l'expriment Rousseau dans ses romans philosophiques et le philosophe allemand Kant dans sa *Critique de la Raison pure* (1781), il ne s'agit que d'un rééquilibrage dans une synthèse plus riche.

La conduite de l'État a ainsi cessé d'être définie comme un mystère transcendantal dans lequel le roi trouve dans son intimité avec Dieu les clés de la compréhension des affaires du monde, sacerdoce en même temps surnaturel et rationnel, échappant aux investigations humaines. Avec le XVIIIe siècle s'impose l'idée que l'exercice de la politique ne peut plus bénéficier d'un statut d'exception et doit être livré à la sagacité bienfaisante de l'exercice de la raison universelle et sécularisée. Dans le despotisme éclairé, selon Frédéric II de Prusse, le prince n'est plus que le premier serviteur de l'État qu'il doit gérer dans cet esprit pour maintenir le contrat originel conclu entre sa dynastie et le peuple. Voltaire comme Diderot ont été sensibles à cette définition.

Le tribunal de l'opinion publique

Manifestes et pamphlets des xvie et xviie siècles

Peut-on parler d'opinion publique avant le milieu du XVIIIe siècle ? Dans les guerres civiles du XVIe siècle, à chaque prise d'armes nobiliaire, les instigateurs prennent soin de préciser leurs justifications politiques et religieuses. L'explosion pamphlétaire sous les régences de Marie de Médicis et d'Anne d'Autriche signe bien une tentative de toucher un public. Pourtant, il s'agit plus d'actions militantes de manipulation que de confrontations des idées dans un espace public considéré comme supérieur. Dans son inflexion absolutiste, la monarchie confond de plus en plus l'information avec une pratique cérémonielle de rassemblement des sujets autour du trône, ce qui implique un contrôle total de l'État. Dans cette tension contradictoire, il semble bien que l'opinion elle-même n'ait guère de place, non pas qu'elle soit inexistante mais plutôt parce qu'elle ne parvient pas à acquérir suffisamment d'autonomie pour se constituer comme une réelle force d'action capable de peser dans le jeu complexe où se détermine la politique.

Les proclamations des Grands, révoltés par devoir éthique, s'adressent bien plus au roi, pour lequel elles ne sont qu'une invitation à renouer un dialogue qui n'aurait jamais dû être interrompu, qu'à un corps social dont on ne sollicite pas l'expression. Il existe pourtant une dégradation qui souligne parfaitement les mutations du modèle monarchique. La guerre de pamphlets du dernier tiers du XVIe siècle et du début du XVIIe siècle s'inscrit dans une défense de la monarchie mixte centrée sur un appel aux états généraux, tribune d'expression de l'ensemble des ordres. C'est donc une forme d'action informative de type polémique qui demeure axée sur la théorie de la souveraineté du royaume, érigeant la concertation entre le titulaire du trône et la grande noblesse, expression supérieure du corps social, en principe vital.

Avec l'explosion des Mazarinades durant la Fronde – milliers de pamphlets dirigés principalement contre Mazarin – ce terreau culturel semble avoir disparu. Ni les parlementaires exprimant le malaise officier, ni les Princes critiquant la mauvaise redistribution des bienfaits de l'État ne parlent plus d'états généraux dont l'image salvatrice ne semble plus cultivée que par la gentilhommerie provinciale. Loin d'exprimer les facettes de l'opinion publique, ces libelles accusateurs apparaissent plutôt comme des moyens d'instrumentalisation des groupes sociaux utilisés par les chefs de faction pour modeler les rapports de force. Relevant plus de l'action que de la réflexion, ils mobilisent la foule plus qu'ils n'explicitent les véritables termes du débat. D'où cette impression de confusion et d'anarchie qui se dégage de cette contestation.

La formation de l'opinion publique au XVIIIe siècle

Le silence assourdissant imposé par Louis XIV dans le contrôle étatique des principaux lieux d'expression, grâce à une alliance performante entre censure et mécénat artistique, n'a pas pu être maintenu pendant longtemps sous le règne de Louis XV. La formation d'un espace public de débats, sphère de confrontation intellectuelle s'imposant en dehors de l'État, même si elle doit subir plus ou moins son contrôle, est une des grandes innovations du siècle des Lumières. En se dotant de ses propres règles, cette pratique sociale de la mise en débat des idées parvient même à les imposer à un État récalcitrant, mais débordé.

Les réseaux de sociabilité qui soutiennent le développement de l'opinion publique sont divers. Héritiers des formes mondaines de conversation du XVIIe siècle, les salons parisiens ne forment que la partie la plus superficielle du renouvellement des idées. Prenant la suite de ceux de la duchesse du Maine et de la marquise de Lambert, les salons de Mesdames de Tencin, du Deffand, d'Helvétius, Geoffrin et Necker de la duchesse de La Rochefoucauld pour la physiocratie et de Mademoiselle de Lespinasse ont principalement marqué la vie parisienne.

Influencées par les illustres fondations royales depuis l'Académie française en 1635, l'Académie des Sciences en 1664 et l'Académie des Inscriptions et Belles Lettres réorganisée en 1717, des académies ont vu le jour en province, une douzaine avant 1715 auxquelles s'ajoute ensuite une vingtaine. Elles organisent des débats entre leurs membres, mais se préoccupent de diffuser leur réflexion en organisant des cours publics et des concours de dissertation sur un thème proposé. Ce type de sociabilité intellectuelle concerne environ six mille personnes dont 20 % de clercs, 37 % de nobles et 43 % de bourgeois, surtout des officiers et des professions libérales plutôt que des négociants et manufacturiers.

D'autres relais comme les clubs dont celui de l'Entresol qui a connu un grand succès à Paris de 1720 à 1731 avant d'être fermé sur ordre de Fleury, des chambres de lecture, des musées plus orientés vers la musique et la création artistique, mais aussi des sociétés d'agriculture formées sur le modèle de celle de Rennes (1757) ont diversifié l'offre culturelle. La franc-maçonnerie d'importation anglaise, présente à Paris dès 1725, se structure dix ans plus tard. À la fin de l'Ancien Régime, on compte environ 50 000 membres dont 70 % au Grand-Orient de France fondé en 1773. Diffusant un message théiste apolitique appuyé sur les thèmes de fraternité universelle, d'utilitarisme social et de croyance au progrès, ces loges ont plus séduit la bourgeoisie d'affaires et même l'élite des arts et métiers. Cependant, le recrutement reste très différencié d'une ville à l'autre, comme entre les loges d'une même ville. L'existence d'une composante militaire dans les villes de garnison ou d'arsenal est à souligner. La conservation d'un style aristocratique d'ailleurs moins de la sociologie des membres que de la domination des pratiques de sociabilité mondaine. La générosité du discours cosmopolite s'est heurtée à la délicate intégration des mondes non chrétiens et à la montée des références nationales.

La presse des périodiques connaît une audience grandissante à partir de 1730 pour atteindre 250 titres en 1789. La presse d'information est dominée par *La Gazette* (12 000 exemplaires), organe de justification de la politique monarchique. Une spécialisation se fait jour suite au grand succès de la presse littéraire avec

Le Journal des Savants, Le Mercure de France ou *Le Journal de Trévoux* édité par les jésuites, et la montée d'une presse économique d'inspiration physiocratique centrée sur l'agronomie. Si le *Journal des Savants* se montre réservé envers les philosophes, le *Mercure* est tout acquis à l'esprit des Lumières. En 1777, naît *Le Journal de Paris*, premier quotidien qui s'intéresse aux faits les plus divers, en appuyant la politique réformiste du pouvoir royal. En additionnant les gazettes étrangères, spécialement hollandaises, on peut estimer l'audience globale de la presse à environ 300 000 personnes à la fin de l'Ancien Régime.

Comment qualifier cette opinion publique qui contraint de plus en plus la monarchie à venir s'expliquer devant elle en popularisant avec succès la notion de tribunal compétent pour juger du bien fondé des pratiques gouvernementales ? En se définissant comme l'expression de la raison universelle capable de dégager un consensus, elle se positionne comme la seule instance de qualification fondée en droit naturel, quitte à évacuer peut-être rapidement l'expression des minorités. Comme dans ces cercles intellectuels il ne saurait y avoir que des interlocuteurs égaux en raison, sans référence aux distinctions socio-juridiques de l'ordre ancien, cette forme de sociabilité a formé la meilleure matrice pour l'émergence d'un idéal de démocratie directe, non représentative.

Cette contribution ne peut être définie qu'en termes de préfiguration d'un principe car tous ces lieux d'échanges refusent d'admettre les classes populaires toujours rejetées comme infantiles, superstitieuses, irrationnelles, manipulables par le premier despote. La République des Lettres du XVIIIe siècle est ainsi engluée dans les contradictions de son siècle : elle se justifie par l'universalisme de la raison tout en ne réservant cette faculté qu'à l'élite sociale, elle développe une pratique intellectuelle de l'égalité tout en se coulant dans une société marquée par les valeurs aristocratiques. D'où la discussion historiographique sur la nature de l'esprit des Lumières : vernis mondain superficiel ne questionnant guère les structures traditionnelles ou logique nouvelle dissolvante de l'ancien monde ?

Faut-il déduire du refus de reconnaissance des élites une inexistence d'une opinion publique populaire ? L'empressement du pouvoir royal à faire surveiller les cabarets et les lieux publics parisiens, les témoignages des victimes de la répression antijanséniste publiés par les *Nouvelles Ecclésiastiques*, les propos reprochés aux embastillés, les mouvements de foule à propos de la crainte d'enlèvements d'enfants dans les années 1750, les références culturelles livrées par les mémoires du temps comme ceux de Restif de la Bretonne ou du compagnon vitrier rousseauiste Ménétra, le succès de la littérature de rue volontiers radicale, sont autant de preuves du contraire. Ce refoulement de l'opinion populaire dans une marginalité maintient une tension qui entretient cette alternance classique entre plages de résignation et émotions explosives, dynamique chaotique non moins dangereuse pour l'ordre ancien. Dans l'entrée en crise du système politique, la littérature du ruisseau n'a pas moins d'influence que les grandes œuvres des Lumières.

Individualisme et sécularisation

Force de la tradition corporative

La logique corporative soutient tout l'édifice socio-politique de l'Ancien Régime. Dans cette optique, l'individu construit son identité personnelle par l'adjonction des qualités des divers groupes statutaires auxquels il appartient. Les privilèges, ensemble d'exemptions et d'avantages accordés à un corps pour la qualité du service rendu au royaume, ne sont donc pas réservés aux deux ordres supérieurs, mais définissent les positions de tous les sujets au sein de l'ensemble du corps social dans le respect de la hiérarchie naturelle issue de l'ordre divin. Dans cette forme de culture politique, les libertés – terme synonyme de privilèges – sont fondées sur le respect d'une inégalité de type collectif. En récusant le plus possible l'idée que les privilèges ont une légitimité historique pour imposer le principe qu'ils ne relèvent que de la pure grâce royale, la monarchie a été conduite à glisser d'une définition positive à une lecture plutôt négative de la multiplication de ces franchises. Ses services financiers ont justifié une épuration du deuxième ordre réalisée lors de la réformation de 1667, puis une remise en cause de la non-imposition directe du clergé et de la noblesse dans les nouveaux impôts du XVIIIe siècle. Par ailleurs, chaque guerre invite à soumettre la confirmation des privilèges à un effort financier des bénéficiaires. Le soutien ambigu apporté à la multiplication des métiers jurés grâce aux édits de 1581, 1597 et 1673, comme le marchandage quasi structurel avec les municipalités forment deux illustrations saisissantes de cette monétarisation de la bienveillance royale.

Individualisme et droit naturel

C'est à travers les formulations nouvelles des juristes du XVIIe siècle comme le hollandais Grotius et l'allemand Pufendorf que la notion d'individu a commencé à prendre une place primordiale dans la doctrine du droit de nature. Partant de l'idée d'êtres raisonnables capables de juger de leur intérêt personnel, ce courant a renouvelé la théorie du contrat dont Locke a donné une puissante synthèse à propos de la Glorieuse Révolution d'Angleterre de 1689. Avec le XVIIIe siècle, défini par Diderot comme celui de la liberté, la protection des droits individuels est progressivement devenue la référence supérieure. Outre l'affirmation dans le débat intellectuel dont témoigne la rédaction de l'article « Autorité politique » de l'*Encyclopédie* (1751), le succès du libéralisme s'est surtout concrétisé dans le besoin de réformes judiciaires et économiques.

La seconde moitié du XVIIIe siècle marque ainsi l'apogée des tiraillements entre des principes contradictoires. Si l'individu est devenu la référence absolue pour les Lumières, la pesanteur sociale maintient encore un fort attachement pour le vieux principe corporatif toujours perçu comme protecteur. L'attaque en règle de l'abbé Sieyès au printemps 1789 marque une rupture conceptuelle, prélude à la chute de l'Ancien Régime.

Manifestations sociales et culturelles de l'individualisme

La promotion de l'individu ne s'est pas limitée au seul domaine de l'intellect mais a aussi renouvelé les comportements sociaux grâce au développement de la civilisation des mœurs. Une nouvelle codification du savoir-vivre, née dans les cours princières italiennes de la Renaissance et diffusée ensuite de la cour de France dans le réseau urbain par mimétisme social, a conduit à l'autocensure de la gestuelle et du langage, au nom d'une maîtrise du corps par l'esprit supérieur. Dans cette logique de contrôle du bas par le haut, la recherche de la propreté personnelle et de la délicatesse dans les rapports avec autrui a imposé un code de savoir-vivre reposant sur une intériorisation de plus en plus performante d'interdits à propos de conduites considérées comme grossières et avilissantes socialement. Ce processus d'épuration éducative touchant à la discipline des corps en public a favorisé l'émergence d'un besoin d'intimité qui se mesure surtout aux nouvelles exigences dans la distribution interne des logements de la notabilité au XVIIIe siècle. La promiscuité de grandes salles à tout faire est de plus en plus rejetée au profit de l'intime assuré par une spécialisation des pièces. Ainsi, la culture matérielle travaille autant que le débat intellectuel à l'individualisation des conduites.

Cette montée en puissance d'un idéal de vie privée touche tous les domaines, y compris la forme d'expression de la vie religieuse. Peut-on parler de début de déchristianisation de la France au XVIIIe siècle ? Le terme fait problème. Certains préfèrent voir dans cette distanciation avec l'institution cléricale et sa morale une conséquence d'une intériorisation de la foi et d'une plus grande distinction entre le profane et le sacré, sans qu'il soit question d'abandon des références fondamentales du christianisme. Cette orientation vers une privatisation de l'expression religieuse et une concurrence accrue dans la formation des codes culturels rend peut-être plus pertinente la notion de sécularisation. Le livre religieux, dominant au temps de la Réforme catholique, passe dans les permissions d'imprimer du tiers des ouvrages vers 1720 à seulement un dixième après 1780.

Désacralisation de la fonction royale

La philosophie des Lumières diffuse une vision scientiste, utilitariste et sécularisée de la société. Avec la croyance dans le progrès du genre humain grâce à la découverte progressive des lois physiques régissant l'univers, l'existence terrestre cesse d'être perçue comme un passage douloureux dans une vallée de larmes, simple phase préparatoire à la vie éternelle. Le droit au bonheur dans une nature de mieux en mieux maîtrisée, où la providence maintient toujours un bilan positif, érige l'utilité sociale en critère prépondérant de justification pour toute action humaine. L'Église catholique, qui a centré sa revitalisation du XVIIe siècle sur la spiritualité, n'échappe pas à cette contrainte culturelle. Pour les esprits rationalistes, le clergé est davantage toléré pour son rôle dans l'instruction et l'assistance que pour son apport de sens à la condition humaine.

Cette invasion du profane dans la vie publique rend compte de l'affaiblissement de l'image royale par désacralisation de la fonction. Dans un modèle où la légitimation de l'absolutisme a été de plus en plus fondée sur l'identification royale avec le Christ, homme-Dieu, c'est la base même de l'édifice qui s'en trouve ébranlée, ceci d'autant plus qu'une nouvelle sacralité, plus liée à la religion naturelle ou civile qu'au christianisme, vient renforcer l'affirmation de la souveraineté de la nation. Il convient toutefois de conserver à la rupture de 1789 toute sa radicalité. Si

Louis XV a vu son image basculer de celle du Bien Aimé à celle du Mal Aimé dans les années 1750, le mythe du roi sauveur demeure toujours très puissant comme l'illustre la ferveur avec laquelle les sujets rédigent leurs cahiers de doléances dans le printemps 1789.

Conclusion

Par l'importance des conséquences fiscales commandées par le financement des opérations guerrières dont les conditions ont été bouleversées par la révolution militaire du XVIIe siècle, l'absolutisme français est en partie issu de la propension guerrière de la monarchie. La puissance financière de l'État explique la séduction opérée sur les élites sociales par le biais du marché de la fonction publique, directement par ventes d'offices ou indirectement par le système des fermes. Le refus congénital de concertation avec les assemblées représentatives trouve ainsi son exact corollaire dans le développement du système fisco-financier, c'est-à-dire l'infiltration de l'État par de puissants lobbies. La science du gouvernement défini par le roi absolu comme un mystère religieux inaccessible devient progressivement une pratique rationnelle exigeant sans cesse une compétence technique croissante, mais soumise, comme tous les autres sujets, au tribunal de l'opinion publique.

Chapitre 8

La contestation de la monarchie

Même si une séparation trop étroite était abusive, il convient de distinguer les contestations des élites et les récriminations venues du peuple. Dans les deux registres, il existe une grande différence entre les XVIe et XVIIe siècles d'une part et le XVIIIe siècle de l'autre. Dans les deux types, la monarchie ne parvient à se débarrasser d'une opposition que pour voir en surgir une autre de nature différente. La première phase est plus violente, remplie de prises d'armes et de révoltes désespérées ; la seconde est plus procédurière, même si les actions de terrain n'ont pas totalement disparu.

Contestations des élites

Les prises d'armes du XVIe siècle et du premier XVIIe siècle

Vocation de la noblesse

La noblesse se définit comme l'élite naturelle de la société qui fait émerger, dans une dynamique purement interne, le meilleur d'elle-même. Être noble, c'est avant tout posséder la vertu, c'est-à-dire le culte de l'honneur, la force de caractère, le sens du commandement, toutes qualités qui garantissent ensemble la meilleure aptitude dans le service de la monarchie, que ce soit dans l'armée royale pour la défense du royaume ou dans le gouvernement et la haute administration pour le contrôle des sujets.

Dans sa structure mentale classique, la noblesse cultive l'image de son union intime avec le roi. Si sa vocation première est de servir le souverain, ce dernier se doit de la soutenir à sa juste valeur, dans une logique de don et contre-don. Le vieil idéal féodal reposant sur les liens entre le suzerain et ses vassaux est enrichi du principe d'amitié qui inscrit toute cette culture politique dans une démarche sentimentale. La fidélité est doublement garantie par le respect des engagements entre protecteur et protégé et l'affection partagée entre personnes libres.

Les mobiles de rupture

Les occasions de rupture viennent de la sensation d'un dévoiement de la personne royale oublieuse du code de bonne conduite du royaume. La tension est proportionnelle au sentiment de trahison du modèle de la monarchie mixte qui réserve une place de choix à l'aristocratie dans la conduite de l'État. Cette impression est exacerbée lorsque les Grands constatent un abandon de l'esprit de large conseil en faveur d'une faction qui accapare l'esprit du roi, surtout lorsque celle-ci est étrangère ou renverse la hiérarchie naturelle du deuxième ordre. L'hostilité aux conseillers de Catherine de Médicis, à Concini sous la régence de Marie de Médicis et au cardinal Mazarin souligne le caractère récurrent de la dénonciation de l'influence funeste des Italiens. La critique des faveurs excessives accordées par Henri III à ses « Mignons », issus de la noblesse seconde, et les complots contre Richelieu et Mazarin accusés de peupler le conseil d'anoblis, relèvent de la même logique. Les régences fragilisent encore plus la situation dans la mesure où la présence d'un enfant sur le trône paraît soutenir le droit naturel des pairs à compenser par leur présence une insuffisance physique momentanée de l'individu-roi.

L'expression de la rupture

Lorsque le dérapage du conseil, dans lequel le roi est perçu comme prisonnier d'une faction, devient par trop manifeste, le devoir de révolte devient un impératif moral pour obtenir sa libération et remettre la monarchie dans le droit chemin de la tradition nationale. La prise d'armes suit un rituel immuable car elle n'est qu'un avertissement qui doit demeurer intelligible pour le roi. Les Grands quittent la cour pour leurs gouvernements de province ou leurs seigneuries afin de lever des troupes dans leur parenté et leurs réseaux d'amitié et de protégés. Un manifeste légitimant le soulèvement est publié afin de permettre au roi de sortir de l'hypnose dans laquelle il s'est laissé subjuguer. Conçue surtout comme une ouverture de négociation, la révolte n'est pas faite pour durer. Elle n'est pas pensée contre le roi, mais au service de la monarchie dans le cadre conceptuel de l'idéologie des deux corps du roi : le corps physique s'étant coupé du corps mystique du royaume, il est vital de rétablir la synthèse organique. Si au temps des cardinaux-ministres les Grands préfèrent le complot à la prise d'armes, c'est peut-être parce que Louis XIII en a déjà donné l'exemple lui-même en ordonnant l'exécution de Concini en 1617. Toutefois, la Fronde permet de revenir une dernière fois à la procédure traditionnelle.

Dans l'esprit des Grands, la révolte nobiliaire n'est jamais anti-monarchique, mais au contraire pour le plus grand profit de l'autorité royale qui peut ainsi renouer avec ses vrais fondements. Même si le roi ne partage pas l'idéal politique qui la sous-tend, il relève néanmoins du même modèle culturel qui l'oblige à rechercher au plus vite la réconciliation en pardonnant, après une bonne et juste négociation, à ses valeureux pairs qui n'ont accompli que leur devoir de conseil de loyaux vassaux vis-à-vis de leur suzerain abusé.

Les mutations du XVIIe siècle

Toute cette pratique politique se délite progressivement dans la première moitié du XVIIe siècle, avant de s'effacer avec l'échec de la Fronde. La noblesse, rompant avec son attachement majoritaire aux principes de la monarchie tempérée, a découvert, en ordre dispersé, les vertus de l'absolutisme. Le ralliement s'est fait du haut vers le bas, les Grands étant les premiers à basculer du côté de l'État fort, à l'exemple du prince de Condé, principal agitateur sous Marie de Médicis et fidèle soutien de Richelieu à partir de 1626. Les résistances mentales demeurent puissantes comme le prouvent l'inclination à la conspiration dans la haute noblesse et le maintien de la référence mythique aux états généraux dans la noblesse seconde et la gentilhommerie provinciale, bien visible pendant la Fronde et jusqu'aux assemblées de mécontents de l'Orléanais et du Berry en 1658. La reddition complète n'est obtenue que par Louis XIV qui excelle à répartir équitablement, sous formes de charges civiles et militaires et de pensions, les bienfaits qu'un État puissant apporte en quantité toujours plus importante.

Pourquoi une telle mutation idéologique du deuxième ordre ? Trois grandes séries de causes peuvent être invoquées. D'abord l'inquiétude devant la radicalisation du tiers état ligueur dans la grande crise de la fin du XVIe siècle. En développant une thématique marquée du double sceau de l'idéal communautariste urbain et du zèle religieux préférant la procédure élective selon le mérite au principe d'ancienneté de la race ou même à la vénalité des charges, la bourgeoisie seconde ultra-catholique a fini par inquiéter aussi bien la vieille noblesse militaire que la noblesse de robe plus récente. La peur du désordre social a été suffisamment ressentie pour que le thème du renforcement de l'autorité royale défendu par les Politiques soit regardé comme une mesure de salut public.

La fusion progressive des deux catégories de noblesse, opérée grâce aux alliances matrimoniales et au mélange des deux types de service dans les familles, a provoqué une contagion de l'obéissance. L'épée s'est alignée progressivement sur la conduite politique de la robe, création de l'État moderne, même si cette adhésion ne s'est pas faite sans heurts. Enfin, toute l'élite nobiliaire n'a pas tardé à mesurer les avantages de l'État fort grâce au développement du système fisco-financier. Investisseurs de capitaux exigés en grand nombre pour l'effort de guerre, les grands lignages ont compris de plus de plus qu'ils n'avaient aucun intérêt à tuer la poule aux œufs d'or. La grande victoire de Louis XIV n'est donc pas tant d'avoir domestiqué la haute noblesse à Versailles que de l'avoir associée aux profits de l'État absolu sous forme de commandements militaires et de placements financiers afin d'assumer un haut niveau de vie curial, tout en l'excluant des organes du gouvernement central.

Les oppositions politiques du XVIIIe siècle

Un libéralisme aristocratique

Les critiques contre l'absolutisme réapparaissent dans la haute noblesse dès la fin du règne de Louis XIV. Elles viennent d'abord du groupe qui gravite autour de son petit-fils, le duc de Bourgogne, un moment héritier du trône entre la mort de ses parents en avril 1711 et son propre décès en février 1712, et dont le meilleur porte-parole est Fénelon, archevêque de Cambrai, ancien précepteur du jeune prince. Le programme de réforme publié en octobre 1711, entièrement fondé sur un idéal de monarchie chrétienne limitée, dénonce l'absolutisme comme contraire aux traditions historiques nationales et comme une dérive occasionnée par une inclination excessive vers la guerre. Pour refonder l'autorité royale sur de vraies valeurs, Fénelon retrouve les thèmes classiques du large conseil, des institutions représentatives garantes du respect des autonomies provinciales et de l'importance de la noblesse comme relais essentiel entre le souverain et ses sujets. Pensée réactionnaire ou première ébauche d'un libéralisme politique en gestation ?

Si bien des propositions plaident pour une résurgence d'une culture mal éradiquée, la reprise ne se fait pas entièrement à l'identique. Alors que les états généraux n'avaient été pensés que comme structure consultative convoquée à l'initiative royale, Fénelon en fait une véritable assemblée délibérative réunie régulièrement et compétente sur toutes les questions. La Glorieuse Révolution d'Angleterre est passée par là. Les deux ouvrages du comte de Boulainvilliers, publiés à titre posthume en 1737, prolongent cette critique de nature historiciste. Fondant l'infériorité structurelle du tiers sur la conquête de la Gaule romaine par les Francs, l'auteur interprète l'absolutisme comme le produit de l'alliance contre-nature entre une monarchie despotique et le tiers pour déposséder la noblesse de ses prérogatives naturelles. Cette apologie de l'esprit féodal fonde ainsi un courant libéral reposant sur l'exclusivisme nobiliaire, lui-même justifié par l'histoire et appuyé sur le respect de la naissance.

Jansénisme et politique

Par ailleurs, la conjonction du jansénisme avec le richérisme et le gallicanisme établit un foyer durable de contestation dans un dangereux va-et-vient entre théologie et politique. En soutenant les thèses de la supériorité du concile général sur le pouvoir individuel du pape et de la relation personnelle à Dieu sur la médiation cléricale, ainsi qu'en reprenant les critiques du bas clergé contre l'excessive hiérarchisation, le quesnellisme défend un modèle ecclésial dont le transfert dans le champ étatique est perçu comme très déstabilisateur.

La querelle du second jansénisme, qui aurait pu demeurer un débat interne au sein de l'Église, a constitué au contraire une grave source de difficultés politiques parce qu'il s'est trouvé doublement instrumentalisé, d'une part par le pouvoir royal lui-même qui l'a érigé en démonstration exemplaire de sa capacité à tout soumettre, même au prix d'une mise en question d'un principe aussi constructif que le gallicanisme, d'autre part par les parlements, surtout celui de Paris, qui ont ainsi trouvé un thème fécond pour imposer leur présence dans le paysage politique après la longue parenthèse imposée par Louis XIV. En se plaçant comme protecteurs de la traditionnelle autonomie de l'Église de France, les parlementaires ont pu développer, au sein de la logique d'affrontement des remontrances et du lit de justice, un discours de type constitutionnaliste destiné à en faire des partenaires privilégiés du pouvoir royal, les seuls à pouvoir garantir que la monarchie royale ne tombe pas dans le despotisme.

La critique du despotisme

À partir des années 1750, les dénonciations des réformes fiscales et des essais d'introduction de réformes économiques libérales ont peu à peu remplacé les débats religieux. En se présentant comme les défenseurs du peuple contre les abus du despotisme ministériel, les parlementaires, forts d'une réelle popularité, sont parvenus à empêcher la monarchie de conduire une transformation structurelle du royaume. Les historiens restent partagés sur l'interprétation de cette opposition. Durant le siècle, le discours a évolué. Jusque vers 1760, les cours souveraines se présentent d'abord comme les gardiennes des lois fondamentales, dans une définition étendue à l'ensemble des privilèges. Le dialogue est difficile avec la monarchie puisque les juges se présentent comme les garants du véritable absolutisme qui doit conserver la mémoire de ses limites alors que le souverain récuse tout corps extérieur pour leur fixation qui ne relève que de sa conscience personnelle. Dans cette première phase, les remontrances mettent en avant la compétence professionnelle de juristes capables de dire le droit public et donc de détecter les éventuelles contradictions entre les lois ordinaires et les principes historiques du royaume.

La parution de *L'Esprit des Lois* en 1748 permet une mutation décisive. Même si les parlementaires ne peuvent suivre Montesquieu sur le principe de la séparation des pouvoirs puisque ce sont des juges qui prétendent intervenir dans le législatif, la tonalité générale de la critique du despotisme et l'esprit constitutionnel rejoignent leurs références. L'avocat général du parlement de Rouen Le Paige théorise ces prétentions en 1753-1756 : grâce au concept de l'union des classes, il défend l'idée que les parlements ne sont pas des cours de justice travaillant séparément, mais d'abord un corps unique à compétence législative.

L'ambiguïté de l'opposition parlementaire

C'est que les parlements profitent d'une conjoncture favorable. Comme l'absolutisme refuse par principe une représentation nationale à pouvoir législatif et budgétaire, ils se comportent en représentation de substitution. Ils sont ainsi intimement liés à la pratique absolutiste car ils ont besoin de ce refus pour jouer un rôle qui n'est pas le leur et s'assurer ainsi, grâce à une politique de communication très habile, l'adhésion d'un peuple en manque de participation à la vie du royaume. Que la monarchie cède à ce désir et le risque de marginalisation est énorme, comme l'illustre la redistribution immédiate des rôles après l'annonce des états généraux en 1788. Pour briller sous les feux de la rampe, l'opposition parlementaire a doublement besoin de la monarchie absolue : pour jouer sa partition anti-despotique en se servant de la notion de limites et pour entretenir le contact avec l'opinion en profitant d'un vide. La relation est donc terriblement ambiguë puisque l'émetteur des critiques a absolument besoin de ne pas être écouté pour conserver sa légitimité et son audience.

L'opposition parlementaire est-elle réactionnaire ou progressiste? Les historiens sont plutôt sévères avec une forme d'obstruction qui a conduit la monarchie absolue à sa perte. Accusé d'hypocrisie pour avoir su maquiller la défense d'un corporatisme étroit, le discours parlementaire est surtout interprété comme l'expression de l'attachement à la société d'ordres et à sa distribution inégalitaire de privilèges. Cette accusation tranchée semble pourtant trop réductrice parce qu'elle ne rend pas compte entièrement du rôle historique de cette tension. Entraînés par leur stratégie de porte-parole, les parlementaires se laissent gagner malgré eux par un vocabulaire nouveau, dans l'air du temps. Avant 1760, il est question de monarchie légitime, de lois fondamentales et de corps intermédiaires; après reviennent les notions de droits, de nation et de constitution. Ainsi, si la finalité du discours reste sans doute conservatrice, le verbe et la stratégie orientent vers un nouveau style de monarchie. Que les modifications des formes de l'expression soient plus déstabilisatrices que le fond n'est peut-être qu'une caractéristique du temps des Lumières puisqu'il semble en aller de même pour les sociétés de pensée.

Les révoltes populaires

Les révoltes antifiscales des XVIe et XVIIe siècles

Une réaction contre l'innovation

Les réactions violentes contre une charge fiscale considérée comme abusive existent au XVIe siècle : la célèbre révolte des Pitaux de l'Angoumois et de l'Aquitaine contre l'introduction de la gabelle en 1548 et les refus des dîmes pendant les guerres civiles sont là pour en témoigner. Elles n'ont pourtant jamais connu l'ampleur atteinte au XVIIe siècle après le tour de vis fiscal enclenché par le cardinal de Richelieu.

Exprimant une réaction de rejet par sentiment d'épuisement face aux « novelletés » fiscales, ces émeutes populaires suivent un déroulement type. La colère naît de la très forte augmentation des cotes de taille que les collecteurs exigent avec l'aide de l'armée, de l'introduction de nouveaux impôts comme le papier timbré ou la taxe du tabac ou encore de fausses rumeurs comme une extension de gabelle. Le recours à l'affermage ne fait qu'amplifier le refus car cette méthode est perçue comme une cause d'alourdissement au profit de voraces intermédiaires.

Les formes d'action

L'exaspération se porte sur les agents de base – sergents des tailles, gabeleurs, « maltôtiers » – qui sont victimes de violences physiques allant de la bastonnade à la mise à mort. Le soulèvement est porté par un vif réflexe communautaire dans lequel transparaissent toutes les habitudes sociales et culturelles des villages et des quartiers urbains. Dans le monde rural, les paysans s'insurgent sous le regard plus ou moins approbateur de leur seigneur et de leur curé ou de la petite bourgeoisie des bourgs. Certains petits nobles ou notaires ruraux se sont même risqués à prendre la tête de la rébellion. En ville, l'oligarchie municipale laisse facilement faire.

Le mouvement fait tache d'huile par regroupement des villages voisins dans une grande spontanéité. Aucun plan préétabli, aucune organisation à échelle provinciale, aucune liaison entre provinces : il ne s'agit que d'un réflexe immédiat de protestation soutenu par un vif sentiment d'injustice. Les formes d'action laissent transparaître les habitudes mentales liées aux rituels festifs traditionnels dans lesquels les communautés vivent le plus intensément leur unité en mimant un effacement magique des terribles contraintes matérielles et sociales. Les rites d'inversion et de dérision du pouvoir, spécialement utilisés lors du carnaval, inspirent les traitements punitifs auxquels sont soumis les agents royaux capturés.

Les révoltés et le roi

Les émeutiers sont portés par un puissant élan comportant une large part d'utopie. Derrière le cri « Vive le roi sans gabelle » ressurgit le vieux mythe du caractère extraordinaire de l'impôt, le roi ne devant vivre que des revenus de son domaine, principe abandonné en fait depuis le début de la guerre de Cent Ans. Tout au contraire d'un ressentiment antimonarchique, il s'agit d'un appel à la justice retenue d'un roi demeurant le lieutenant de Dieu et le père de ses sujets, mais mal servi par des agents prévaricateurs.

L'union ambiguë du peuple et de la notabilité, témoin de l'inquiétude des élites devant une concurrence envers les droits seigneuriaux ou les loyers des propriétaires, ne dure que peu de temps, surtout lorsque les révoltés saccagent quelques demeures. La répression étatique, longue à mobiliser, est cependant inéluctable. Elle est en même temps terrible et superficielle : brutale pour une minorité avec pendaisons et galères, supportable pour la majorité qui, tout en devant subir le logement de régiments pendant quelques mois, bénéficie de l'amnistie et même parfois de la suppression de quelques innovations. Sauf dans les grandes villes sévèrement contrôlées, la répression varie d'intensité selon les pays et la personnalité des agents royaux. Le traitement punitif infligé par le chancelier Séguier en personne à la Normandie en 1640 s'est voulu exemplaire.

La France émeutière

La répartition chronologique des émotions antifiscales s'établit en deux temps spécifiques. La phase la plus intense se déroule de l'arrivée de Richelieu à la Fronde, avec un paroxysme dans les années 1635-1640 marquées par les révoltes des Croquants de l'Angoumois, de la Saintonge et du Périgord (1636-1637) et des Nu-pieds de Normandie (1639). Ce sont de puissants soulèvements communautaires dans lesquels se retrouvent tous les ordres de la société. Avec le règne personnel de Louis XIV, le mouvement décline lentement avec les séditions du Boulonnais (1662), de la Chalosse (1663-1665), du Vivarais (1670) avant de s'éteindre après les rébellions de Bordeaux et de la Bretagne en 1675. Une reprise isolée en Quercy en 1707 apparaît comme une éruption archaïque. Dans cette seconde phase, les classes populaires agissent seules, sans l'appui voire même seulement la neutralité des élites sociales.

La géographie des révoltes exclut la vieille France royale comme les régions nouvellement annexées et met surtout en valeur les provinces intermédiaires où l'ambition de contraction des privilèges rencontre la résistance de vivaces communautés qui peuvent par ailleurs compter sur la solidarité de nombreux petits gentilshommes de tradition militaire en difficultés économiques. Le profil chronologique rend compte de la progressive résignation des populations rurales laminées entre la répression étatique et le ralliement des élites à l'absolutisme, mais aussi d'une meilleure productivité de l'administration royale. Lentement, l'encadrement progresse et les mailles du filet se resserrent : le gouvernement royal y gagne une meilleure connaissance du terrain. Colbert comprend qu'il est plus habile de déplacer l'effort fiscal vers les impôts indirects de consommation, tout en se préoccupant de la défense des biens communaux villageois. Même si ce paternalisme royal est plus théorique que réel, les ruraux peuvent y trouver l'occasion d'une confirmation du mythe du bon roi en considérant l'intendant plus comme un protecteur que comme un adversaire.

Les contestations populaires du XVIIIe siècle

La combativité anti-seigneuriale

L'orientation des mouvements populaires montre une triple évolution dans le type de revendications, les méthodes d'action et les provinces les plus concernées. La critique de l'excessive fiscalité de l'État a cédé la place à la lutte anti-seigneuriale ainsi qu'à la résistance à la conversion gouvernementale aux nouvelles idées du libéralisme économique dans le second XVIIIe siècle. La vieille structure seigneuriale pose problème car les droits féodaux ont perdu toute légitimité depuis que le mythe de la protection s'est évanoui avec le ralliement de la noblesse à la gestion fiscale de l'État fort. La plus grande combativité des communautés rurales, qui hésitent de moins en moins à engager des procès devant la justice royale contre les abus seigneuriaux, est-elle due à une réaction féodale caractéristique du second XVIIIe siècle ? La réfection des terriers grâce au travail des feudistes n'est pas une spécificité de cette période.

Sans doute faut-il plus se tourner vers une concurrence accrue entre paysannerie aisée et seigneurs pour le partage des revenus agricoles en forte hausse depuis les années 1730. Attirés par la perspective de profits élevés, les seigneurs sont tentés d'améliorer la gestion de leur domaine en poussant au partage des communaux ou en mettant en cause des droits d'usage gênant l'exploitation individuelle de leurs métayers. Face à cette adaptation de l'ancienne structure féodale au capitalisme agraire, l'agressivité contre le seigneur peut correspondre à deux types de situation. Dans les communautés dominées par les paysans moyens et pauvres, l'hostilité peut recouvrir un attachement aux droits anciens toujours perçus comme protecteurs. Là où les paysans aisés ont acquis plus d'influence, il s'agit d'une volonté d'accéder plus efficacement au marché, en empêchant le seigneur d'en monopoliser les avantages. Quand les premiers se conservent dans un anti-libéralisme traditionnel, les autres entendent au contraire obtenir leur part dans la libération du marché.

Les émeutes de marché : une critique de l'État

Les émeutes frumentaires sont devenues la principale forme de la protestation sociale du siècle des Lumières. L'agitation se caractérise par des manifestations contre les prix excessifs sur les marchés céréaliers avec des saisies de grains revendus à prix « juste », prolongées par des attaques de convois et de greniers qui s'achèvent de la même manière. Parfois surviennent des débordements avec pillage général de la ferme et meurtres d'agents publics sur les marchés. Les grands fermiers, souvent adjudicataires de la levée des droits seigneuriaux, fournissent les cibles privilégiées. Ces actions, beaucoup moins communautaires que celles du XVIIe siècle, apparaissent plutôt menées par les paysans les plus pauvres, salariés agricoles ou micro-exploitants. Le menu peuple urbain se joint aisément à ces confiscations pour ventes forcées.

Il ne s'agit plus de soulèvements de forte ampleur, mais bien plus d'une agitation larvée, sporadique mais récurrente, à l'exception de la « guerre des Farines » que le contrôleur général Turgot a dû affronter au printemps 1775. Toute cette contestation se manifeste surtout dans un grand Bassin parisien, là où la société rurale est la plus éclatée. Le succès de la dénonciation du « pacte de famine », mot d'ordre construit sur un détournement du « pacte de famille » désignant l'alliance diplomatique entre Bourbons de France et d'Espagne, montre comment l'État monarchique est directement mis en cause, le roi et ses ministres étant accusés de complicité avec les spéculateurs cherchant à accélérer la hausse des prix en stockant les grains dans leurs greniers. Une telle condamnation est d'autant plus facile à formuler que l'influence du libéralisme physiocratique paraît prédominante dans le conseil du roi à partir de 1760.

Les clés d'une mutation

Pourquoi une telle différence entre les deux siècles ? Le sentiment de l'inutilité de la révolte contre l'impôt royal comme les efforts de modération globale et de meilleure répartition sur l'ensemble des ordres avec les nouveaux impôts directs ont pu jouer au bénéfice de l'État. L'efficacité de l'intendance a pu susciter une appréciation positive de ses capacités redistributives pour l'approvisionnement en grains des provinces victimes de disette et pour l'envoi de médecins et de médicaments lors des accidents épidémiques. La moindre résidence de la noblesse sur ses seigneuries a affaibli le modèle féodal en distendant les liens personnels de patronage et réduisant ainsi la relation à un seul prélèvement monétaire. La dissolution de l'aspect convivial des relations sociales renforçant le caractère simplement prédateur de la seigneurie a renforcé l'image du concurrent au détriment de celle du protecteur.

L'incompréhension populaire face aux réformes libérales illustre son attachement au principe ancien d'une lecture morale de l'économie exaltant le rôle dirigiste du roi-père nourricier. Les prix ne peuvent pas relever du seul jeu du marché puisqu'ils doivent trouver l'équilibre entre la juste rémunération du producteur et la juste protection du consommateur, ce qui ne peut venir que de la suprême sagesse royale. En opposition radicale avec les thèses physiocratiques, les classes populaires restent fidèles aux principes d'économie dirigée, forme la plus palpable du paternalisme monarchique. Le divorce entre le mouvement sans-culotte et la bourgeoisie parlementaire sous la Révolution ne fait que reproduire ce clivage très profond.

Conclusion

La monarchie absolue a dû convaincre la noblesse de renoncer à ses prises d'armes, formes de protestations liées à un attachement au modèle de monarchie tempérée. Le problème n'a pu être vraiment réglé qu'après la Fronde lorsque Louis XIV a fait la démonstration que la redistribution des bienfaits de l'État fort pouvait être régulée équitablement. En 1715, l'opposition parlementaire a pris le relais, glissant progressivement du rôle juridique de gardiens sourcilleux des lois fondamentales de l'État à celui plus politique de représentants officieux de la nation, en l'absence des états généraux. Les révoltes populaires des XVIe et surtout XVIIe siècles restent avant tout de violentes explosions antifiscales alors que les contestations du XVIIIe siècle sont plutôt procédurières et anti-seigneuriales. L'agitation de terrain se maintient cependant sur les marchés céréaliers, surtout dans la seconde moitié du XVIIIe siècle lorsque l'État, gagné au libéralisme physiocratique, semble oublier la tradition protectrice de la monarchie paternelle.

Chapitre 9

Affirmation et crise du pouvoir royal au XVIe siècle

L'État moderne, qui se construit à partir du substrat du féodalisme, commence par prendre la forme d'une monarchie tempérée. La première partie du siècle connaît une affirmation de l'autorité royale, acceptée semble-t-il par l'ensemble des ordres du royaume, sans doute parce que l'imaginaire du pouvoir reste encore éloigné de l'absolutisme. Les guerres civiles, qui obscurcissent la seconde moitié du siècle, prouvent pourtant qu'il n'en est rien car au sein de l'affrontement sur le pluralisme religieux s'exacerbe un débat fondamental sur la nature de l'État monarchique. La gravité de la crise affectant le pouvoir royal suscite par réaction une inflexion majeure vers l'absolutisme.

Affirmation de l'autorité royale (1515-1559)

Le renforcement de l'appareil d'État

Le gouvernement royal

Vers 1535, François Ier prend l'initiative de réserver à un conseil des affaires formé de fidèles la discussion des problèmes de grande politique intérieure et extérieure, laissant au large conseil privé la supervision des questions ordinaires. Grâce à la distinction entre conseillers choisis et conseillers nés, il essaie de se dégager du schéma féodal du roi-suzerain obligé de garantir le rassemblement des réseaux nobiliaires autour du trône par l'association de leurs chefs à la détermination de sa politique. Si les membres de la noblesse ancienne prédominent, 3 9% des participants sont intégrés au nom de leurs compétences techniques. Les Grands (15 %) y manifestent leur suprématie, mais la noblesse seconde de tradition militaire s'avère la plus nombreuse (45 %). La plupart sont des héritiers de prestigieux lignages, mais on compte un tiers de familles plus récentes. Dans cette inflexion fondatrice, le conseil apparaît donc comme un mélange de formes domestiques classiques et de tendances pré-bureaucratiques d'avenir.

Grand officier de la couronne, le chancelier est considéré comme le second personnage de l'État, fort de quatre attributions : présider le conseil en l'absence du roi, sceller les actes royaux, diriger la justice déléguée, contrôler la librairie. Il est aidé des notaires et secrétaires du roi, collège d'officiers à vénalité, structuré par des dynasties venant principalement de la justice, formant un foyer de culture et de mécénat capable de pousser un nouvel idéal honorifique à base administrative, et servant d'intermédiaire entre le pouvoir royal et les Grands. En 1547, Henri II renforce des anticipations médiévales en créant quatre secrétaires d'État se partageant les relations avec le royaume et les pays avoisinants. Une spécialisation thématique va s'ajouter progressivement : la guerre et la maison du roi en 1570, les affaires étrangères en 1589, la marine en 1669.

Pour garder le contrôle sur des officiers en plus grand nombre et pour influer sur l'attitude des gouverneurs, tous issus de la haute noblesse, émergent vers 1548 des commissaires départis, c'est-à-dire des inspecteurs envoyés en mission spéciale avec quelques priorités d'action : veiller à la rigueur de la justice royale, spécialement contre les protestants, accélérer la remontée des sommes attendues et enquêter sur les comportements des gens de guerre à l'égard de la population civile. La priorité accordée aux affaires financières s'explique par un immense effort de guerre contre les Habsbourg.

Le système financier

Un effort de rationalisation de la gestion des finances est recherché dans la refonte des institutions centrales grâce à la création du Trésor de l'Épargne en 1523 destiné à centraliser la plupart des revenus de la monarchie : les recettes des impôts, les décimes levés sur l'Église, le produit de la vente des offices gérée par la caisse des parties casuelles créée en 1522, les contributions des villes, les emprunts royaux... Il est dirigé par un trésorier de l'Épargne placé sous la surveillance d'un contrôleur général des finances. Il doit tenir deux registres séparés, pour les recettes et les dépenses, soumis au contrôle de la chambre des comptes de Paris. Ce chef de l'administration financière établit des mandements, c'est-à-dire des ordres de paiement à des trésoriers locaux. En 1542, le royaume est découpé en seize généralités qui deviennent les grandes circonscriptions financières pour la répartition et la collecte des impôts. En 1552, Henri II fusionne les anciennes fonctions des quatre trésoriers de France (gestion du domaine royal) et des quatre généraux des finances (impôts) pour créer 16 officiers généraux pour en assurer la direction. L'augmentation des effectifs s'est traduite par la création postérieure du bureau des finances. Les finances deviennent rapidement la priorité d'action des quatre secrétaires d'État qui examinent les rapports des agents locaux afin de recommander des solutions.

Si la fiscalité s'est peu accrue sous François Ier, c'est parce que la monarchie s'est plutôt orientée vers les emprunts en se servant des hôtels de ville, spécialement celui de Paris, pour placer ses rentes. Cette modération est oubliée sous Henri II où se cumulent hausses fiscales et recours massif aux emprunts.

Le système judiciaire

Le contrôle royal passe par un renforcement du système judiciaire. François Ier consolide les parlements dans cette mission première en les dotant de nouvelles chambres, tout en leur interdisant toutes prétentions politiques dans le célèbre lit de justice de 1527. La monarchie prolonge le travail de consolidation de l'espace judiciaire français en dotant les provinces périphériques de cours souveraines (cour d'appel) formées sur le modèle du parlement de Paris créé en 1260. En adjonction des édits concernant Toulouse (1443), Grenoble (1453) et Bordeaux (1462), viennent ceux pour Aix-en-Provence (1501), Rouen (1515) et la Bretagne (Nantes, 1554, Rennes 1561). Après l'édit de Crémieux qui consolide les compétences des bailliages et sénéchaussées, l'ordonnance de Villers-Cotterêts de 1539 impose le français comme seule langue administrative et réduit les attributions de la justice ecclésiastique au profit des cours royales, tout en précisant la procédure criminelle. Une meilleure sécurité sur les grands chemins est espérée avec la création de la maréchaussée dont les prévôts, qui commandent des troupes de cavaliers, forment une justice ambulatoire destinée à traquer les vagabonds et les brigands. Henri II complète le dispositif en 1551 par la création des présidiaux, instance intermédiaire entre les parlements et les bailliages destinée à désengorger les premiers.

Une concertation en question

Le retrait des états généraux

Depuis les états généraux de Tours en 1484, qui ont pourtant soutenu la régence des Beaujeu contre les prétentions des grands féodaux, et ceux de 1506 (en réalité assemblée d'envoyés d'une vingtaine de villes) où Louis XII a gagné son appellation de « père du peuple » pour sa modération fiscale et son respect des privilèges des villes et des princes, la monarchie n'a plus voulu recourir à cette procédure de résolution des crises. Même en 1527 où il s'agit de casser le traité de Madrid et de consentir la levée de la rançon de François Ier exigée par Charles Quint ou en 1558 quand il faut réagir après le désastre militaire de Saint-Quentin, le roi n'a convoqué qu'une assemblée de notables sélectionnés où la présence de parlementaires tend à faire penser que la nouvelle robe constitue un quatrième état.

Le dialogue avec les villes

Ce dépérissement du principe de consultation est cependant compensé partiellement par le maintien des joyeuses entrées urbaines d'une monarchie qui reste nomade. Quand le roi visite ses « bonnes villes », le cérémonial d'accueil met en scène ce principe d'échange de loyalisme contre la confirmation des privilèges urbains. Dans les spectacles qui agrémentent le parcours du cortège royal à l'intérieur de l'enceinte, les notables, qui contrôlent le pouvoir municipal, dressent le portrait du bon souverain en même temps qu'ils accumulent les rites de fidélité. Dans une répartition des rôles où le peuple spectateur légitime par sa présence bruyante une interprétation donnée par les notables, c'est toute une communauté qui dialogue avec le roi, même si le contenu des messages envoyés est de plus en plus marqué par une culture humaniste savante très influencée par le discours royal sur l'autorité politique. Les contraintes financières qui s'accumulent sur les villes sont là pour rappeler que la préservation de leurs franchises prend une forme de plus en plus monétarisée.

Le contrôle d'une Église d'État

Les catholiques

Grâce au concordat de Bologne passé entre François Ier et la papauté en 1516, le pouvoir royal a établi son contrôle sur le marché des bénéfices majeurs, instrument essentiel pour fidéliser les grandes familles aristocratiques puisque toutes les nominations aux fonctions d'évêques ou d'abbés impliquent une proposition royale confirmée par le Saint-Siège. La papauté est satisfaite de marginaliser les thèses conciliaristes du gouvernement collectif de l'Église et d'éviter la tentation du schisme à laquelle succombe le roi anglais Henri VIII en 1534. Si François Ier a laissé la mouvance érasmienne des évangéliques appeler à la réforme de l'Église romaine, il n'a jamais imaginé que cela puisse conduire à l'affaiblissement d'une structure essentielle pour l'encadrement de son royaume. La rivalité avec Charles Quint et la sous-estimation de la profondeur de la rupture protestante empêchent la monarchie de soutenir avec conviction le concile de Trente. La crispation gallicane est telle en 1551 que le roi Henri II songe sérieusement à convoquer un contre-concile national. Le retournement est ainsi profond à la fin des années 1550 lorsque l'Église de France, inquiète des dérives anglaises, se résout à l'alliance stratégique avec la papauté, ce qui permet aux délégués français de jouer un rôle important dans la phase finale du concile.

Les protestants

Sous François Ier, le refus du protestantisme schismatique est ainsi demeuré sans faille, simplement tempéré par le pari iréniste d'une rapide réunification. Lorsque des émigrés français, adeptes de la réforme suisse, montent la provocation de l'affaire des Placards en 1534 pour l'obliger à choisir son camp, le roi réagit vivement comme défenseur de l'Église romaine. Ce n'est pourtant qu'à partir de 1540 qu'il se lance vraiment dans la répression en mettant la justice royale ordinaire au service de l'Église plutôt que de laisser s'installer l'Inquisition comme en Espagne ou en Italie. La chasse aux hérétiques lancée par l'édit de Fontainebleau vire à l'escalade avec Henri II qui durcit les sanctions, de l'édit de Châteaubriant (1551) à celui d'Écouen (1559). Cette première réponse n'est cependant qu'un échec. En 1559, les églises réformées, qui se sont dressées au grand jour depuis quatre ans, tiennent leur premier synode national à Paris.

Une acceptation superficielle

L'absence de prises d'armes nobiliaires et la rareté des révoltes populaires, excepté celle des Pitauds d'Angoumois et d'Aquitaine de 1546 à 1548, pourraient laisser penser que ce renforcement de la puissance royale a été facilement assimilé par les différentes catégories de sujets. Si le second XVIe siècle démontre le contraire, reste cependant à comprendre ce manque de réaction immédiate des élites.

Le soutien au roi de guerre

François Ier

François Ier inaugure son règne par la victoire de Marignan contre les Suisses en septembre 1515, ce qui assure le maintien du Milanais sous la couronne française. Il s'agit de la sixième des guerres d'Italie commencées en 1494 pour défendre les droits de succession contre les ambitions de la couronne d'Aragon et de la Maison des Habsbourg. Le contraste entre la richesse économique et artistique de la péninsule et son éclatement politique attise les convoitises des grands États voisins qui cherchent à satelliser les républiques et les principautés.

La concentration des héritages aragonais et castillan, puis bourguignon et habsbourgeois entre les mains de Charles Quint, qui y ajoute le titre d'empereur en 1519, ne peut que relancer la rivalité entre deux souverains très ambitieux. Le contrôle du Milanais et de la Bourgogne constitue l'enjeu essentiel. Sous le règne de François Ier, les affrontements se déroulent en quatre temps forts dans lesquels la France, après avoir perdu rapidement le Milanais (1525-1526) peut résister aux entreprises espagnoles grâce à l'opposition des princes allemands luthériens contre l'Empereur et à l'alliance ottomane négociée en 1536.

Henri II

La reprise des combats à partir de 1552 permet à Henri II de se saisir des trois évêchés de Metz, Toul et Verdun, ainsi que de Calais grâce à une vive réaction après la retentissante défaite de Saint-Quentin en 1557. Philippe II de Habsbourg et Henri II, en proie à de terribles difficultés financières et désireux de réserver leur énergie à la résorption du schisme protestant, se résignent à négocier la paix de Cateau-Cambrésis en 1559 sur la base de la conservation par la France de ses dernières conquêtes et de sa renonciation au rêve italien. Ce retour à la paix laisse la noblesse assez désappointée car elle avait trouvé dans ce demi-siècle de combats mille occasions de montrer sa vertu et son courage, prouvant ainsi la légitimité de sa prétention à la supériorité sociale. En fixant l'agressivité de la noblesse contre l'Espagne, François Ier et Henri II ont pacifié le royaume tout en s'attirant une forte reconnaissance de l'élite militaire. Le risque de déstabilisation lié à la fin des combats a été accentué par une inclination nobiliaire à ériger cette phase historique en âge d'or de la conduite chevaleresque, sur le mythe du chevalier Bayard armant chevalier François Ier sur le champ de bataille.

La séduction de la cour

Le roi, modèle humain

Avec les expéditions militaires en Italie, les rois et l'aristocratie ont découvert le raffinement des cours princières. En incarnant le « beau prince » de la Renaissance, François Ier et Henri II, qui allient prestance physique et goût pour la création artistique, ont compris que le développement du cérémonial de cour était un excellent moyen de magnifier la surpuissance royale. En poussant le plus loin possible l'ostentation, le souverain, qui marque la force de son pouvoir par sa capacité à distribuer, établit au vu de tout l'écart qui le sépare dorénavant des Grands de son royaume.

Le roi, initiateur culturel

L'émergence d'une nouvelle civilité qui, apprise à la cour, passe ensuite à la ville en descendant les échelons du corps social par simple mimétisme, place le souverain à la tête d'un grand mouvement d'apprentissage comportemental qui s'installe au cœur du processus de normalisation des relations sociales. L'adaptation des résidences royales, qui passent du gothique flamboyant à la renaissance italienne, entraîne dans son sillage toute une vague de constructions privées financées par les gentilshommes, les officiers royaux et même les plus riches marchands. D'abord centrée sur le val de Loire où les aménagements des châteaux de Blois et d'Amboise font place à la création de Chambord, la monarchie choisit de se rapprocher de Paris avec l'édification du palais de Fontainebleau où travaillent les Italiens Rosso à partir de 1535 et Le Primatice en 1540. Les fresques de la galerie du premier étage sont une mise en scène en images de type initiatique du discours absolutiste produit par les légistes.

L'exemplarité des sanctions

La « trahison » du connétable de Bourbon

En septembre 1523, Charles de Bourbon, connétable de France, retire son allégeance à son suzerain François Ier car il se sent lésé dans la succession de son épouse Suzanne de Bourbon, décédée en 1521. Sans attendre le jugement de deux procès au parlement de Paris, le roi a accepté l'hommage de sa mère Louise de Savoie pour la presque totalité de l'héritage. Le connétable se met alors au service de l'Empereur, son suzerain pour les Dombes, pour lequel il dirige l'armée qui envahit la France en 1524 et qui assiège Rome où il est tué en mai 1527. Son échec à sauver ses biens sert de révélateur à la montée de la puissance royale : la noblesse l'a peu soutenu, même en le considérant victime d'une injustice, et les habitants de ses domaines sont demeurés passifs.

Profitant de cette circonstance, François Ier décide de faire coup double en tenant un lit de justice au parlement de Paris pour officialiser le rejet du traité de Madrid qui avait sanctionné la défaite de Pavie contre Charles Quint (1525) et ordonner la réunion au domaine royal des terres du connétable déclaré coupable de félonie et de crime de lèse-majesté. Rompant avec le rituel des séances royales qui valorisaient l'union du roi et de son parlement, ce premier lit de justice prétend fonder un ordre nouveau par le décor déployé autour de l'estrade royale surélevée et chargé de signifier l'absolue suprématie royale sur la cour souveraine.

Les troubles d'Aquitaine

François Ier ayant voulu unifier le régime des gabelles en avril 1542, des résistances se font jour en Saintonge et en Périgord, avant un embrasement général de Saintes à Bordeaux en 1548. Le lieutenant général de Guyenne est massacré par la foule qui donne la chasse aux gabeleurs. Une vive tension oppose le plat pays aux villes privilégiées. Le connétable de Montmorency est envoyé pour une répression exemplaire. Bordeaux est spécialement sanctionné : occupation militaire de trois mois, sept condamnations à mort, une amende de 200 000 livres, une suppression de tous les privilèges, la suspension du parlement et de la jurade, le désarmement de la milice. Dès 1549, Henri II, jugeant l'effet recherché obtenu, octroie une amnistie générale, rétablit partiellement les franchises et concède aux provinces du Sud-Ouest le rachat de leur statut antérieur, d'où le nom de « pays rédimés ». Même si la rébellion n'a donc pas été sans profit, la dureté d'une répression hors normes a frappé les esprits, demeurant dans la mémoire comme exceptionnelle et abusive.

Les guerres civiles : un rejet (1560-1598)

Tolérance et guerres de Religion

Une politique de concorde religieuse

Après la mort accidentelle de Henri II, sa veuve Catherine de Médicis prend vite conscience des risques de déclenchement d'un affrontement des clans nobiliaires (conjuration calviniste d'Amboise en mars 1560) pour des motivations où les convictions religieuses se mêlent intimement aux ambitions politiques. Si les Guise se comportent en champions du catholicisme intransigeant, les Bourbons et Condé en défenseurs du calvinisme pendant que les Montmorency se séparent en catholiques modérés et réformés, tous prétendent aux premières places dans le conseil du roi et à la direction politique des enfants royaux. Après une première pression sous le règne éphémère de son fils aîné François II, Catherine de Médicis, reine-régente au début du règne de Charles IX, réoriente la politique religieuse de la monarchie vers une stratégie de tolérance provisoire pour protéger l'autorité royale, en soutenant le chancelier Michel de L'Hospital.

Après les états généraux d'Orléans (décembre 1560-janvier 1561), convoqués pour régler la question de l'endettement qui trouve une solution partielle dans la contribution de l'Église (contrat de Poissy, octobre 1561), elle doit constater l'échec du colloque de théologiens tenu parallèlement à Poissy afin d'engager un processus de réunification à partir d'une reconnaissance mutuelle d'articles fondamentaux. Cette impasse religieuse oblige donc à une intervention préventive de l'État. La légalisation d'une coexistence pacifique inégale est proposée par l'édit de Saint-

Germain (janvier 1562) qui concède une large liberté de culte aux réformés en ne soustrayant que l'espace intra-muros des villes.

Les sursauts de violence

Pendant que les ultra-catholiques sont choqués par ce qu'ils considèrent comme une trahison du roi très chrétien, les calvinistes, aussi attachés que leurs adversaires à l'idéal de l'unité religieuse du royaume, ne sont pas satisfaits de cette attribution incomplète, mais hésitent entre pression politique au conseil ou logique de guerre pour aller de l'avant.

Durées des guerres religieuses en années

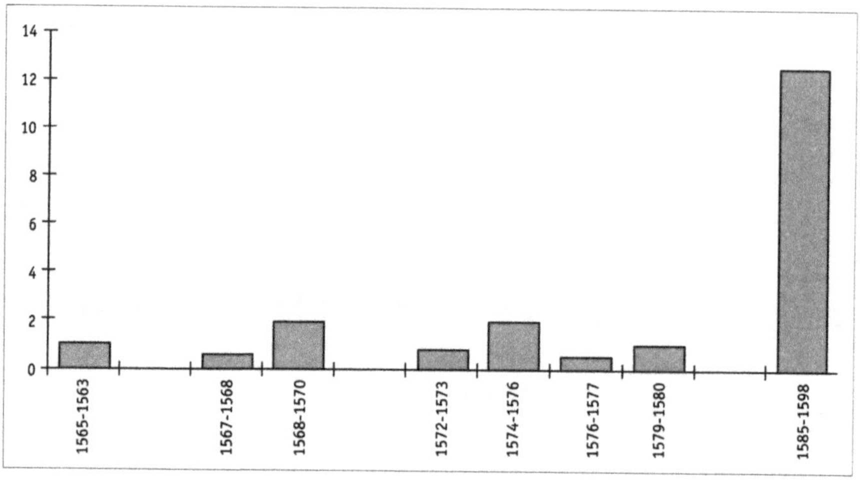

Ces antagonismes se sont traduits par la succession de huit guerres religieuses entre mars 1562 et avril 1598, de durées assez brèves sauf la dernière née dans l'été 1585, toutes ponctuées par des édits de pacification inspirés de la logique initiale de coexistence passagère et qui n'assurent que des trêves éphémères avant le succès final de l'édit de Nantes.

Même si le mélange du religieux et du politique, y compris des options de stratégie internationale dans le cadre de la révolte des Pays-Bas contre l'Espagne à partir de 1565, a conféré une certaine sinuosité à cette ligne politique, celle-ci n'a pourtant pas varié fondamentalement, à l'exception spectaculaire et spécifique de la Saint-Barthélemy (août 1572) où Charles IX et sa mère ont été tentés de résoudre le problème par l'élimination physique de la haute noblesse protestante. Même Henri III, qui inaugure son règne en 1574 avec une réputation d'intransigeance, est vite contraint d'en venir à cette logique de cohabitation temporaire.

Principaux édits de pacification religieuse durant les guerres civiles

Édits	Dates	Culte protestant	Places de sûreté	Chambres mi-parties
Saint-Germain	1562	Libre, sauf en ville		
Amboise	1563	1 ville/bailliage Grandes seigneuries		
Saint-Germain	1570	2 villes/ gouvernement Grandes seigneuries	La Charité/Loire Cognac Montauban La Rochell	
Boulogne	1573	4 villes Grandes seigneuries		
Beaulieu	1576	Libre, sauf Paris	8 villes	Bordeaux, Grenoble Montpellier, Poitiers Villes du Sud
Poitiers	1577	1 ville/bailliage Grandes seigneuries	8 villes 15 en 1580	La moitié des sièges supprimés
Nantes	1598	Les lieux de 1596-97 2 villes/bailliage Grandes seigneuries	150 villes dont 51 garnisons royales	Paris, Bordeaux Castres, Grenoble Accès à tous les offices

La résurgence de l'idéal de monarchie mixte

Contradictions politiques et religieuses

Si la logique binaire d'affrontement entre papistes et huguenots domine les trois premières guerres, les données se compliquent après la Saint-Barthélemy. Une convergence politique des adversaires religieux les plus décidés vers une remise en cause d'une déviation absolutiste des Valois se superpose à l'éclatement des catholiques « tolérants » entre « Politiques » partisans du pouvoir fort et « Malcontents » nostalgiques d'une monarchie tempérée. Cette dislocation, en multipliant les possibilités d'alliance, provoque une très forte instabilité politique. L'horreur inspirée par les massacres parisiens et provinciaux radicalise la pensée politique huguenote. François Hotman fait éditer sa *Francogallia* à Genève en 1573, Théodore de Bèze son *Droit des magistrats* à Genève et Heidelberg en 1574, à la même date que le *Réveille-Matin des François et de leurs voisins*, tandis qu'est publié à Bâle en 1579 le traité de Duplessis-Mornay intitulé *Vindicae contra tyrannos* (Revendications contre les tyrans). Pour ce courant monarchomaque – ceux qui combattent les monarques –, il s'agit de dénoncer la dérive d'une monarchie absolue vers une tyrannie, d'appeler à la restauration du modèle originel caractérisé par la souveraineté du peuple établissant un contrat avec le roi et de définir les conditions légales d'une résistance réservée à la noblesse ou aux magistrats.

Les tentatives d'organisation autonome des huguenots

Parallèlement, les huguenots consolident l'organisation fédérale ébauchée en 1562. Les assemblées de Millau en décembre 1573 et juillet 1574 et de Nîmes en décembre 1575 mettent en place une structure pyramidale de type fédéral superposant les villes, les provinces et une assemblée nationale. L'autorité est aussi partagée à chaque niveau entre une assemblée élue, un chef militaire et un conseil civil pour le contrôler. Condé, premier protecteur général élu, cède ensuite la place à Henri de Navarre. Plutôt que de conserver la formule classique de « Provinces-Unies du Midi », il vaut mieux en rester à l'appellation originelle de « Provinces de l'Union » car la première expression suggère l'existence de tendances sécessionniste et républicaine totalement absentes du projet français. Ce régime n'a pas dépassé le niveau d'une ébauche car les guerres ont empêché son fonctionnement, mais surtout parce que ce modèle était aux antipodes de l'inclination personnelle de Navarre qui met tout cela sous l'éteignoir dès qu'il se voit en héritier du trône.

L'instabilité de la politique de Henri III

La cinquième guerre voit l'alliance des huguenots et des malcontents contre le roi Henri III soutenu par les ultra-catholiques. La critique des abus du pouvoir personnel et le retour à une logique de tolérance rapprochent les opposants dont les victoires militaires obligent le roi à concéder l'édit de Beaulieu (mai 1576) accordant une large liberté de culte aux réformés. De nombreux manifestes publiés illustrent la vigueur de l'idéal de la monarchie mixte. Les états généraux convoqués à Blois à la fin de 1576 voient se développer un grand débat sur la nature du régime où ces revendications nobiliaires ont été freinées par les hésitations du tiers. Henri III étant parvenu à rallier son frère, le duc d'Alençon, chef des malcontents, les huguenots se retrouvent isolés dans les sixième et septième guerres dont les paix finales leur sont moins favorables (édit de Poitiers en 1577). Les manifestes ligueurs de 1577 et 1585 sont aussi inspirés de cette dénonciation du dérapage autoritaire. Le ralliement rapide des villes à cette protestation nobiliaire révèle le malaise d'une fraction de la notabilité qui souhaite revenir au modèle des « bonnes villes » progressivement délaissé par les Valois.

La menace de la dissolution de l'État

La peur d'un roi protestant

L'incapacité de Henri III à prolonger la dynastie Valois et la mort prématurée de son frère, François d'Alençon, duc d'Anjou, en juin 1584, enclenchent une crise majeure puisque, selon la loi salique, la succession revient à Henri de Navarre, chef du parti calviniste. L'idée d'un roi protestant étant inadmissible pour le catholicisme intransigeant, les Guise réorganisent, grâce à l'aide de l'Espagne acquise au traité de Joinville en décembre 1584, une Ligue d'opposition déjà apparue en 1577, rassemblant nobles et villes, sur la base de l'exclusivisme catholique et de la restauration d'une monarchie tempérée. Après la publication du manifeste ligueur de Péronne en mars 1585, Henri III pense sauver son autorité en reprenant ce programme à son compte, rééditant la stratégie de 1577. L'édit de Nemours de juillet 1585 prescrit l'interdiction du culte calviniste dans le royaume. En septembre, la papauté excommunie Henri de Navarre et Henri de Condé en leur déniant toute légitimité au trône de France, ce qui provoque un malaise parmi les gallicans, spécialement chez les officiers royaux.

La puissance des ligueurs

L'emprise grandissante des Guise inquiète le roi qui se sent dépossédé de la réalité du pouvoir. La venue d'Henri de Guise à Paris l'ayant poussé à faire entrer l'armée dans la capitale, la population se soulève le 12 mai 1588 en dressant des barricades pour défendre son traditionnel privilège d'autodéfense. La défaite royale est totale : obligé de retirer ses régiments, Henri III préfère fuir tout en étant contraint de signer à Rouen, le 15 juillet 1588, l'édit d'Union où il s'aligne sur toutes les revendications ligueuses. Décidé à reprendre le jeu en main, il convoque les états généraux et renouvelle presque entièrement ses plus proches conseillers. Débordé par les initiatives des délégations du clergé et du tiers, majoritairement ligueuses, qui font proclamer l'édit d'Union comme loi fondamentale du royaume, ce qui pose le problème de la nature de la monarchie, le roi ne trouve pas d'autre solution que de faire assassiner Henri de Guise et son frère le cardinal les 23 et 24 décembre 1588.

La crise de l'État monarchique

Paris, dont la municipalité est passée aux mains des ligueurs, donne le signal de la rébellion. Les « zélés » mettent en place le conseil des Seize qui supervise des conseils de quartier. Le conseil général de l'Union, assemblée délibérative et exécutive dont l'autorité s'étend à l'ensemble de la France ligueuse, désigne le duc de Mayenne, frère des victimes, comme lieutenant général de l'État. Henri III, allié avec Navarre pour la reconquête de la capitale, est assassiné le 1er août 1589 par le dominicain Jacques Clément, fort du soutien moral des ligueurs voyant ici la juste punition divine contre un tyran hérétique et athée.

Refusant toute légitimité à Henri IV, Mayenne et le conseil de l'Union reconnaissent comme roi son oncle, le cardinal de Bourbon, sous le nom de Charles X, mais ce dernier, prisonnier de son neveu, décède le 9 mai 1591. Ne contrôlant que le tiers du royaume, Henri IV obtient quelques victoires en septembre 1589 et mars 1590, ce qui permet à ses partisans de le présenter comme l'élu de Dieu, sans lui donner les clés de son royaume car il échoue deux fois dans la reprise de Paris. Dans la capitale assiégée où les conditions de vie se dégradent, les zélés radicalisent le mouvement jusqu'à l'assassinat du président au parlement Brisson (15 novembre 1591). La terreur est cependant plus spirituelle que policière et Mayenne, inquiet de ce dérapage, organise l'épuration des ultras.

Le rétablissement de la monarchie légitime

Même si la situation militaire n'évolue guère, le temps joue contre la Ligue qui n'a pas désigné de roi. Les états généraux, qui se tiennent à Paris à partir de fin janvier 1593, sont paralysés par le clivage entre ceux qui sont prêts à admettre l'Infante d'Espagne et ceux qui souhaitent un prince français. Cet enlisement profite aux modérés : des conférences s'ouvrent à Suresnes en mai 1593 entre ligueurs et royaux. Le 17 mai, l'archevêque de Bourges peut annoncer que le roi s'engage à recevoir une instruction catholique. Le 28 juin, le parlement de Paris réaffirme la validité de la loi salique. La réconciliation entre le roi et le royaume s'effectue en trois temps : l'abjuration royale à Saint-Denis (25 juillet 1593), le sacre à Chartres (27 février 1594) et la levée de l'excommunication par le pape (septembre 1595). Le ralliement des villes et des princes s'opère progressivement au prix de tractations pour la reconduction des privilèges anciens, l'obtention de charges, le versement d'indemnités et l'interdiction du culte réformé dans l'espace urbain et les domaines seigneuriaux. Le coût global est estimé à 32 millions de livres, soit une année de recettes fiscales.

Afin d'accélérer ce rassemblement en s'appuyant sur l'élan de patriotisme qui s'est exprimé dans la crise de 1593, Henri IV prend le risque de déclarer la guerre à l'Espagne en janvier 1595. Après la victoire de Fontaine-Française en Bourgogne le 5 juin 1595, le vent tourne en faveur des troupes espagnoles des Pays-Bas appuyées par duc de Savoie en Dauphiné. La surprise d'Amiens (mars-septembre 1597) est le moment le plus critique : le roi fait payer cette panique à la ville en supprimant ses privilèges politiques et militaires pour son manque de résistance.

Tous les accords passés avec les ex-ligueurs conduisent les réformés à exiger la rédaction d'un nouvel édit de pacification. À partir de l'assemblée confédérale remise sur pied en juin 1594, les huguenots, partagés entre un courant modéré mené par Duplessis-Mornay et un courant plus radical rangé derrière les ducs de Bouillon et de Thouars, exercent une pression allant même jusqu'au chantage pendant la crise d'Amiens pour négocier au mieux une légalisation de coexistence. Le roi mène donc parallèlement les pourparlers pour la paix intérieure et extérieure. L'édit qui met fin à trente-six ans de guerre civile est signé à Nantes le 30 avril 1598, trois jours avant le traité de Vervins qui rétablit la paix avec l'Espagne (2 mai 1598).

Conclusion

Les règnes de François Ier et de Henri II correspondent à une afirmation de l'autorité monarchique. Le clergé concordataire soutient la lutte contre l'hérésie protestante, la noblesse est séduite par les entreprises guerrières et le faste nouveau de la cour et l'élite du tiers état se rue sur les offices royaux, provoquant ainsi la déstabilisation du modèle de l'État des « bonnes villes ». Les guerres civiles et religieuses posent profondément la question de la nature de la monarchie française : le royaume est-il plutôt une monarchie tempérée, sous-ensemble de la République chrétienne dirigée par le pape, ou d'abord un État-nation catholique rassemblé derrière un roi fort ? Il faut aller jusqu'à la peur de l'anarchie en 1589-1593 pour que le roi Henri IV puisse rallier ses sujets sur la seconde proposition.

Chapitre 10

Affirmation de l'absolutisme au XVIIe siècle

Après la grande crise de la fin du XVIe siècle, la monarchie se fixe comme but de renforcer son autorité dans une perspective absolutiste. Les nécessités financières de la guerre extérieure omniprésente jouent un rôle fondamental dans la mutation de l'État. La première partie du siècle souligne les difficultés de l'entreprise, avec avancées et reculs, avant que le règne du Grand Roi ne marque l'apogée de la monarchie absolutiste, non seulement en France, mais aussi en Europe. Un tel succès n'a pu se construire contre les sujets, mais plutôt en emportant l'adhésion ou l'acceptation du plus grand nombre.

Les contrastes du début du XVIIe siècle

La restauration sous Henri IV (1598-1610)

L'affirmation d'un roi de raison

Henri IV est un monarque à la forte personnalité qui sait allier simplicité et autoritarisme, bonhommie familière et claire conscience de ses droits d'élu de Dieu. De tempérament absolutiste, il est cependant obligé, au sortir d'une grave crise étatique, de trouver des compromis entre les anciens adversaires, mais aussi entre ses désirs et les réalités. Il est soutenu par les Politiques, partisans d'un État fort capable de contenir les ferments de division. Ceux-ci sont très nombreux parmi les officiers que le roi satisfait en parachevant la transformation des offices en biens patrimoniaux grâce à l'édit de la Paulette en 1604. C'est de ce milieu pétri de gallicanisme que sortent les principaux légistes qui, comme Charles Loyseau en 1610, font progresser la justification théorique de l'absolutisme. Le renouveau de l'autorité royale se manifeste surtout dans le bras de fer avec les parlements qui rechignent à enregistrer l'édit de Nantes. L'acceptation du parlement de Paris en février 1599 entraîne celles des autres cours, à l'exception de celle de Rouen qui ne s'incline qu'en 1609.

Le royaume d'Astrée

Le rétablissement de la paix autorise la reconstruction du royaume. Sully, seul surintendant depuis 1599, réorganise les finances. L'édit de mars 1600 réduit la taille et cherche une meilleure répartition entre les communautés ; celui de 1601 réduit le taux d'intérêt du denier 12 au denier 16. La reprise de l'agriculture est essentielle puisque « labourage et pâturage sont les deux mamelles de la France ». Olivier de Serres, anobli du Vivarais, fait le point sur l'agronomie dans son *Théâtre d'agriculture* paru en 1600. Barthélemy de Laffemas soutient le développement des manufactures textiles tandis que Montchrestien popularise les thèses mercantilistes en 1615. Cet essor de l'économie est un précieux support pour l'intense propagande royale qui brode sur le mythe du retour à l'âge d'or grâce au thème d'Astrée, fille de Zeus et de Thémis, bergère à la chevelure piquée d'épis de blé, symbole de paix et d'abondance, qu'Honoré d'Urfé reprend avec grand succès dans son roman pastoral dont la première édition date de 1607. La mémoire historique a gardé de cette renaissance le mythe du bon roi Henri, celui de la poule au pot.

L'ambition d'une grande politique extérieure

La priorité de la reconstruction intérieure impose la prudence en politique extérieure. Toutefois, Henri IV cultive son image d'Hercule gaulois et de roi national ayant sauvé son royaume de l'impérialisme espagnol. La montée des tensions dans le Saint Empire, après la constitution de l'Union évangélique derrière le Palatinat calviniste et de la Sainte Ligue derrière la Bavière catholique, l'incite à reprendre la grande politique anti-habsbourgeoise du premier XVIe siècle. Son assassinat en mai 1610 par François Ravaillac, ultra-catholique anachronique, l'empêche de s'engager.

Le retour des contestations (1610-1624)

Une régence incertaine

La régence de Marie de Médicis jusqu'en 1617 suscite bien des frustrations parmi les Grands qui s'agitent en de nombreuses prises d'armes à partir de 1614. Le partage du pouvoir autour du roi-enfant, les attributions des commandements et des pensions, et la critique d'une politique extérieure plus favorable à l'Espagne nourrissent les revendications. Obligée de convoquer les états généraux en 1614-1615, la régente en tire finalement profit car la division règne entre les trois ordres. Le tiers gallican s'oppose au clergé tridentin tout en étant d'accord pour dénoncer les prétentions excessives de la noblesse qui réplique en demandant l'abolition de la vénalité des offices. La condamnation de la justification du tyrannicide par des théologiens jésuites permet au tiers état, dont la représentation est dominée par les officiers royaux, de travailler au renforcement de l'autorité royale.

Les atermoiements de Louis XIII

La prise du pouvoir par Louis XIII qui fait assassiner Concini, le favori italien de sa mère, complique la situation en créant une tension qui culmine avec la guerre « de la mère et du fils », sanctionnée par la défaite de la reine mère près d'Angers en août 1620. Le parti huguenot, dirigé par Henri de Rohan, gendre de Sully, qui s'inquiète depuis 1611 d'une inclination pro-espagnole, se raidit lorsque le roi, après avoir rattaché le Béarn et la Navarre au domaine royal, décide d'y faire appliquer l'édit de Nantes, renversant ainsi le rapport de force établi par Henri IV par un édit spécifique en 1599. Malgré les exhortations de Duplessis-Mornay qui prêche la soumission à l'autorité royale comme meilleure garantie des privilèges obtenus, c'est le parti de la guerre qui l'emporte à l'assemblée de La Rochelle en décembre 1620. L'armée royale alternant réussite et échec, Louis XIII prend conscience de la nécessité de disposer d'un ministre de confiance de grand caractère. Il appelle Richelieu au conseil en avril 1624, bien que ce dernier ait débuté dans le parti de sa mère. Le cardinal les avait toutefois réconciliés en 1620.

Les cardinaux-ministres (1624-1661)

Le ministériat de Richelieu (1624-1642)

Un triple objectif

Dans son *Testament politique*, le cardinal de Richelieu, chef du conseil depuis août 1624, souligne lui-même les grands axes de son action : ruiner le parti huguenot, réduire les Grands à l'obéissance, desserrer l'étau des Habsbourg autour du royaume, mobiliser la puissance française sur ce dernier objectif. Avec ce prélat tridentin, travailleur ambitieux, réalisant la synthèse du thomisme, du néo-stoïcisme et de la philosophie de Machiavel dans la promotion de l'État de raison, le renforcement du pouvoir royal reçoit un nouvel élan.

Les huguenots

Dans la poursuite de la guerre contre les réformés, il s'agit davantage de régler une question politique que de solutionner par ce biais le problème du pluralisme religieux. Avec ses assemblées et les garnisons des places de sûreté, le parti huguenot est accusé de former un État dans l'État. La prise de La Rochelle en octobre 1628 après un siège de plus d'un an donne l'occasion de le signifier. Dans cette ville, symbole d'esprit belliqueux et indépendantiste, les remparts sont rasés et les privilèges municipaux abolis, mais la restauration du culte catholique n'entraîne pas la suppression du calvinisme. Le sac de Privas dans le Languedoc oblige les huguenots à négocier la paix d'Alès qui, traduite dans l'édit de Nîmes, aboutit à la suppression des privilèges militaires et politiques de l'édit de Nantes. Ayant pris conscience de l'inégal rapport de forces, les protestants abandonnent la stratégie de rébellion pour tout miser dorénavant sur la protection royale. Cela commande un loyalisme à toute épreuve, donc un soutien au développement de l'absolutisme afin que le roi, maître incontesté, satisfait de la fidélité de ses sujets de la « RPR », impose leur existence à un catholicisme rétif.

Les Grands

Pour obtenir la soumission des Grands, il s'agit de faire la démonstration que le renforcement du pouvoir royal peut se traduire par une plus grande redistribution des moyens de l'État, notamment dans les commandements militaires, même si les charges du conseil sont surtout confiées à une noblesse de robe plus récente. Si certains succès comme le ralliement de Henri II de Condé, grand agitateur sous Marie de Médicis, prouve qu'une mutation décisive de la culture politique commence à s'opérer dans la haute noblesse, beaucoup rechignent encore. La naissance tardive d'un héritier (1638), l'instabilité politique du frère du roi, Gaston d'Orléans, et une haine féroce contre Richelieu accusé d'ignorer les idéaux anciens et de favoriser à outrance son propre réseau de fidélité (les célèbres créatures) expliquent la succession des rébellions et complots entre 1626 et 1643. Il faut dire que la position de Richelieu, dont le choix prioritaire pour une politique extérieure anti-habsbourgeoise était combattu par le parti dévot qui mettait en avant les thèmes de soulagement du peuple et de la solidarité catholique internationale, n'a vraiment été confortée qu'avec la journée des Dupes (10 novembre 1630) où Louis XIII, en rompant dans « un grand orage » avec sa mère, a vraiment ratifié l'orientation de son chef du conseil.

Les Habsbourg

La guerre de Trente Ans (1618-1648), qui oppose en Allemagne l'Empereur, appuyé par les princes catholiques, aux princes protestants, offre une occasion d'intervention car le conflit prend vite une dimension internationale. En soutenant les puissances protestantes comme les Provinces-Unies en guerre avec l'Espagne pour la reconnaissance de leur indépendance ou la Suède de Gustave II Adolphe en quête d'hégémonie sur la Baltique, Richelieu peut espérer affaiblir le couple formé par les deux branches des Habsbourg de Madrid et de Vienne. L'engagement est d'abord indirect avec un soutien financier des alliés, mais en 1635 la France est obligée de passer à la guerre ouverte en se déclarant contre l'Espagne. Après des débuts décevants illustrés par la perte de Corbie dans l'été 1636, le rapport de force se retourne à partir de la prise de Brisach en décembre 1638 et de la crise interne de l'Espagne aux prises avec les sécessions catalane et portugaise à partir de 1640.

La mobilisation financière

L'effort de guerre impose une véritable « dictature fiscale ». Le financement d'une armée de 135 000 hommes en 1635 exige un « tour de vis fiscal » phénoménal : la taille passe de 10 millions en 1632 à 53 millions en 1643. Les impôts traditionnels ne suffisant plus, les ventes d'offices avec par exemple la création de nombreux présidiaux et surtout les procédures extraordinaires se multiplient. L'obligation de mobiliser rapidement de grands moyens accélère des réformes administratives à peine ébauchées. Richelieu tente ainsi de supprimer les états provinciaux, mais n'y parvient que dans le Dauphiné. L'essentiel tient dans la généralisation des intendants, encore peu nombreux avant 1630. D'enquêteurs nommés pour une mission ponctuelle, avec des pouvoirs avant tout judiciaires, ils sont dorénavant pourvus de commissions de justice, police et finances, cette dernière compétence mobilisant quasiment toute leur énergie. La brutalité de la saisie déclenche un grand mouvement de révoltes populaires. Ces résistances, auparavant épisodiques comme à Dijon avec les Lanturlus en 1630, deviennent régulières à partir de 1635. Les soulèvements des Croquants du Sud-Ouest en 1635-1637 et des Nu-pieds en Normandie sont parmi les plus célèbres.

Le ministériat de Mazarin (1643-1661)

Continuateur de la politique de Richelieu, le cardinal Mazarin doit affronter la Fronde, crise complexe qui semble récuser l'inflexion de la monarchie, avant d'achever de poser les bases sur lesquelles Louis XIV pourra pousser le système jusqu'à son apogée.

Des circonstances difficiles

Mazarin, qui travaille sous l'autorité de la reine-régente Anne d'Autriche jusqu'en 1651, a dû commencer par contrer la cabale des Importants en septembre 1643, nouvelle poussée de fièvre dans la haute noblesse excitée par la minorité royale. De manière surprenante, Anne d'Autriche, princesse espagnole considérée jusque-là comme protectrice du parti dévot, reprend à son compte la logique de Richelieu. La guerre, où les opérations militaires évoluent favorablement depuis la victoire du jeune Condé sur l'Espagne à Rocroi en 1643 jusqu'aux traités de Westphalie en 1648, continue à produire les mêmes effets : ventes d'offices, emprunts forcés, apparition de taxes nouvelles sur les privilégiés, spécialement à Paris. Le malaise grandit parmi les officiers qui se sentent doublement victimes de la fiscalisation et d'une dévaluation de leur rôle, spécialement dans les finances royales. La guerre civile anglaise (1642-1648), où les forces parlementaires triomphent du « tyran » Charles Ier, alourdit le climat politique en France.

Mazarin : une habileté fragile

Mazarin, diplomate italien n'appartenant pas à une famille de grande et vieille noblesse, doué d'un solide appétit financier rassasié par le cumul des bénéfices et le mélange de ses affaires avec celles de l'État, soucieux d'afficher dans le luxe et le mécénat l'éclat de sa réussite personnelle, ne maîtrisant pas toujours bien les traditions françaises, dresse contre lui tous les mécontentements. Il parvient à surmonter une longue crise de cinq ans d'une complexité extrême grâce à une grande habileté de manœuvre qui lui a permis de tirer profit de l'impossible conjonction de protestations différenciées, capables de se soutenir dans la critique de l'existant, mais incapables de se rassembler sur un projet alternatif. Il est traditionnel de décomposer cette Fronde en quatre phases entre 1648 et 1653, même si ce découpage dévalorise la part des protestations bourgeoises, c'est-à-dire des citoyens attachés à la préservation des privilèges urbains.

Les Frondes

La phase initiale est identifiée sous le nom de Fronde parlementaire (mai 1648-mars 1649). Les cours souveraines de Paris assemblées dans la Chambre Saint-

Louis du Palais rédigent une charte de 27 articles qui exigent la suppression des intendants, le contrôle des impositions et des créations d'offices, la protection contre les emprisonnements sans jugement et les lettres de cachet. Les barricades organisées par la milice bourgeoise les 26-28 août après l'arrestation de trois parlementaires obligent Mazarin à libérer ces meneurs et à valider la charte Saint-Louis (24 octobre 1648). Il joue pourtant l'épreuve de force en organisant le blocus de la capitale avec l'armée de Condé après en avoir fait sortir la famille royale. La milice bourgeoise reçoit alors l'aide des Grands qui lèvent des bataillons privés. Le parlement préfère pourtant traiter avec la régente qui concède la paix de Rueil le 11 mars 1649.

La seconde phase, qui couvre 1650, est nommée Fronde des Princes parce qu'elle oppose Condé, sa famille et ses amis à la régente. Si cette dernière maîtrise Paris, les princes essaient de soulever les provinces, spécialement la Guyenne et la Champagne, mais sont finalement vaincus. La victoire de Mazarin réveille le parlement qui reprend son programme de 1648. Dans une troisième étape, une violente haine contre le favori suscite en 1651 l'union des Frondes que ce dernier essaie de dénouer en s'exilant chez l'électeur de Cologne, d'où il dirige les affaires. Le calcul s'avère juste car les dissensions font rapidement éclater la coalition.

La quatrième phase (septembre 1651-août 1653) s'avère la plus longue et la plus désastreuse pour le royaume. Condé s'est réfugié à Bordeaux où un mouvement nommé l'Ormée, animé par la petite bourgeoisie et l'élite artisanale, s'est emparé du pouvoir municipal. Mazarin, rentré en décembre 1651, a transporté la cour à Poitiers. Condé remonte vers Paris pour s'en emparer, mais est battu par Turenne dans le faubourg Saint-Antoine le 2 juillet 1652. Sauvé par la fille de Gaston d'Orléans qui fait ouvrir la porte, il tente d'instaurer une dictature populiste après le massacre de notables à l'hôtel de ville, ce qui lui ôte progressivement le soutien de la bourgeoisie parisienne. Mazarin a l'habileté de se retirer une seconde fois pour exciter les antagonismes qui obligent Condé à se réfugier aux Pays-Bas espagnols le 13 octobre. La Fronde se clôt avec le retour du roi à Paris le 21 octobre, la rentrée de Mazarin le 3 février et la chute du marquis de l'Ormée à Bordeaux le 3 août 1653.

Vers l'apaisement

Le principal ministre profite de la lassitude générale pour reprendre la consolidation du pouvoir royal. Les intendants réapparaissent dès 1653, le rôle législatif des parlements, spécialement en matière fiscale, est récusé de manière spectaculaire dans le lit de justice du 13 avril 1655, l'opposition janséniste dans laquelle se retrouvent d'anciens frondeurs est combattue par l'adoption d'un formulaire d'orthodoxie dans l'assemblée du clergé de 1657 et les factions nobiliaires qui misent sur un retour de Condé passé au service de l'Espagne sont vite dispersées en Normandie et en Poitou en 1658-1659.

Philippe IV n'ayant pas voulu s'intégrer dans la paix générale en 1648 (traités de Westphalie), la guerre s'éternise avec l'Espagne. Elle ne connaît une inflexion victorieuse qu'avec l'obtention de l'alliance anglaise de Cromwell en 1657, ce qui permet de négocier le traité des Pyrénées de 1659 qui, outre l'annexion de l'Artois et du Roussillon, scelle le mariage de Louis XIV avec l'infante d'Espagne dans des conditions favorables à une exploitation ultérieure de droits dans une succession espagnole.

Louis XIV et l'apogée de l'absolutisme (1661-1715)

Le contrôle du royaume

La personnalité du roi

L'édification de la monarchie administrative connaît une accélération décisive : l'État de justice cède le pas à l'État de finances. Le roi, doté d'un solide bon sens, est un grand travailleur qui se passionne pour la direction de son État. Guidé par un immense orgueil qui travaille à l'affirmation de la supériorité du monarque et du royaume en Europe, il apparaît comme l'incarnation la plus poussée de l'idéal absolutiste.

Un État et ses serviteurs

Pour protéger la cohésion d'un conseil dont les organes sont renforcés et précisés, Louis XIV s'appuie sur quelques grandes dynasties robines comme les Colbert, les Le Tellier et les Pontchartrain, la prépondérance traditionnelle du chancelier s'effaçant derrière celle du contrôleur général des Finances. Ce dernier travaille en relation étroite avec les intendants qui sont stabilisés pour une dizaine d'années dans les généralités. Leur efficacité augmente grâce aux enquêtes sur l'état des provinces et au recrutement de notables locaux comme informateurs, désignés sous le nom de « subdélégués ». Si leur rôle fiscal demeure essentiel, leur activité de police est renforcée par leur tutelle sur les communautés rurales (1667) et surtout urbaines (1683). La volonté d'affirmer l'autorité d'un État protecteur passe par une tentative d'amélioration de la législation générale. La succession des grandes ordonnances sur le droit civil (1667), les eaux et forêts (1669), le droit criminel (1670), la marine (1681) et les colonies (1685) témoigne de l'effort accompli.

La mise au pas consentie

La France est saisie par la vertu de l'obéissance. Les prises d'armes nobiliaires disparaissent, comme la contestation officière puisque les syndicats des trésoriers de France sont dissous dès 1662 et que les parlements ne peuvent remontrer qu'après enregistrement en 1673. Les états provinciaux cherchent plutôt la concertation, à l'image de ceux de Bretagne où les critiques s'évanouissent après la sévère répression contre la révolte populaire des Bonnets rouges en 1675 et la sanction qui frappe le parlement, exilé à Vannes. Les municipalités doivent accepter la réglementation de leurs finances pour prix de la liquidation de leurs dettes organisée par les intendants dans les années 1670.

La force de Louis XIV est d'avoir fait comprendre à toute la notabilité qu'à travers l'acceptation du principe d'ordre lié à l'exaltation de son autorité était aussi garantie une participation aux bienfaits de l'État sous la forme de charges militaires, d'offices ou de placements rentables. Dans une société aristocratique, le développement poussé d'un cérémonial de cour dans le palais de Versailles, livre de pierre et d'images de l'absolutisme, s'est avéré un instrument essentiel de ralliement du second ordre. Dans les fêtes baroques de ce qui fut d'abord un jardin de 1662 à 1669, puis dans les divertissements accueillis dans un palais en construction avant l'installation complète en 1682, Louis XIV, au prix d'une mise en scène permanente, impose un rituel qui fonctionne comme un mode d'éducation politique et comportemental appelé à se diffuser par capillarité sociale. La grande noblesse se plie volontiers à cette discipline car ce culte de la surpuissance est justifié par la répartition équitable des avantages au sein d'une émulation permanente. Il convient donc de renoncer à la traditionnelle expression de « domestication », impropre à traduire cette adhésion des élites, au profit de celle de servitude volontaire, formule exprimant mieux la double dynamique ayant permis Versailles.

La séduction absolutiste est aussi le produit d'une intense propagande et du contrôle de la vie intellectuelle et artistique. La censure veille de près sur l'imprimé, même si les gazettes de Hollande font rager Louis XIV. Les académies de peinture et de sculpture (1648), des sciences (1666) et d'architecture (1671) forment le cadre d'un mécénat d'État. Les gens de lettres sont pensionnés de 1664 à 1690. À partir de 1685, Louvois lance le programme des statues équestres destinées à orner les nouvelles places royales dans les villes de province.

La soumission du peuple résulte du double effet d'une répression plus systématique et plus dure des émotions populaires qui déclinent avant de quasiment disparaître après 1675 et de la découverte du rôle bienfaisant de l'intendance chargée de protéger les communautés rurales contre une excessive pression seigneuriale. Il s'agit surtout d'une résignation à la fiscalité royale favorisée par le sentiment d'isolement à la suite du ralliement des élites, comme dans un apprentissage douloureux de l'État moderne.

Le colbertisme

Un mercantilisme plus systématique

Colbert, intendant particulier de Mazarin, vainqueur de Fouquet en 1661, contrôleur général des finances en 1665, n'est pas l'inventeur du mercantilisme. Reprenant des thèmes déjà avancés sous Henri IV, il leur confère une impulsion beaucoup plus grande en les additionnant et en les inscrivant dans la continuité. Comment assurer la puissance de l'État sinon par l'accumulation des métaux précieux grâce à une balance commerciale excédentaire ? Partant de l'idée que la quantité globale en circulation n'évolue pas car la thésaurisation annule le surplus offert par une production américaine affaiblie, le principal conseiller royal en déduit que seule la guerre économique peut permettre à la France de renverser un rapport de forces favorable aux Provinces-Unies et secondairement à l'Angleterre.

Une économie administrée

L'agriculture étant considérée comme une force naturelle, l'État doit soutenir l'industrie et le commerce international. Le premier objectif doit être atteint par une aide aux manufactures concentrées, soit par création étatique, soit par avances financières, exonérations fiscales ou cessions de monopoles de fabrication et de vente aux manufactures royales appartenant au capital privé, mais aussi grâce la protection des corporations dont le rôle est conforté par l'édit de 1673. Ces idées sont assorties d'un contrôle étatique justifié par la recherche de la qualité et rendu possible par la création d'un corps d'inspecteurs des manufactures en 1669. Le développement du commerce international justifie les aides à l'armement privé, la mise en pratique de l'Exclusif colonial à partir de 1671, et la création de compagnies de commerce avec monopole sur un secteur géographique. Parmi les compagnies des Indes orientales et occidentales (1664), du Nord (1669) et du Levant (1670), seule la première parvient à subsister avec des hauts et des bas, alors que la seconde se réduit à une succession de compagnies négrières.

Les limites de l'étatisme colbertiste

L'ensemble doit être soutenu par une politique douanière protectionniste (tarifs de 1664, puis de 1667) qui se heurte aux mesures de rétorsion des concurrents, ce qui fait glisser de la guerre économique à l'affrontement militaire. Le peu d'enthousiasme des grandes places marchandes du royaume qui se méfient de l'étatisme, le manque d'intérêt de la noblesse qui continue à bouder l'investissement commercial, la contre-attaque de l'étranger, la conjoncture économique générale difficile et le coût financier de l'impérialisme royal limitent les effets de cette politique volontariste.

L'absolutisme religieux

Les jansénistes

Comme souverain dont la légitimité politique est de plus en plus sacralisée, Louis XIV, très conscient de l'importance de l'Église catholique comme force d'encadrement dans son royaume, se montre très attaché à l'affirmation de son autorité sur l'Église de France et au renforcement de l'unité de foi comme garanties d'une meilleure obéissance de ses sujets.

Dès 1661, un arrêt du conseil exige la signature du Formulaire pointant les erreurs de l'*Augustinus*, mais la résistance des jansénistes, qui jouent sur la distinction entre le fait et le droit, conduit à négocier une trêve afin d'éviter les interventions pontificales. Cette paix de l'Église (1668) ramène le calme pour trente ans, même s'il faut quand même expulser les pensionnaires des petites écoles de Port-Royal en 1679.

La papauté

Dans la plus pure tradition gallicane, Louis XIV n'hésite pas à s'affronter durement et longuement avec le Saint-Siège dans la question du droit de régale, c'est-à-dire de l'administration provisoire des évêchés vacants. L'enjeu est double : au plan spirituel, procéder aux nominations aux bénéfices ecclésiastiques sous le patronage de l'évêque ; au plan temporel, percevoir les revenus du bénéfice. Sur les conseils de Colbert, le roi entend généraliser cette règle qui s'applique déjà en sa faveur dans les deux tiers du royaume. Le pape Innocent XI, ardent défenseur des intérêts romains, contre-attaque en 1676 en refusant l'investiture canonique à tous les évêques proposés par Louis XIV dans le cadre du concordat de Bologne.

Sous l'influence de Bossuet, la hiérarchie catholique justifie les prétentions royales en s'associant à la Déclaration des Quatre articles de 1682, loi qui affirme, dans un gallicanisme maximaliste, la supériorité du concile sur le pape et la traditionnelle autonomie de l'Église de France. En 1689, 35 diocèses sont ainsi sans évêques. La mort d'Innocent XI et l'assouplissement du Roi-Soleil, qui doit faire face au réveil janséniste et à l'hostilité protestante internationale, permettent de dénouer lentement la crise : Rome doit accepter l'extension de la régale contre une mise en sourdine du gallicanisme militant.

Les protestants

L'absolutisme légitimé par le droit divin ne parvient plus à supporter le pluralisme religieux transitoire de l'édit de Nantes. Jusqu'en 1679, une application des articles « à la rigueur » et un effort éducatif et financier pour l'obtention de conversions ne parviennent pas à étouffer le calvinisme. Le peu de résultats oblige à une radicalisation qui passe par la suppression progressive des privilèges et s'achève dans l'oppression militaire avec les dragonnades expérimentées en Poitou en 1681. L'édit de Fontainebleau (18 octobre 1685) restaure l'unité religieuse du royaume en interdisant l'exil des réformés. Cette intolérance étatique entraîne de graves problèmes intérieurs avec l'émigration clandestine des marchands et artisans et la rébellion des Camisards des Cévennes (1702-1705), mais surtout extérieurs avec la grande émotion suscitée dans toute l'Europe protestante, ce qui se traduit par une plus grande radicalité dans les coalitions européennes contre l'expansionnisme français.

Le renouveau de la querelle janséniste

La résurgence d'un nouveau jansénisme reste toutefois le problème intérieur le plus épineux de par ses conséquences politiques graves. La publication en 1693 des *Réflexions morales* de l'oratorien Pasquier Quesnel dans sa traduction française du Nouveau Testament et l'approbation de la thèse du « cas de conscience », c'est-à-dire de la distinction du fait et du droit dans la condamnation du jansénisme, par la Sorbonne en juillet 1701 provoquent une grande émotion chez les tenants de l'orthodoxie catholique et relancent une querelle qui va ennuyer la monarchie pendant un demi-siècle. Les jésuites et les grandes figures de l'épiscopat comme Bossuet et Fénelon contre-attaquent en poussant Louis XIV à solliciter une réaffirmation de la condamnation pontificale par la bulle *Vineam Domini* de 1705. Après le refus des religieuses de Port-Royal de signer le Formulaire en 1709, leur monastère est rasé. Une nouvelle intervention auprès du Saint-Siège aboutit à la publication en septembre 1713 de la bulle *Unigenitus* condamnant comme hérétiques 101 propositions extraites de l'œuvre de Quesnel. Cette initiative suscite les critiques d'une petite minorité d'évêques et il faut un lit de justice pour contraindre le parlement de Paris à l'enregistrement en 1714.

Louis XIV s'est résolument engagé dans la répression du jansénisme car celui-ci ajoute maintenant à la radicalisation théologique augustinienne une critique sévère de l'excessive hiérarchisation de l'Église tirée des idées de Richer, syndic de la Sorbonne au début du XVIIe siècle. Cette défense de la gestion collégiale est à l'opposé de la déclaration royale de 1695 qui a renforcé l'absolutisme épiscopal dans les diocèses. Obligé de s'appuyer sur la papauté, le souverain prend ainsi le risque de brouiller son image de roi gallican, donc de dresser contre lui le milieu des officiers de justice toujours attaché à cette référence nationale identitaire.

De l'hégémonie à l'équilibre européen

En politique extérieure, le règne personnel de Louis XIV se découpe en deux phases. De 1661 à 1685, rien ne semble en mesure d'arrêter vraiment la montée en puissance du royaume de France; de 1685 à 1715, l'ampleur des coalitions européennes anti-françaises place le Roi-Soleil dans des situations de plus en plus délicates.

La guerre de dévolution (1667-1668)

Louis XIV prétend obtenir des compensations territoriales dans les Pays-Bas espagnols face au non-paiement de la dot de son épouse, l'infante Marie-Thérèse. La campagne militaire aisée est bloquée diplomatiquement par les Provinces-Unies, alliées pourtant traditionnelles. Au traité d'Aix-la-Chapelle (mai 1668) l'Espagne cède les Flandres maritime et lilloise.

La guerre de Hollande (1672-1678)

L'affrontement avec les Provinces-Unies est motivé par l'addition de trois logiques différentes : se venger de la trahison de 1668, conforter la guerre commerciale lancée par Colbert depuis 1664, en découdre avec une république calviniste. Les Néerlandais reçoivent l'aide du Brandebourg, de l'Empereur et de l'Espagne. L'Angleterre, alliée peu fiable de la France, conclut une paix séparée en 1674. Après l'échec de l'invasion de la Hollande, les armées françaises mènent une guerre de siège dans les Pays-Bas espagnols et envahissent l'Alsace et la Franche-Comté. Au traité de Nimègue, la puissance hollandaise n'est pas abattue car la France doit même renoncer à son hyper-protectionnisme. C'est l'Espagne qui fait les frais des opérations en abandonnant de nouvelles places en Artois, Cambrésis, Flandre et Hainaut et entièrement la Franche-Comté. Cela correspond à une réflexion géographique sur une meilleure linéarité de la frontière proposée par Vauban depuis 1673 sous le concept de « pré carré ».

Les réunions (1678-1684)

Vauban édifie deux lignes de défense distantes d'une trentaine de kilomètres pour défendre la frontière du Nord : chacune comprend treize places de Dunkerque à Maubeuge et de Gravelines à Cambrai. Parallèlement, Louis XIV prétend exploiter une clause des traités de Westphalie (1648) précisant que les gains français l'étaient « avec leurs dépendances ». Dans les deux chambres

Le pré carré de Dunkerque à Givet

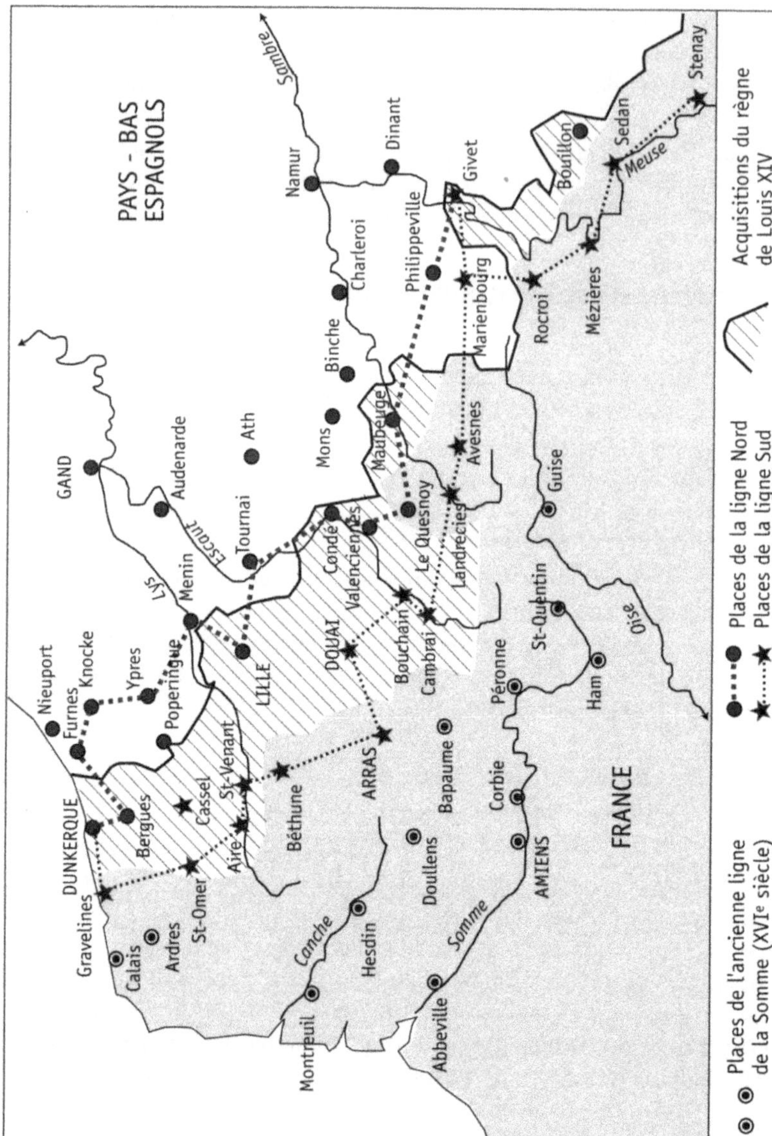

D'après J.-P. Bois, *Les guerres en Europe, 1494-1792*, Paris, Belin Sup., 1993, p. 105.

de Metz et de Brisach, les juristes travaillent le droit féodal pour justifier des annexions en Lorraine et en Alsace, y compris le comté de Montbéliard. Par contre, lorsque Strasbourg est saisi en septembre 1681, il ne peut exister aucune justification juridique puisque c'est une ville libre d'Empire. L'Empereur est réduit aux protestations de principe car une grande poussée ottomane menace ses propres États (siège de Vienne en 1683). L'entrée en guerre de l'Espagne se solde pour elle par la perte de Luxembourg. La trêve de Ratisbonne de 1684 établit un *statu quo* pour vingt ans : c'est l'apogée de l'hégémonie française en Europe.

La guerre de la Ligue d'Augsbourg (1688-1697)

La prétention de saisir une partie du Palatinat rhénan au profit de sa belle-sœur contre la tradition successorale germanique (mai 1685), ainsi que la révocation de l'édit de Nantes (octobre 1685), choquent beaucoup de princes allemands, d'où la formation de la Ligue d'Augsbourg le 9 juillet 1686. D'autre part, les succès militaires des Habsbourg de Vienne contre les Ottomans permettent à l'Empereur de se montrer plus offensif du côté occidental. Une querelle de succession à l'archevêché de Cologne déclenche la guerre qui débute par le sac systématique du Palatinat (mars 1689), ce qui suscite une vive émotion en Allemagne et fonde pour longtemps un réflexe francophobe. La coalition anti-française s'étoffe avec l'arrivée de la Bavière, la Savoie, l'Espagne et l'Empereur, mais aussi de l'Angleterre et des Provinces-Unies après la Glorieuse Révolution de 1689.

Sur mer, la guerre d'escadre, qui débute bien à Beachy Head en 1690 et finit mal à La Hougue en 1692, laisse place à la guerre de course à partir de Saint-Malo et Dunkerque. Sur terre, la frontière de fer de Vauban sanctuarise le royaume, mais les armées françaises ne peuvent s'assurer une victoire décisive aux Pays-Bas et en Allemagne rhénane. Le traité de Ryswick, où la France rend ses réunions à l'exception de Strasbourg, repose sur l'adoption du principe d'un équilibre à trois avec l'Angleterre et l'Autriche. La surprenante modération du roi soleil ne peut s'expliquer que dans une logique de préparation de la succession d'Espagne.

La guerre de Succession d'Espagne (1702-1713/1714)

Pour faire face à la fin prochaine de la dynastie des Habsbourg de Madrid, Louis XIV négocie des plans de partage avec les puissances maritimes, solutions refusées par les Habsbourg de Vienne au nom des traditions successorales germaniques. En 1700, Charles II finit par céder tous ses royaumes au second petit-fils de Louis XIV, Philippe d'Anjou, en plaçant ainsi le refus de partage sous la protection de la puissance française. Louis XIV accepte le testament car la guerre est de toute manière inévitable avec Léopold de Habsbourg et l'alliance entre deux dynasties Bourbon ouvre de belles perspectives pour le développement du commerce colonial. Lorsque Philippe V accorde à la France le monopole de la traite négrière vers les colonies espagnoles, l'Angleterre et les Provinces-Unies forment en septembre 1701 la Grande Alliance de La Haye avec l'Empereur.

Le durcissement diplomatique de Louis XIV débouche sur une guerre où la France et l'Espagne doivent affronter l'ensemble des autres puissances européennes. Après quelques succès initiaux, une série de défaites place le royaume dans une très grave crise en 1709. Un sursaut national qui redresse la situation, mais surtout la mort de Léopold en avril 1711 poussent les puissances maritimes à la négociation. Le traité d'Utrecht (1713) accorde des avantages économiques substantiels à l'Angleterre. Le traité de Rastatt (1714) reconnaît le transfert de toutes les terres espagnoles non ibériques sous la souveraineté des Habsbourg de Vienne. Si l'équilibre entre trois puissances demeure toujours la référence diplomatique, la dynamique est défavorable à la France : elle seule recule quand ses deux concurrents sont en expansion.

Conclusion

La guerre contre les Habsbourg, puis contre les puissances maritimes dans le dernier tiers du siècle, est ainsi le principal moteur de la transformation de l'État en monarchie absolue. En imposant une hégémonie française en Europe, elle fonde le prestige du roi de guerre qui le met en scène par ailleurs à Versailles. Par ses contraintes financières, elle pousse à l'innovation administrative illustrée doublement par la création de l'intendance et le développement du système fisco-financier. Après un demi-siècle d'hésitations ponctué par la Fronde, crise d'adaptation au nouveau modèle plutôt que rejet systématique, les élites se rallient sur le principe d'une forte association au partage des bienfaits d'un État fort géré par un roi autoritaire. Refusant par essence l'existence politique de la nation en dehors de sa personne, Louis XIV finit par susciter des mécontentements religieux et nobiliaires. Cette impuissance à conceptualiser une nation en dehors du roi est une faiblesse congénitale du régime. Selon l'appréciation de D. Richet, « plus l'absolutisme se renforce, plus il s'affaiblit ».

Chapitre 11

L'absolutisme contesté au XVIIIe siècle

Le XVIIIe siècle est une phase difficile pour la monarchie française, surtout dans sa seconde moitié qui se clôt par une révolution en 1789. Constatant sa relative faiblesse financière dans un pays au fort enrichissement, le gouvernement royal ne parvient guère à faire accepter ses réformes par les ordres sociaux, peut-être parce qu'il ne s'imagine pas autrement que comme variante du despotisme éclairé. La naissance d'une véritable opinion publique pose un problème redoutable car elle soutient le développement de la sociabilité des Lumières d'où sortent des idées nouvelles et offre un champ de manœuvre à une opposition parlementaire qui entretient sa popularité dans les querelles religieuses et fiscales.

Une belle résistance (1715-1743)

Une remise en cause éphémère sous la Régence

Une régence en réaction

Au décès de Louis XIV (1er septembre 1715), le trône revient à son arrière-petit-fils, un enfant de 5 ans. Philippe d'Orléans, neveu du défunt, fait casser le testament royal par le parlement de Paris pour se faire attribuer la régence sans conditions, en échange de la restitution aux cours souveraines de leur traditionnel droit de remontrance amputé depuis 1673. Soucieux de ne pas déplaire à l'aristocratie, il choisit d'abord d'incarner un esprit de réaction à l'ambiance pesante des dernières années de Louis XIV. Paris prend sa revanche sur Versailles. Un esprit de frivolité se substitue à l'ambiance dévote entretenue autour du roi vieillissant. Si la cour s'est installée aux Tuileries, le Palais Royal, résidence privée des Orléans, devient le pôle d'une exubérante vie festive où l'esprit de dérision et l'amoralisme sont les nouveaux codes de conduite. La réaction politique s'exprime par une refonte du système gouvernemental et une attitude bienveillante envers le courant janséniste.

La polysynodie

Pour donner satisfaction à la contestation aristocratique exprimée dans les écrits de Fénelon et de Saint-Simon, le régent institue un nouveau mode de fonctionnement dénommé polysynodie. Les six « ministres », auparavant simples relais de la volonté royale, sont remplacés par huit conseils composés chacun d'une dizaine de membres, avec prépondérance du conseil de régence. Si la part laissée à la grande noblesse est essentielle, une certaine prudence a incité à conserver quelques anciens ministres ou conseillers d'État et maîtres des requêtes fort expérimentés. Surtout, on ne touche pas à la haute administration gouvernemenale des ministères, avec ses bureaux et ses commis. Il ne s'agit pas d'une rupture avec l'idéologie absolutiste, mais d'un simple ajustement technique de l'organisation du gouvernement répondant au désir d'une plus grande association de la haute noblesse. L'image traditionnelle de ce mode de gouvernement par conseils est négative : on a dénoncé le manque de compétences et la multiplication des querelles de personnes. Cela semble excessif car les conseils ont beaucoup travaillé. Le système a plutôt fait les frais de la modification rapide des orientations politiques du duc d'Orléans. Quatre conseils disparaissent dès 1718. En 1722, la polysynodie a vécu. La complaisance envers les jansénistes obéit à la même évolution : la déclaration royale du 4 août 1720 fait de nouveau de l'acceptation de la bulle *Unigenitus* le pivot de toute la politique royale.

Law ou la bulle financière de 1720

La résorption de la dette de l'État (2,5 milliards de livres en 1715), d'abord abordée par la méthode éprouvée des banqueroutes partielles ramenant le déficit à 2,2 milliards en 1718, assure la promotion fulgurante de l'écossais John Law. Ce financier construit un « système » associant une banque générale, faisant escompte et négociation de lettres de change au moyen d'émission de billets convertibles en espèces à vue et au porteur, et une compagnie de commerce à monopole dont la capitalisation devait servir à éponger la dette publique. Le succès est d'abord étourdissant. L'ensemble passe du statut de banque privée (mai 1716) à celui de banque royale en décembre 1718, de la compagnie du Mississippi (août 1717) à la compagnie des Indes avec monopole sur l'ensemble du commerce extérieur dans l'été 1719, obtenant en sus le monopole d'émission monétaire et la ferme générale des impôts en août 1719. L'apogée est atteint avec la nomination de Law au contrôle général le 5 janvier 1720. Le manque de rigueur gestionnaire et une spéculation effrénée conduisent pourtant rapidement à un effondrement spectaculaire dans l'été 1720. La liquidation du « système » aboutit à un allégement significatif de la dette d'État et au seul maintien de la compagnie des Indes redéfinie. Ce grand chamboulement financier a eu comme conséquences majeures un transfert de richesses au détriment des rentiers d'État, un désendettement des débiteurs favorable à la relance des investissements commerciaux et manufacturiers, mais aussi un blocage psychologique durable envers le papier-monnaie et l'idée d'une banque centrale française.

Le ministériat du cardinal de Fleury

La rigueur financière

Après une direction gouvernementale assurée par le duc de Bourbon, très influencé par le financier Pâris-Duverney, qui ne parvient pas à imposer le nouvel impôt du cinquantième en juin 1725 et qui se trouve fort critiqué pour le risque de guerre engendré par le rapprochement entre l'Autriche et l'Espagne après le mariage de Louis XV avec une princesse polonaise (septembre 1725), vient l'heure du cardinal de Fleury, ancien précepteur royal bénéficiant de toute la confiance de son ancien élève. Alliant autoritarisme et prudence dans l'action, le prélat sait s'entourer de ministres compétents comme les contrôleurs généraux Le Peletier des Forts (1726-1730) et surtout Orry (1730-1745). Le premier, qui préfère supprimer le cinquantième et rétablir la ferme générale des impôts, réussit une stabilisation durable de la livre tournois en 1726. Le second s'attache à une gestion rigoureuse du Trésor en tablant sur l'essor économique général entraîné par le renversement du mouvement des prix qui ouvre une longue phase de hausse.

La prudence extérieure

La prudence caractérise aussi la politique extérieure. La préservation de la paix favorable aux affaires commande une diplomatie d'entente avec l'Angleterre, au risque d'apparaître à la remorque de cette dernière, véritable arbitre de l'équilibre européen. C'est avec réticence que Fleury se risque à la guerre de Succession de Pologne (1733-1738), contraint de soutenir les prétentions du beau-père de Louis XV. Après l'échec militaire de 1734, il préfère pousser les négociations pour monnayer une renonciation contre une élévation à la tête du duché de Lorraine, avec future intégration dans le royaume au décès de Stanislas Leszczynski.

Le règlement des questions religieuses

La crise janséniste et parlementaire demeure le plus grave problème politique que ce prélat catholique parvient d'ailleurs à maîtriser en soutenant une vaste épuration du clergé et en se montrant intraitable avec le parlement de Paris. La contestation des appelants au concile contre la bulle *Unigenitus* perdure, allant même jusqu'à la création en 1728 d'un journal clandestin intitulé *Les Nouvelles Ecclésiastiques*. Le ministre d'État obtient cependant le ralliement de Noailles, archevêque de Paris, avant de le remplacer après son décès par Monseigneur de Vintimille du Luc, très hostile à ce courant, et la déposition par le concile provincial de Soanen, évêque de Senez, le plus militant des quelques prélats appelants. Le cimetière Saint-Médard de Paris, transformé en centre d'agitation dans une ambiance convulsionnaire par les plus exaltés du jansénisme, est fermé par ordre royal en 1732.

Parallèlement à cette reprise en mains de l'Église catholique, le cardinal de Fleury doit affronter les critiques du parlement de Paris où résonnent les protestations des gallicans scandalisés par le suivisme de la monarchie vis-à-vis du Saint-Siège. L'ordonnance du 24 mars 1730 ayant défini la bulle comme « loi de l'Église et de l'État », imposée en lit de justice le 3 avril, pousse le conflit à son point culminant. La cour souveraine ayant reformulé une nouvelle « déclaration des quatre articles » encore plus radicale que celle de 1682, ce texte est cassé par le conseil du roi qui réplique par la déclaration du 18 août 1732 limitant sévèrement la procédure d'appel comme d'abus qui permettait d'attaquer devant les parlements les actes ou jugements de l'Église de France jugés contraires aux traditions gallicanes. Après le jeu classique de remontrances suivies d'exil et de pardon, le parlement est cependant contraint de s'incliner pour ne pas apparaître comme un allié intérieur des Autrichiens dans la guerre de Pologne.

La crise : du bien aimé au mal aimé (1743-1774)

Déceptions militaires et problèmes financiers

La guerre de Succession d'Autriche (1740-1748)

Dans ce conflit où la France se range dans la coalition anti-autrichienne avec la Prusse, la Bavière, la Saxe et l'Espagne, deux phases marquent les combats qui se déroulent en Europe, mais aussi sur les océans et dans les colonies. Jusqu'en 1744, les troupes s'inclinent devant les Autrichiens et les Anglais. La bataille de Fontenoy (11 mai 1745) remportée par le maréchal de Saxe, permet l'occupation des Pays-Bas autrichiens et l'invasion des Provinces-Unies en 1747-1748. Dans les colonies, les victoires en Inde équilibrent les défaites au Canada. Le traité d'Aix-la-Chapelle (20 octobre 1748), caractérisé par le *statu quo* colonial et l'évacuation des Pays-Bas acceptée sans contrepartie territoriale afin de favoriser une réelle détente internationale, est très mal ressenti par l'opinion qui ne comprend pas l'orientation pacifiste de Louis XV.

La guerre de Sept Ans (1756-1763)

Ce grand affrontement s'explique par la volonté de revanche de l'Autriche, désireuse de reprendre la Silésie à la Prusse, mais aussi par la volonté britannique d'abaisser durement la puissance française dans le commerce international et dans les colonies. Marqué par un renversement des alliances, il voit les puissances catholiques (Autriche, France, Espagne) affronter les puissances protestantes (Prusse, Grande-Bretagne, Provinces-Unies) pendant que la Russie qui débute la guerre au côté du premier groupe la termine en soutenant le second à la suite d'un changement de souverain. Battue par la Prusse sur le continent (Rossbach, 5 novembre 1757) et par l'Angleterre sur les mers et dans les colonies, la France doit accepter le traité de Paris du 10 janvier 1763 qui sanctionne sa faiblesse par la perte du Canada et de l'Inde, la Louisiane étant cédée aux alliés espagnols pour les dédommager de la perte de la Floride. L'opinion se console par la préservation des Antilles.

Les résistances contre les réformes fiscales

Outre cette accumulation de déceptions qui a favorisé une nette dégradation de l'image du roi de guerre, les conséquences financières ont fortement contribué à la déstabilisation du pouvoir monarchique. Si le coût du premier conflit peut être chiffré à environ un milliard de livres, celui du second grimpe à 1,8 milliard. En 1764, l'arriéré de la dette monte à 463 millions de livres contre 21 seulement à la fin du conflit polonais. L'insuffisance de l'imposition ordinaire oblige, au-delà des expédients ordinaires sur les rentes et les offices, à reposer le problème de la réforme fiscale. En mai 1749, le contrôleur général Machault d'Arnouville propose un redressement basé sur le remplacement du dixième, levée exceptionnelle de guerre, par le vingtième, impôt permanent exigible sur tous les revenus de tous les ordres sociaux. Le parlement de Paris proteste avant d'enregistrer, suivi des états provinciaux d'Artois, de Bretagne et de Languedoc, non consultés.

L'ordre du clergé se montre le plus combatif en arguant du versement du don gratuit. Après avoir soutenu son ministre, Louis XV finit par le lâcher en décembre 1752. Le clergé est exonéré contre un effort sur le don gratuit et les états provinciaux obtiennent de s'abonner en négociant une réduction.

En 1759, l'éphémère contrôleur général Silhouette tient neuf mois après avoir prétendu suspendre une partie des exemptions de taille des bourgeois des villes et des officiers royaux. La levée des vingtièmes se transforme en guérilla épuisante avec les parlements et les états provinciaux. En 1763, le projet de cadastre du contrôleur général Bertin suscite les mêmes résistances qui conduisent à son renvoi. Le pouvoir royal, constatant le décalage entre un État pauvre et une France riche en plein essor économique, se heurte à un large front du refus contre la tyrannie fiscale dans lequel les classes populaires sont largement manipulées par les élites derrière le slogan de la défense des franchises traditionnelles.

Crise janséniste et opposition parlementaire

La querelle gallicane

Une sensibilité janséniste s'est maintenue grâce à la fidélité spirituelle d'appelants obstinés surtout implantés dans le milieu juridique et grâce à la publication clandestine des *Nouvelles ecclésiastiques* où les dénonciations d'actes de répression se sont accumulées. Dans la hiérarchie épiscopale, la tendance est de nouveau au durcissement depuis 1746. La crise éclate à Paris en 1752 lorsque Monseigneur de Beaumont soutient les curés qui refusent le sacrement d'extrême-onction à tout agonisant incapable de produire un billet de confession signé par un prêtre connu pour son orthodoxie. Le parlement de Paris déclare la procédure illégale, mais voit son arrêt cassé par le conseil du roi. Dans une forte radicalisation gallicane, la cour souveraine se met en grève après avoir rédigé ses grandes remontrances en avril 1753. Un exil à Pontoise provoque les protestations solidaires des autres cours du royaume. En octobre, Louis XV doit chercher un compromis en soumettant leur rappel à l'obligation de silence sur la bulle *Unigenitus*. Les attaques contre l'épiscopat n'ayant pas cessé, il est obligé de solliciter du pape Benoît XV une encyclique publiée en 1756 qui, tout en rappelant la condamnation du jansénisme, interdit le refus de sacrement, sauf pour les appelants ouvertement déclarés.

La dégradation de l'image royale

C'est dans ce climat agité que survient l'attentat de Damiens, le 5 janvier 1757. Cet ancien domestique de parlementaires porte un coup de canif à Louis XV. Malgré la blessure très superficielle, cet acte est assimilé à un crime de lèse-majesté et le coupable écartelé comme Ravaillac en 1610. Les jésuites et les jansénistes se rejettent mutuellement la responsabilité morale de ce geste scandaleux qui met en pleine lumière la forte dégradation de l'image royale et surtout l'érosion de la sacralisation de la fonction. Le choc psychologique ne calme pourtant pas les esprits toujours portés à l'affrontement comme témoigne la violence de l'assaut porté contre la Compagnie de Jésus.

L'expulsion des jésuites

Éclaboussés par un scandale financier lié à une faillite commerciale du père La Valette à la Martinique, les jésuites, trop confiants dans la puissance de la protection royale, commettent l'erreur d'appeler au parlement de Paris d'un jugement rendu contre eux à Marseille et à Aix-en-Provence. Ceci offre à ce milieu très gallican une trop belle occasion de déclencher une grande campagne d'opinion anti-jésuite qui aboutit à la fermeture de leurs collèges en août 1761, et même à leur expulsion hors du ressort du parlement en août 1762. Les parlements provinciaux s'adjoignent à la dénonciation, spécialement celui de Bretagne mobilisé par les plaidoiries passionnées de son procureur général La Chalotais. Malgré les interventions alarmistes du parti dévot, Louis XV se résigne à suivre les conseils du duc de Choiseul qui pense pouvoir négocier un apaisement avec les « grandes robes » en leur sacrifiant les jésuites. L'édit de novembre 1764 qui expulse la compagnie hors de France, est perçu par les robins comme une belle récompense de la combativité gallicane et savouré comme une revanche éclatante par la petite minorité janséniste.

Religion et Lumières

Seule la conscience des menaces planant sur la religion catholique à la suite du succès de la philosophie des Lumières auprès des élites françaises peut provoquer un rapprochement entre les frères ennemis. La dénonciation du relativisme déiste et du refus athée mobilise la hiérarchie catholique. En 1758, le parlement de Paris, réagissant contre l'excessif laxisme de la censure royale, prend un arrêt condamnant l'*Encyclopédie*, publiée depuis 1751, obligeant les promoteurs du grand dictionnaire à le faire éditer en Suisse. Ce contentieux entre Lumières et parlementaires traditionalistes trouve à s'élargir dans la grande campagne d'opinion organisée par Voltaire à partir de l'affaire Calas en 1763 où la dénonciation de l'arbitraire dans la procédure du parlement de Toulouse débouche sur un appel à la tolérance religieuse.

Hésitations tactiques du pouvoir royal

Plongée dans la tourmente au milieu de ces oppositions contradictoires, mais devant principalement affronter l'obstruction parlementaire, la monarchie a longtemps joué sur la défensive, essayant diverses stratégies d'apaisement avant de se résoudre à une réforme radicale.

Le gouvernement personnel de Louis XV

À la mort de Fleury en 1743, Louis XV décide de diriger personnellement son État. C'est un prince de belle prestance, intelligent et cultivé, mais s'ennuyant très vite au suivi gouvernemental. D'une personnalité contrastée, difficile à saisir, il désoriente son entourage. Soumis aux influences contraires de sa famille d'esprit dévot et de sa maîtresse Madame de Pompadour (1745-1764) par qui s'expriment les financiers et les gens de lettres des salons parisiens, Louis XV préside le conseil sans le diriger. Cette défaillance favorise le travail autonome de chaque ministère, même si des comités de ministres tentent de pallier ce manque de coordination. Le comte d'Argenson, secrétaire d'État à la Guerre (1743-1757) penche plutôt vers les dévots tandis que le contrôleur général Machault (1745-1754), garde des Sceaux en 1751 et secrétaire d'État à la Marine (1754-1757) est appuyé par le parti philosophique.

Le « moment » Choiseul

L'attentat de Damiens et les défaites militaires paraissent jouer le rôle de choc psychologique pour sortir de ce pilotage hésitant car ces deux ministres influents sont renvoyés sous l'influence de Madame de Pompadour qui assure ainsi la promotion du duc de Choiseul, nommé aux Affaires étrangères en décembre 1758 et à la Marine en 1762 pour redresser la situation dans la guerre de Sept Ans. Ce grand aristocrate, militaire et diplomate, gendre du célèbre financier Crozat, aimant les fêtes et les mondanités, estimé des philosophes pour ses options libérales, tient le rôle de principal ministre jusqu'en 1770. Se consacrant en priorité au redressement militaire par des réformes de l'armée et de la marine (organisation interne et armement), il parie sur une politique de détente avec les parlements afin de se dégager des problèmes intérieurs. L'abandon des jésuites et la nomination du conseiller au parlement L'Averdy au poste de contrôleur général en 1764 en sont les symboles les plus significatifs.

Le reflux

Les désillusions sont rapides et fortes. Dans le champ économique, le gouvernement est gagné par les thèses physiocratiques sur la libéralisation du commerce. La déclaration royale du 27 mai 1763 autorise la libre circulation des grains dans le royaume et l'édit du 19 juillet 1764 l'étend au commerce extérieur avec la protection d'une échelle mobile. Les parlements se montrent plutôt réservés avant de devenir franchement hostiles : celui de Rouen rétablit la réglementation des marchés dans son ressort dès août 1768. Les robins sont assez sensibles à toutes les critiques populaires contre le « pacte de famine ».

L'affrontement avec les commissaires royaux tourne à la critique systématique du despotisme ministériel. La crise atteint son apogée avec l'Affaire de Bretagne (1763-1770). Dans cette province attachée à ses privilèges, la tension est vive entre le duc d'Aiguillon, commandant en chef depuis 1753, et les états provinciaux aisément agités par la petite noblesse volontiers batailleuse contre le centralisme de l'intendance. Le climat se dégrade par suite de l'inimitié entre le duc, perçu comme ami des jésuites, et le procureur général au parlement La Chalotais, gallican favorable aux jansénistes. L'emprisonnement de son procureur enclenche une radicalisation du parlement qui démissionne en 1765, avec l'appui des états provinciaux. Le pouvoir royal est obligé d'instituer une cour de remplacement qualifiée par dérision de « bailliage d'Aiguillon » par ses adversaires. Les magistrats rennais bénéficient du soutien actif de ceux de Paris et Rouen.

Toute cette agitation provoque un premier réflexe d'autoritarisme de Louis XV qui tient un lit de justice le 3 mars 1766 au parlement de Paris pour réaffirmer avec beaucoup de solennité les principes idéologiques de la monarchie absolue dans un discours dit de la Flagellation. Cette réaction se révèle bien éphémère car le roi doit prier le duc d'Aiguillon de démissionner avant de rétablir le parlement à Rennes en 1769. Au lieu de répondre à l'apaisement, ce dernier exige de faire le procès du commandant en chef qui, souhaitant se défendre, obtient le transfert au parlement de Paris qui le condamne en avril 1770 à la perte de la pairie. Au-delà du serviteur du roi, c'est toute la politique gouvernementale qui est dénoncée sous l'accusation de despotisme.

Le Triumvirat : un nouveau souffle pour l'absolutisme

Ces humiliations répétées conduisent Louis XV à changer radicalement de politique. Le renvoi de Choiseul en décembre 1770 laisse le champ libre au chancelier Maupeou, au contrôleur général Terray et au duc d'Aiguillon, secrétaire aux Affaires étrangères depuis 1771, qui forment le « Triumvirat ». Les réformes libérales de 1764 sont annulées, tant dans le commerce que pour l'administration municipale. La mise au pas des juges est assurée par l'importante réforme judiciaire du 23 février 1771. Le parlement de Paris garde ses prérogatives, mais subit en réalité une forte réduction d'influence car il est flanqué de six conseils supérieurs, installés à Arras, Blois, Châlons-sur-Marne, Clermont-Ferrand, Lyon et Poitiers, se partageant son immense ressort avec le statut de cour d'appel pour toutes les affaires civiles et criminelles. Ces cours ne sont plus composées de magistrats ayant acheté leurs charges, mais de juges recrutés par le roi sur la base de leurs compétences professionnelles et salariés par le Trésor royal. La justice est rendue gratuite par la suppression des épices.

Cette réforme Maupeou est en réalité une révolution puisqu'elle abolit la vénalité des offices, colonne vertébrale des compagnies officières et matrice de leur puissance sociale. En rompant avec cette tradition, la monarchie touche au cœur la meilleure garantie de l'impunité des contestataires. La nomination de Bertier de Sauvigny, intendant de la généralité de Paris, à la tête du parlement rénové est un symbole très fort de l'abaissement de l'institution. Les cours provinciales protestataires sont traitées de la même manière. La cour des aides de Paris s'étant élevée contre cet acte de despotisme en se référant aux états généraux, se retrouve supprimée, de même que le grand conseil et les autres cours souveraines spécialisées. Cette résurgence tardive d'autoritarisme appuyée par le parti dévot a rencontré l'hostilité du parti philosophique, à l'exception de Voltaire très hostile aux « grandes robes ».

L'enlisement sous Louis XVI (1774-1789)

Le rejet des réformes de Turgot

Louis XVI : être roi ?

Peu préparé à régner, Louis XVI, âgé de 20 ans, cherche appui auprès du vieux Maurepas, établi ministre d'État. Sur ses conseils, il appelle Vergennes aux Affaires étrangères tout en renvoyant Maupeou et Terray pour laisser le champ libre à Turgot, nommé contrôleur général. Le rétablissement des parlements dans leur forme ancienne satisfait la majeure partie de l'opinion qui n'avait pas apprécié le raidissement de Louis XV. Même si les cours souveraines ont encore l'occasion de se dresser contre le réformisme absolutiste, le souvenir des années 1770-1774 les maintient toutefois dans une relative prudence jusqu'en 1787. À aucun moment Louis XVI n'imprime sa marque sur le gouvernement. Ne disposant pas des qualités d'un grand homme d'État, il s'avère incapable d'imposer à la société une réforme du modèle monarchique par le haut.

Le réformisme physiocratique

Proche du libéralisme physiocratique, cet ancien intendant éclairé du Limousin se place immédiatement sous le signe de la rigueur et des réformes en annonçant : « Point de banqueroute, point d'augmentation d'impôts, point d'emprunts. » Dès le 13 septembre 1774, il rétablit la liberté de circulation des grains et des farines, mais la forte hausse des prix liée à une mauvaise récolte suscite au printemps 1775, au moment de la soudure, une grave contestation sociale connue sous le nom de « guerre des Farines ». En janvier 1776, il envisage la publication de six édits dont deux touchent à des traditions fort anciennes. Le premier remplace la corvée royale – mobilisation des paysans des paroisses limitrophes des grandes routes royales pour fournir la main-d'œuvre de terrassement – par une contribution pesant sur tous les propriétaires, à l'exception du clergé. Le quatrième supprime les corporations de métiers au nom de la libération des forces productives. Cette législation s'inscrit dans un plan général de réformes dont les deux points forts sont la refonte totale des impôts dans une seule subvention territoriale assise sur tous les propriétaires fonciers et la mise en place d'un système pyramidal d'assemblées formées de propriétaires et limitées à un rôle consultatif.

La disgrâce de Turgot

Ce vaste programme provoque de multiples inquiétudes dans des groupes sociaux très divers, d'où la crue de l'opposition relayée fortement par la Cour.

Malgré le lit de justice du 12 mars 1776 au parlement de Paris, Louis XVI finit par lâcher son ministre le 13 mai suivant, après la démission de Malesherbes, secrétaire d'État à la Maison du roi. La corvée est rétablie ainsi que les corporations, avec quelques modifications. Cette impuissance d'un pouvoir théoriquement absolu à imposer le changement par le haut dans la logique du despotisme éclairé témoigne déjà d'une faiblesse profonde du système, Turgot n'hésitant pas à suggérer le parallèle avec la première révolution anglaise.

Necker et l'endettement

La question américaine

Banquier genevois calviniste fixé à Paris, bénéficiant d'une excellente réputation dans le mouvement philosophique grâce à l'audience du salon tenu par son épouse, Necker est appelé à la direction des finances. Son premier problème est de trouver des fonds pour la guerre américaine. Après la déclaration d'indépendance des treize colonies du 4 juillet 1776, l'intervention française reste timide jusqu'à la signature d'un traité d'alliance en février 1778. La guerre navale se déroule beaucoup mieux que pendant la guerre de Sept Ans grâce à la rénovation de la marine et aux alliances avec l'Espagne et les Provinces-Unies. La flotte de Brest retenant en Europe l'essentiel de la Royal Navy, l'escadre de De Grasse peut jouer un rôle décisif dans la défaite anglaise de Yorktown en octobre 1781. Malgré une défaite aux Saintes en 1782, les victoires de Suffren aux Indes accélèrent la signature du traité de Versailles (3 septembre 1783), revanche partielle sur le traité de Paris.

La question militaire

Ce retour en force sur la scène militaire a été préparé par la réorganisation de l'armée. Par le règlement du 28 mars 1776, le comte de Saint-Germain, secrétaire d'État à la Guerre, a créé douze écoles militaires au programme ambitieux. Le marquis de Ségur, promu en 1780, intéressé par l'artillerie et les fortifications, imagine le règlement du 2 mai 1781 imposant quatre degrés de noblesse pour accéder aux grades officiers, écran destiné à protéger la petite gentilhommerie de la concurrence des anoblis. Le travail de Castries à la Marine est ralenti par le désordre financier qui entraîne la faillite du trésorier général en 1787.

La méthode Necker

Jouissant d'un large crédit dans le milieu bancaire, Necker choisit de financer la guerre essentiellement par des emprunts à 8 ou 10 %. Si cette méthode lui vaut une grande popularité, elle n'est accompagnée d'aucune réforme structurelle susceptible de faciliter le remboursement, si ce n'est l'adoption de la régie d'État au détriment de la Ferme générale. Afin de répondre aux critiques contre le despotisme des intendants, il propose un système d'assemblées provinciales composées de membres des trois ordres désignés par le roi afin d'associer les notables à la gestion du royaume. L'expérience lancée en Berry en 1778 et en Guyenne en 1779 ne parvient pas à rallier une opinion éclairée qui réclame des députés élus. La formation d'une cabale regroupant des financiers, des philosophes, des membres du clergé et des parlementaires le conduit à publier en février 1781 son *Compte rendu au roi* qui détaille pour la première fois devant l'opinion le tableau des recettes et des dépenses. C'est un abandon du principe majeur de l'absolutisme qui faisait du mystère de l'État un principe fondamental de gouvernement. Le succès public est prodigieux, mais vite érodé par les critiques des financiers qui démontrent les dissimulations du « conte bleu ». Devant le refus de Louis XVI de systématiser les assemblées provinciales, Necker démissionne le 19 mai 1781.

Réformisme fiscal et principe de représentation nationale

L'échec de Calonne

Calonne, promu au contrôle général le 3 novembre 1783, maintient d'abord cette fuite en avant dans les emprunts, comptant sur l'essor économique pour gonfler les recettes fiscales. Lorsque la menace de faillite se précise, il change de cap en présentant en août 1786 un plan de réformes en trois points : établissement d'un impôt en nature sur toutes les propriétés foncières à proportion de leurs revenus, liberté de commerce des grains, pyramide d'assemblées consultatives composées de propriétaires sans distinction d'ordres. Calonne, pur représentant du despotisme éclairé de la haute administration royale, n'appréciait ni les parlements, ni les structures traditionnelles de représentation, ce qui explique son choix de soumettre son programme à une assemblée des notables réunie à Versailles en février 1787. Accueillie dans l'enthousiasme par l'opinion comme préfiguration d'une future représentation nationale, l'assemblée s'est pourtant retournée contre le ministre non seulement par suite de l'opposition immédiate des représentants des cours souveraines et des états provinciaux, mais aussi du basculement de la noblesse libérale, mécontente de l'abandon de la structure par ordres et du caractère seulement consultatif. L'enlisement des discussions a justifié le renvoi du réformateur en mai 1787.

L'échec de Brienne

Loménie de Brienne, archevêque de Toulouse, situé plutôt dans le courant libéral, tente de résoudre la crise en dissolvant l'assemblée des notables tout en répondant à ses critiques. L'édit du 17 juin 1787 retouche la pyramide d'assemblées en réintroduisant la structure par ordres avec doublement de la représentation du tiers et leur concède le contrôle de la politique économique, mais surtout de la répartition et de la perception des impôts. La popularité gagnée n'est que de courte durée car, dès juillet, Brienne rencontre l'opposition du parlement de Paris qui défend l'idée de la ratification des impôts par les états généraux avec l'appui du courant conservateur soucieux d'y défendre les privilèges, sans pouvoir compter sur le soutien du courant libéral qui pose comme préalable la création d'une représentation nationale. Le 8 mai 1788, un édit proposé par le garde des sceaux

Lamoignon prive le parlement de Paris de son droit d'enregistrement transféré à une cour plénière de notables installés par le roi.

Le retour de Necker et la réunion des états généraux

Ce « coup d'état » ayant suscité une grande indignation parmi les élites, l'aggravation de la crise financière oblige rapidement le pouvoir royal à capituler. Le 8 août, Louis XVI annonce la convocation des états généraux pour le 1er mai 1789 et le 16 la banqueroute de l'État. Le 24, Necker est rappelé à la place de Brienne et le 1er septembre le parlement retrouve ses anciennes attributions. La composition des futurs états généraux ouvre alors un grand débat entre Aristocrates et Nationaux. Les premiers soutiennent l'arrêt du parlement de Paris du 25 septembre 1788 prenant comme référence le modèle de 1614. Les seconds, mobilisés contre les privilèges, défendent le principe de l'égalité des propriétaires. Le conseil du roi du 27 décembre 1788 accorde le doublement du tiers, mais refuse la délibération commune des trois ordres.

Conclusion

Grâce aux progrès du capitalisme dans tous les secteurs économiques, la France connaît une forte croissance économique, supérieure à celle de l'Angleterre dans le commerce extérieur et colonial. Jusqu'à la fin du ministère Fleury, le gouvernement, attaché au maintien de la paix internationale, parvient à maîtriser ses adversaires. Tout se gâte après 1750. Le développement de l'économie politique, principalement illustré par la physiocratie, pose le problème du passage du mercantilisme classique au libéralisme économique, c'est-à-dire du rôle de l'État dans la régulation sociale. La querelle religieuse et les réactions défensives surgies de la société d'ordres nourrissent l'opposition parlementaire qui valorise son rôle de protecteur des peuples et de gardien des maximes de l'État monarchique. La valse des contrôleurs généraux des finances est un bon indicateur de l'impuissance réformiste d'une monarchie qui continue à se définir comme absolue, alors que la demande de participation politique de la nation devient plus pressante. Une telle inefficacité politique creuse la crise financière de l'État d'où est sortie la Révolution. La monarchie absolue est morte de n'avoir pas su ou pas pu se réformer par elle-même.

Glossaire

Aiguillon, Emmanuel-Armand de Vignerod du Plessis de Richelieu, duc d' (1720-1788)

Officier d'infanterie, il est devenu célèbre dans son poste de commandant en chef en Bretagne (1753-1768) où il repousse un débarquement anglais en 1757. Son interventionnisme dans l'administration provinciale dresse contre lui les états de Bretagne et le parlement dans « l'Affaire de Bretagne », ce qui conduit à son renvoi. Appelé aux Affaires étrangères de 1771 à 1774, il forme le « Tiumvirat » avec Maupeou et l'abbé Terray.

Alliances

Les choix matrimoniaux des familles sont au cœur des stratégies d'ascension sociale ou de préservation d'une notabilité acquise. L'endogamie – mariage de conjoints du même lieu – est d'autant plus forte qu'on se rapproche des classes populaires, l'exogamie caractérisant surtout les élites sociales. Le plus grand nombre cherche une alliance à égalité de condition sociale (homogamie), mais une hypergamie profite principalement aux femmes. Les filles de négociants et de financiers, dotées très confortablement par leurs pères, trouvent aisément des conjoints dans la meilleure noblesse.

Anne d'Autriche (1601-1666)

Infante d'Espagne, fille de Philippe III, mariée à Louis XIII en 1615, longtemps déconsidérée avant la naissance tardive d'un dauphin en 1638. Régente de 1643 à 1651, elle s'est totalement appuyée sur Mazarin pour prolonger la politique définie par Richelieu alors qu'elle était perçue auparavant comme la protectrice du parti dévot.

Assolement

Rotation des cultures suivie dans la zone des champs labourés (ager) du terroir. L'assolement biennal fait alterner jachère et céréales d'hiver; l'assolement triennal, jachère, céréales d'hiver, céréales de printemps. L'assolement biennal donne trois récoltes panifiables sur six ans, le triennal livre quatre récoltes dont deux normalement panifiables. Les exigences supérieures du triennal appellent plutôt un sol riche et profond et l'utilisation d'un matériel important : il est lié à l'emploi des chevaux tandis que le biennal est associé à la traction bovine. Les raisons naturelles et humaines du choix de la rotation sont très complexes. Il faut mieux retenir la souplesse d'adaptation et la complexité croissante d'assolements de plus en plus longs.

Augustinisme

Courant théologique se situant dans la filiation de la pensée de saint Augustin (354-430), évêque d'Hippone en Afrique romaine, un des plus grands Pères de l'Église. En insistant sur la faiblesse de la condition humaine marquée par le péché depuis la faute originelle d'Adam et Ève, sa philosophie religieuse nourrit tous les courants de spiritualité insistant sur l'importance primordiale ou absolue de la grâce de Dieu dans l'obtention du salut, et spécialement le jansénisme à partir des années 1640.

Bénéfice ecclésiastique

Revenu attaché à une fonction ecclésiastique et alimenté par des biens appartenant à l'Église (dîmes, rentes foncières ou immobilières, droits seigneuriaux, placement de capitaux). Il assure au bénéficier ses moyens d'existence. On distingue les bénéfices majeurs comme les évêchés et les abbayes, où la nomination est royale et les bénéfices mineurs (prébendes canoniales, prieurés, cures et chapellenies), où la nomination relève du droit de patronage, à l'exception des prébendes soumises à la cooptation du chapitre de chanoines. Les patrons sont les héritiers des droits des fondateurs, c'est-à-dire des évêques, des abbés, des chapitres ou même des seigneurs ayant créé les édifices religieux.

Bordier

Petit exploitant des bocages de l'Ouest.

Bourbon, Charles III, 8e duc de (1490-1527)

Par son mariage avec sa cousine Suzanne de Bourbon (1505), il se retrouve à la tête d'une immense principauté féodale dans le royaume. Ayant montré un courage intrépide dans les guerres d'Italie, il devient à 26 ans connétable de France et vice-roi du Milanais. Spolié de l'héritage de son épouse au profit de la reine mère Louise de Savoie, il se considère abandonné par le roi suzerain et donne sa fidélité à Charles Quint auquel il offre la victoire de Pavie en 1525. Il est tué au combat lors du siège de Rome en 1527. Considérant son geste comme une trahison, François Ier fait prononcer la confiscation de tous ses biens par le parlement de Paris.

Bourgeoisie

Au sens ancien : ensemble d'habitants d'une ville bénéficiant d'un droit leur permettant de jouir des privilèges de la cité : franchises fiscales, autodéfense, intégration aux assemblées municipales, participation aux honneurs. À Paris, le droit est acquis après un an et un jour, mais il faut dix ans de résidence à Lyon ou Marseille. Cela désigne donc une catégorie juridique de citoyens aux conditions sociales assez variées, mêlant noblesse et roture, même si le menu peuple en est exclu.
Au sens moderne : catégorie sociale rassemblant tous les notables roturiers. On distingue les bourgeoisies officière, financière, rentière et marchande. Si une hiérarchie des fortunes en trois niveaux est souvent décelable, l'ensemble tient surtout sa cohésion de son indépendance économique et de son accès privilégié à la culture savante, ce qui entraîne un solide mépris des classes populaires.

Calonne, Charles Alexandre de (1734-1802)

Procureur général du parlement de Douai, il bifurque vers l'intendance avant d'être appelé en novembre 1783 au contrôle général pour résoudre la crise financière. Après un début fort prudent, il opte pour une grande réforme politique et fiscale qu'il tente en vain de faire valider par une assemblée des notables en 1787. Cela signe l'échec d'un réformisme monarchique contrôlé et concerté.

Camisards

Calvinistes cévenols révoltés contre Louis XIV après la révocation de l'édit de Nantes. Le soulèvement est intense de juillet 1702 à juin 1704, avec une poursuite sporadique jusqu'en 1713. C'est un mouvement populaire formé de paysans et surtout d'artisans, sans contenu social ou politique, uniquement motivé par la défense de la vraie foi menacée par l'Antéchrist. Animé par des prophètes sortis du peuple qui lui confèrent un caractère eschatologique appelant à la repentance, il s'affirme comme une « guérilla d'inspirés ». Même vaincue militairement, cette résistance a redonné confiance aux communautés huguenotes. Elle se mue en énergie mémorielle dans la reconstitution de l'Église du Désert au XVIIIe siècle.

Charles Quint (1500-1558)

Roi d'Espagne sous le nom de Charles Ier (1516-1556) et Empereur (1519-1556). Petit-fils de Maximilien de Habsbourg et de Marie de Bourgogne, mais aussi de Ferdinand d'Aragon et Isabelle de Castille, il réunit entre ses mains un immense territoire, bientôt augmenté des colonies des Castillans en Amérique. Toute sa vie est consacrée à la réalisation de trois objectifs : bloquer l'expansion ottomane en Hongrie et en Méditerranée, abaisser la puissance française en l'expulsant d'Italie et en lui reprenant la Bourgogne, refaire l'unité religieuse du Saint Empire après l'apparition du luthéranisme. Dernière incarnation de l'idéal médiéval de monarchie chrétienne universelle, il décide d'abdiquer après la paix d'Augsbourg de 1555.

Choiseul, Étienne François, duc de (1719-1785)

Issu d'une vieille famille lorraine se partageant entre le service du duc de Lorraine et celui du roi de France, il a servi dans l'armée, mais se fait surtout connaître par ses ambassades à Rome (1753-1757) et à Vienne (1758-1761). Son autorité dans le gouvernement vient de la concentration des fonctions entre ses mains : secrétaire d'État aux Affaires étrangères (1766-1770), surintendant des Postes en 1760, secrétaire d'État à la Marine (1761-1766) et à la Guerre (1761-1770). Figure des lumières mondaines, il incarne la revanche contre l'Angleterre en politique extérieure et la stratégie d'accommodement avec les parlements à l'intérieur au nom de laquelle il a sacrifié les jésuites.

Colbert, Jean-Baptiste (1619-1683)

Issu d'un puissant lignage du patriciat de Reims ayant fait sa fortune dans le négoce, puis dans les finances. Entré au conseil du roi comme conseiller d'État en 1648, il établit sa fortune en travaillant comme fidèle intendant de Mazarin qui le recommande à Louis XIV. Après avoir abattu Fouquet et sa clientèle de financiers, il devient le conseiller le plus écouté du début du règne personnel en cumulant les fonctions : surintendant des bâtiments royaux en 1664, contrôleur général des finances en 1665, secrétaire d'État à la Marine et à la Maison du roi en 1669, ce qui lui confère le contrôle de l'ensemble des finances et de l'économie. Célèbre pour une application méthodique du mercantilisme.

Coligny, François-Gaspard de Châtillon, sire de (1519-1572)

Amiral de France depuis 1552, gouverneur de la Picardie, il se convertit au calvinisme sous l'influence de son frère cadet d'Andelot vers 1558. Principal chef militaire des huguenots avec Condé, il sait retourner la situation après les graves défaites de 1569. Revenu à la cour en 1571, il devient le mentor de Charles IX auquel il conseille une expédition militaire aux Pays-Bas pour soutenir les habitants, principalement calvinistes, contre le roi d'Espagne. Blessé dans un premier attentat, il constitue la victime la plus emblématique de la Saint-Barthélemy.

Commissaire

Les lettres de commission confèrent une fonction publique attribuée sans opération de vente et décrite dans l'énumération des attributions. Ce statut s'oppose à celui de l'office vénal. L'essentiel tient dans le recours à la rotation géographique pour éviter une notabilisation provinciale et la possibilité de révocation immédiate propre à susciter du dévouement par carriérisme. Les intendants des généralités, commis pour la police, la justice et les finances, en forment l'exemple le plus célèbre.

Communauté d'habitants

Ensemble d'habitants associés pour la mise en valeur d'un finage. La vie collective est organisée par l'assemblée des chefs de feu animée par un syndic en France du Nord et dirigée par trois ou quatre consuls en France du Sud. L'assemblée règle la police rurale (assolement, droits d'usage, utilisation des communaux, nomination des messiers et forestiers), répartit et collecte la taille et la capitation, gère ses biens collectifs et se défend en justice contre les usurpateurs (seigneur, bourgeois de la ville, communautés voisines). Pour les sortir de l'endettement, l'édit royal de 1667 leur enjoint de racheter leurs communaux aliénés depuis 1620 et l'édit de 1683 les place sous la tutelle de l'intendance.

Communaux

Ensemble de biens (pâtis, friche, lande, marais, forêt) dont la communauté possède l'usage. Cette partie du terroir est très importante pour la fourniture de bois (construction, meubles, outils, chauffage) et l'élevage du bétail. Son importance varie beaucoup selon les systèmes agraires : elle est quasiment réduite à rien dans les petits finages du Bassin parisien et très étendue dans les grands terroirs de montagne. Par suite de la pression démographique, l'usurpation est fréquente. La pression de la fiscalité royale a conduit à des aliénations malgré l'édit restaurateur de 1667. L'ordonnance royale de 1669 permet au seigneur de reprendre, par droit de triage, le tiers d'une forêt si le reste suffit à la communauté. S'il peut apporter une preuve écrite d'une ancienne possession, il en reprend les deux tiers (droit de cantonnement). C'est une cause de fortes tensions entre seigneurs et paysans.

Compagnonnage

Ensemble de sociétés très fermées d'esprit élitiste réunissant certains compagnons qui récusent la domination des maîtres des métiers. Interdits par le pouvoir royal dès le début du XVIe siècle, ces devoirs deviennent plus ou moins clandestins, avec rites d'initiation, codes de reconnaissance et règles de vie. Ils exercent une pression économique sur les maîtres en régulant les embauches et en organisant des grèves. Cette entraide se manifeste surtout pour les compagnons effectuant leur tour de France. Leur potentiel offensif est miné par une grande rivalité entre les différents devoirs pouvant aller jusqu'aux affrontements physiques.

Concile

Assemblée d'évêques et de théologiens destinée à régler des questions de dogme et de discipline ecclésiastique. Il est œcuménique lorsqu'il rassemble, théoriquement, les évêques de toute la chrétienté. Il est provincial lorsqu'il réunit la hiérarchie d'une province ecclésiastique sous la direction d'un archevêque, c'est-à-dire les évêques et les représentants des chapitres et des abbayes.

Condé, Henri II de Bourbon, 3e prince de (1588-1646)

Né orphelin de père calviniste, élevé dans le catholicisme par Henri IV, il épouse contre la volonté royale Charlotte de Montmorency. Principal agitateur dans les prises d'armes sous la régence de Marie de Médicis, il est emprisonné de 1616 à 1619. Rallié en 1626 à Richelieu, il montre l'exemple de la conversion à l'absolutisme. En 1632, il hérite de la plus grande partie des biens de son beau-frère, condamné à mort et exécuté pour sa rébellion dans son gouvernement de Languedoc.

Condé, Louis Ier, prince de (1530-1569)

Chef de la branche cadette des Bourbons, converti au calvinisme, il fait figure de principal chef huguenot dans les trois premières guerres de Religion. Condamné à mort comme instigateur de la conspiration d'Amboise en 1560, il est sauvé par le décès de François II. Il meurt assassiné à Jarnac en 1569, alors qu'il était blessé et prisonnier, sans doute sur ordre de Henri d'Anjou, frère du roi Charles IX.

Condé, Louis II de Bourbon, 4e prince de (1621-1686)

Ce prince du sang, qui a épousé une nièce de Richelieu en 1641, a fait une brillante carrière militaire au service de la France, à l'exception des années 1652-1659 où il se bat au service de l'Espagne. Sa célébrité est acquise par ses victoires dans la guerre de Trente Ans, de Rocroi (1643) à Lens (1648). Pendant la Fronde, après avoir soutenu Mazarin contre le parlement et les princes, il rejoint le camp de ces derniers dont il prend la tête en 1651-1652. Battu par Turenne, mal vu par la bourgeoisie parisienne, il préfère s'exiler aux Pays-Bas. Pardonné au traité des Pyrénées (1659), il retrouve les plus grands commandements pendant les guerres de Dévolution et de Hollande. Il se retire à Chantilly où il établit, en grand mécène, un riche cénacle littéraire et artistique.

Cours souveraines

Juridictions royales statuant souverainement en dernier ressort, avec le conseil du roi comme ultime appel au nom de la justice retenue. Elles enregistrent les édits et les ordonnances concernant leurs compétences et peuvent, à cette occasion, faire jouer leur droit de remontrance. Le grand conseil, séparé du conseil du roi depuis 1497, juge les différends entre les cours souveraines, les causes bénéficiales et de manière globale les affaires qui inquiètent la monarchie. Les parlements sont au sommet de la pyramide provinciale de la justice ordinaire. Les chambres des comptes contrôlent la comptabilité publique et enregistrent tous les changements de statut des terres et des personnes. Les cours des aides jugent les différends sur les paiements des tailles, des aides et des gabelles. La cour des monnaies (1551) juge les procès sur les monnaies, réprime le faux monnayage et contrôle les ateliers de fabrication.

Coutumes

La coutume est un usage juridique, reconnu par le groupe auquel il s'applique, consacré par une longue et commune pratique sanctionnée par les juges. Ses caractères sont la spontanéité originelle, la lenteur de son élaboration, le consentement général. Le *Grand Coutumier de Normandie* est le premier ouvrage de compilation paru au début du XIIIe siècle. Suite à l'ordonnance de 1454 qui en prescrit l'obligation, la rédaction s'opère surtout au début du XVIe siècle. On dénombre environ soixante-cinq coutumes générales et plus de trois cents locales. Par l'ordonnance de 1667, le pouvoir royal pousse au rapprochement. La publication du Coutumier général en 1724, en établissant le peu de résultats, relance une pression de 1731 à 1747 qui ne transforme encore que peu de chose. La France coutumière est surtout celle de la zone nord. Avec la Saintonge, le Périgord, le Limousin, le Lyonnais, le Maconnais et le Bugey commence la France du droit écrit, d'inspiration romaine, à l'exception de certaines zones coutumières comme les Pyrénées.

Denier x

Expression pour désigner le taux d'intérêt. Le denier douze signifie un rapport annuel d'un sur douze, soit 8,33 %, le denier vingt un rapport d'un sur vingt, soit 5 %... La monarchie a baissé régulièrement le loyer de l'argent : denier 12 au XVIe siècle, denier 16 en 1601, denier 18 en 1634, denier 20 en 1665.

Dérogeance

Pour un noble, c'est la perte des prérogatives et privilèges par suite de l'exercice d'activités « ignobles », c'est-à-dire autres que le service du roi dans son armée ou son administration. Le travail manuel est spécialement antinomique avec la condition nobiliaire. Dans certaines provinces comme la Bretagne, la déchéance peut n'être que provisoire : on parle de « noblesse dormante ». La grande question est de savoir si l'exercice du commerce international fait déroger. Malgré la réponse négative de la monarchie (1629, 1669, 1701), les mentalités sont rétives. La querelle de 1756 autour de l'ouvrage *La noblesse commerçante* illustre encore la division de l'opinion. Le pouvoir royal confirme malgré tout sa politique d'ouverture en 1767 au profit des négociants et des manufacturiers.

Domaine royal

Notion complexe englobant l'ensemble des propriétés et des droits appartenant en propre au roi en tant que propriétaire et seigneur direct. On distingue le domaine corporel (terres) où le roi est considéré comme seigneur et incorporel (droits et redevances) où il est vu comme souverain. L'ordonnance de Moulins (1566) consacre le principe de l'inaliénabilité du domaine. Font exception, l'engagement par lequel un créancier reçoit, provisoirement et à titre de sûreté, une partie du domaine, et l'apanage par lequel le roi confie à ses fils puînés une portion du domaine dont ils ne sont que les usufruitiers. Dans le dernier type, la dotation retourne à la couronne à l'extinction de la descendance masculine.

Droit romain

Le droit romain, redécouvert au début du XIIe siècle, se présente sous la forme des compilations rédigées sous le règne de Justinien, empereur romain d'Orient du VIe siècle et appelées « *Corpus Juris civilis* » au Moyen Âge. Cela désigne quatre grands ensembles : le *Digeste* (recueil d'extraits des jurisconsultes classiques), le *Code* (constitutions impériales), les *Institutes* (manuel pour étudiants) et les *Novelles* (constitutions postérieures au Code). En reprenant les leçons de Bartole (XIVe siècle), de grands commentateurs du XVIe siècle comme Jacques Cujas, Hugues Doneau ou Charles Dumoulin essaient d'adapter cet héritage aux réalités des Temps modernes.

Empereur

Titre porté par le chef du Saint Empire lui assurant un grand prestige en Europe, mais un pouvoir limité dans la confédération. Il ne peut prendre aucune décision sans l'accord de la diète impériale : impôts, déclaration de guerre, levée de soldats, traités. Après 1648, son autorité est encore plus réduite par une diète qui se transforme en assemblée permanente d'ambassadeurs soucieux de défendre la souveraineté des princes territoriaux.

Eucharistie

Sacrement, appelé Saint Sacrement par les catholiques pour qui le rite de la consécration dans la messe transforme réellement le pain et le vin en corps et sang du Christ. Le terme désigne aussi la communion au pain consacré que l'Église a rendu obligatoire au moins une fois par an autour de la fête de Pâques. Les calvinistes, qui ne professent qu'une présence spirituelle du Christ dans les espèces matérielles, n'organisent que trois ou quatre Cènes par an. Les disputes confessionnelles sur ce mystère demeurent parmi les plus virulentes.

Féodalisme

Concept volontiers employé par les historiens d'inspiration marxiste pour désigner un stade de l'évolution historique : tribalisme, féodalisme, capitalisme, socialisme. Le féodalisme est défini comme l'hégémonie de la petite production individuelle, dominée par le prélèvement seigneurial assuré par une contrainte politique. La féodalité n'est qu'un aspect du féodalisme qui est à la fois un mode de production (développement des forces productives) et un système de rapports de production (rapports sociaux) caractérisant une phase historique.

Féodalité

La féodalité correspond à un ensemble de règles unissant un homme libre puissant prenant sous sa protection d'autres hommes libres inférieurs en leur concédant un fief (terre et droits sur les habitants) contre des services principalement militaires. Il convient donc de distinguer en droit le régime féodal qui définit les liens établis surtout au sein du deuxième ordre et le régime seigneurial qui règle les rapports entre seigneurs et paysans. Toutefois, aux Temps modernes, les deux expressions se confondent comme le montre l'utilisation de l'expression "réaction féodale" pour désigner une réévaluation des droits seigneuriaux. Dans un sens politique large, le terme caractérise le régime monarchique (x^{e}-xiie siècles) dans lequel le pouvoir royal très affaibli a subi la concurrence de celui des grands vassaux.

Fermage

Mode de location de la terre dans lequel le propriétaire ne cède que le foncier contre le versement d'une rente fixe payée en nature ou en monnaie, le dernier mode devenant prépondérant. Le bailleur y trouve une simplification de gestion et le preneur une motivation supérieure pour changer de méthodes car, son fermage étant fixe, toute augmentation de production lui revient en profit par vente du surplus sur le marché. L'obstacle est financier, donc social : il faut pouvoir disposer d'un capital d'exploitation.

Fermes

Contrat passé entre un financier et une institution publique par lequel celle-ci lui délègue une fonction administrative contre l'avancement du capital attendu en revenu et l'assurance d'un profit rémunérateur. Le procédé décharge l'institution des problèmes de gestion, en alourdissant le prélèvement sur les contribuables. Si toutes les administrations locales comme les seigneuries et les villes ont recours au procédé, les plus grands traités sont conclus avec l'État qui peut tenter de pressurer les rassembleurs de capitaux tout en risquant de passer sous leur influence.

Fief

Dans le droit féodal ancien, c'est un ensemble foncier que cède un suzerain à son vassal pour lui permettre de maintenir sa condition et d'acquitter les services attendus. Le fief entraîne seigneurie avec exercice du droit de justice, droits utiles et prérogatives honorifiques. Le terme devrait être réservé aux rapports au sein du groupe social dominant. Pourtant, à l'époque moderne, le mot fief ne désigne plus seulement ces terres de dignité reçues contre foi et hommage, mais aussi les terres simplement concédées aux paysans et aux roturiers. Par un détournement de langage, témoignant du dépérissement de la véritable féodalité, les seigneurs ont coutume de désigner leurs paysans sous le nom de vassaux.

Fleury, André Hercule de (1653-1743)

Fils d'un receveur des tailles de Lodève, aumônier du roi en 1678, évêque de Fréjus de 1694 à 1715, il est nommé précepteur royal en 1716, ce qui lui permet de s'attacher durablement la confiance toute filiale d'un jeune orphelin. Appelé au conseil de conscience en 1720, ministre d'État en 1723, il est promu principal ministre de 1726 à 1743. En gestionnaire prudent et avisé, recherchant la détente avec l'Angleterre, il a su préserver une forte autorité royale.

Fouquet, Nicolas (1615-1680)

Fils d'un robin du conseil, agent de la politique mercantiliste de Richelieu, il suit une carrière similaire qui le mène à l'intendance du Dauphiné en 1643 et à celle de Paris en 1648. Fidèle pendant la Fronde, il est nommé surintendant des finances en 1653. À la tête d'une clientèle infiltrée dans le système fisco-financier, il mène une vie fastueuse, en grand mécène. Il tombe en septembre 1661, victime du clan Colbert. Condamné au bannissement et à la confiscation de ses biens en 1664, il demeure en détention perpétuelle sur ordre de Louis XIV.

Grâce

Secours surnaturel que Dieu accorde aux hommes pour obtenir leur salut, c'est-à-dire la libération de l'état de péché et l'accès à la vie éternelle auprès de lui. Deux grands courants s'opposent. Les plus fidèles à l'esprit optimiste de l'humanisme défendent l'idée de la participation du fidèle sous forme d'une réponse à une offre divine (doctrine du libre arbitre). Les protestants et les catholiques jansénistes leur opposent l'idée de la prédestination : l'efficacité irrésistible de la grâce que Dieu distribue à qui il veut, dans un mystère insondable. La première sensibilité insiste sur la reconnaissance des mérites des fidèles dans l'attribution de la grâce tandis que la seconde souligne la totale gratuité du don divin, l'homme pécheur ne pouvant prétendre à aucun mérite dans l'obtention du salut.

Guise, François Ier de Lorraine, duc de (1519-1563)

Un des plus grands chefs de guerre du XVIe siècle. Gravement blessé au siège de Boulogne en 1549, il y reçoit le nom de Balafré. Ayant surpris Metz en 1552, il parvient à garder la ville malgré le siège de Charles Quint. Envoyé combattre les Espagnols dans le royaume de Naples, il est rappelé après la défaite de Saint-Quentin en 1557 pour redresser la situation. Après sa reprise de Calais contre les Anglais, il n'apprécie guère le manque de fermeté dans le traité de Cateau-Cambrésis. Champion d'une défense intransigeante du catholicisme, il est le conseiller le plus écouté de François II. Hostile à la politique de concorde religieuse de Catherine de Médicis, il provoque le début des guerres civiles avec le massacre de Wassy en 1562. Il est assassiné devant Orléans dont il faisait le siège, sans doute sur l'instigation de Coligny.

Guise, Henri Ier de Lorraine, duc de (1550-1588)

Chef des ultra-catholiques à partir de la troisième guerre de religion, il a commandité le premier attentat contre Coligny et trempé de près dans la Saint-Barthélemy. Jugeant l'édit de Beaulieu (1576) comme une trahison religieuse, il suscite la première Ligue en 1577, avant de la faire renaître en 1584 afin d'empêcher Henri de Navarre d'accéder au trône de France. Ayant contraint Henri III à proscrire le calvinisme du royaume, il reçoit ensuite le soutien de Paris contre le roi en mai 1588. Au faîte de sa popularité aux états généraux de Blois, il y est assassiné sur ordre royal, avec son frère Louis II, cardinal de Lorraine, à la veille de Noël 1588.

Imposition directe

- La taille : impôt permanent depuis 1439. On distingue les pays de taille réelle où la taxe pèse sur tous les biens roturiers, quelle que soit la condition juridique du propriétaire, et la taille personnelle où elle pèse sur des chefs de famille roturiers selon leur richesse apparente. Le pouvoir ne connaît que la communauté d'habitants qui doit faire son auto-répartition.
- La capitation : impôt de guerre créé en 1695, payable par tous les sujets répartis en 22 classes acquittant de 2000 à une livre, supprimé avec la paix de 1697. Recréé en 1701, il devient permanent en adoptant le mode de répartition de la taille personnelle.
- Le dixième : impôt de guerre créé en 1710, portant sur tous les revenus, et supprimé à la paix de 1713. Il est restauré de 1733 à 1737 et de 1741 à 1749.
- Le vingtième : Imposition indirecte : impôt permanent créé en 1749 et portant sur tous les revenus. La guerre de Sept Ans en impose momentanément un second, puis un troisième, supprimé en 1764, mais réapparu de 1782 à 1785.

Imposition indirecte

Ce sont des taxes à la consommation.
Les aides sont des impôts sur la circulation et la consommation des denrées dont les taux et la répartition géographique sont d'une grande complexité. Les boissons sont de loin les plus taxées.
La gabelle est un impôt sur le sel dont le taux varie entre plusieurs zones géographiques selon que l'ensemble est exempté, rédimé, de petite ou de grande gabelle.

Les traites sont les douanes intérieures et extérieures.

Infra-justice

Le terme désigne tous les accords passés entre parties adverses à la suite de délits et de crimes, sans recours à la justice seigneuriale ou royale. Cette pratique reste forte au XVIe siècle dans les communautés rurales encore largement repliées sur elles-mêmes, avec le principe d'auto-régulation interne nourri d'une forte cohésion identitaire. Des petits conflits de propriété jusqu'aux crimes de sang, tout peut se clore par un accord réparateur passé sous l'arbitrage d'une autorité morale : un « coq de village », le syndic ou consul, le curé, même le seigneur si nécessaire. Tout le travail du pouvoir royal est de convaincre ce monde rural de la supériorité de la justice royale dans le maintien de l'ordre afin de favoriser l'apprentissage de l'obéissance envers une monarchie qui prétend tout contrôler. Malgré une réelle progression de la justice royale, il est avéré que les ruraux continuent à l'utiliser seulement partiellement en l'intégrant comme une phase d'une stratégie infra-judiciaire.

Justice seigneuriale

Il existe trois niveaux de compétence selon l'importance de la seigneurie. La haute justice porte la connaissance de toutes les causes personnelles et réelles, en justice civile et criminelle, pouvant justifier toutes les sanctions jusqu'à la peine de mort. La moyenne justice connaît les délits et les crimes dont la peine ne peut excéder une légère correction corporelle, le bannissement ou une amende de 75 sols. La basse justice est limitée à une amende de 10 sols dans la justice civile. Cela suffit pour traiter un grand nombre de querelles entre ruraux. La monarchie travaille à réduire la compétence grâce aux cas royaux, mais les seigneurs sont très attachés à ce pouvoir qui reste la meilleure garantie d'une bonne rentrée des droits seigneuriaux.

Jachère

C'est la première phase d'un assolement car il s'agit de préparer la terre à recevoir les céréales d'hiver. Ce n'est pas une période morte car la terre reçoit trois labours en mars, juin et septembre. Des cultures « dérobées » comme orge ou avoine, fèves et haricots, tardivement pommes de terre, enrichissent la production. Au XVIIIe siècle, la mise en culture progressive, grâce aux plantes sarclées (navets) et aux prairies artificielles (trèfle, luzerne, sainfoin), forme la principale innovation des Temps modernes.

L'Hospital, Michel de (1504-1573)

Fils d'un médecin du connétable de Bourbon ayant suivi ce dernier en exil, il fait ses études de droit à Padoue. Revenu à Paris comme conseiller au parlement, il devient le chancelier particulier de Marguerite de Valois, sœur de Henri II, d'où il se fait le protecteur de la Pléiade. Introduit au conseil du roi en 1553, il travaille à la réforme du droit avant d'être promu chancelier en avril 1560 par Catherine de Médicis. Écartant l'idée d'une introduction de l'Inquisition en France, il agit comme défenseur d'une politique de concorde religieuse, admettant une coexistence temporaire entre deux confessions. Poursuivant son œuvre de réorganisation administrative par les ordonnances d'Orléans (1561) et de Moulins (1566), il est contraint de se retirer en 1568, vaincu par l'âpreté du conflit entre les partis religieux.

Laboureur

Dans la France du Bassin parisien, paysan aisé à la tête d'une exploitation de grande taille lui assurant une indépendance économique, possesseur d'un cheptel vif et mort conséquent et employeur de main-d'œuvre salariée. À ne pas confondre avec le laboureur à bras de la France de l'Ouest et du Sud qui n'est qu'un petit paysan parcellaire.

Lefèvre d'Étaples, Jacques (vers 1455-1536)

Théologien et humaniste, vicaire général de Guillaume Briçonnet, évêque de Meaux, animateur du Cénacle de Meaux célèbre pour sa nouvelle pastorale inspirée de l'évangélisme érasmien. Précepteur des enfants de François Ier en 1526, mais suspecté d'hérésie par la Sorbonne et le parlement de Paris, il trouve refuge à Nérac, à la cour de Marguerite de Navarre, sœur du roi, autre grande figure d'une réforme sans schisme.

Le Tellier, Michel (1603-1685)

Fils de magistrat, tôt remarqué par Mazarin à qui il doit sa promotion au secrétariat à la Guerre en 1643. Ayant fidèlement soutenu le cardinal durant son ministériat et fortement contribué à évincer Fouquet en alliance avec Colbert, il est demeuré au service de Louis XIV qui le récompense d'un si long travail de réorganisation de l'armée en le nommant chancelier en 1677, fonction devenue plus honorifique que prépondérante.

Lignage

Groupe de filiation dont tous les membres se considèrent comme descendant d'un ancêtre commun nommé et sont en principe capables de décrire leurs liens généalogiques réciproques et de remonter à l'ancêtre. Cette notion reste très vive dans l'aristocratie. Le lignage reste une unité essentielle pour la conquête des avantages sociaux : chaque membre a l'orgueil d'y appartenir et peut compter sur la protection des autres pour maintenir ou améliorer sa position sociale.

Louvois, François Michel Le Tellier, marquis de (1639-1691)

Fils de Michel Le Tellier, associé au travail paternel dès 1662, ministre en 1666, secrétaire d'État à la Guerre en titre en 1677, il a accompli un énorme travail de modernisation de l'armée royale. Rival de Colbert auprès de Louis XIV, il tire ce dernier vers une politique plus belliqueuse qu'il mène volontiers de manière brutale : sac du Palatinat en 1674 et surtout en 1689, dragonnades anti-protestantes dans le royaume à partir de 1681.

Machault d'Arnouville, Jean-Baptiste de (1701-1794)

Issu d'une lignée de la robe du conseil, cet intendant de Hainaut parvient à un haut degré d'influence sous le « règne personnel » de Louis XV en cumulant les plus hautes fonctions : contrôleur général de 1745 à 1754, secrétaire d'État à la Marine de 1754 à 1757, mais aussi garde des Sceaux de 1750 à 1757. Il est alors disgracié pour avoir déplu à la marquise de Pompadour.

Manouvrier

Ouvrier agricole ou petit exploitant devant se louer en complément chez les laboureurs et les fermiers du Bassin parisien.

Marie de Médicis (1573-1642)

Fille du Grand-duc de Toscane, épouse d'Henri IV (1600). Après l'assassinat de ce dernier en 1610, elle assure la régence pour son fils Louis XIII. Souvent en conflit avec son fils après que celui-ci eût fait assassiner son favori Concini en 1617, elle est obligée de s'exiler après la journée des Dupes en novembre 1630. Elle s'est montrée sensible aux thèmes du parti dévot, pro-romain, pro-espagnol et soucieux du soulagement des peuples.

Maupeou, René Nicolas de (1714-1792)

Premier président du parlement de Paris de 1763 à 1768, il est alors appelé au poste de chancelier d'où il provoque la chute de Choiseul. En février 1771, il incarne au mieux le raidissement absolutiste de Louis XV avec une réforme judiciaire basée sur l'abolition de la vénalité des charges. Il est renvoyé par Louis XVI, soucieux de plaire à une opinion majoritairement très hostile.

Ménager

Paysan aisé de la France du Sud.

Métayage

Mode de location de la terre dans lequel le propriétaire apporte le foncier et un capital d'exploitation (semences, matériel, cheptel) et l'exploitant sa force de travail. Généralement, les profits sont partagés en deux (bail à mi-fruits). Le métayage est avantageux pour la paysannerie pauvre qui n'a pas de capital. Il peut constituer un facteur de ralentissement du progrès agricole dans la mesure où l'importance de la rente propriétaire assèche la trésorerie paysanne. Toutefois, les plus belles exploitations de l'Ouest atlantique sont tenues en métayage.

Métayer

Au sens juridique, paysan ayant souscrit un bail à part de fruits. Au sens social, paysan aisé de la France de l'Ouest et du Centre.

Métiers

Groupements professionnels, appelés aussi corporations à partir de 1750, rassemblant les maîtres, les compagnons et les apprentis d'une spécialité artisanale. Ces organismes sont en réalité dominés par une oligarchie assez endogamique. On parle de métiers jurés lorsqu'ils ont reçu des lettres patentes royales et de métiers réglés lorsqu'ils sont seulement reconnus par les municipalités. Ce sont des organismes de défense des entreprises artisanales qui entendent contrôler l'accès au métier et réglementer les conditions de travail afin de préserver la qualité de la production. Les métiers ne couvrent jamais tout le secteur artisanal. La monarchie favorise leur développement par ses édits de 1581, 1597 et 1673, pour des raisons fiscales. Avec le progrès des idées libérales après 1750, ils sont critiqués comme des corps jaloux de leurs privilèges et hostiles aux progrès techniques. La réalité est plus complexe car ils sont capables d'adaptation et d'évolution interne. Turgot échoue à les supprimer en 1776 : il faut attendre la loi Le Chapelier du 14 juin 1791.

Monnaie

Il existe une monnaie de compte fictive à laquelle on se réfère pour les transactions. L'unité en est la livre tournois, divisée en vingt sous, chaque sol valant lui-même douze deniers. La monnaie réelle est composée de pièces métalliques servant aux paiements. Le souverain fixe les rapports entre les deux en définissant l'alliage, la taille et le cours. Selon la situation du Trésor, le roi procède à des manipulations en surhaussant ou en dépréciant le cours. L'endettement chronique provoque une longue dévaluation : la livre passe ainsi de 17,96 grammes d'argent au début du XVIe siècle à 10,98 g en 1602, puis à 8,69 g en 1636. La seconde moitié du règne de Louis XIV connaît l'apogée des manipulations avec 43 retouches. Après l'échec du Système de Law, la livre est stabilisée en 1726 à 4,5 g d'argent. Le louis d'or vaut 24 l. et l'écu d'argent 6 l.

Montmorency, Anne, duc de (1493-1567)

Ami d'enfance de François Ier, il est fait prisonnier avec lui à Pavie en 1524. Gouverneur du Languedoc, puis surintendant des finances, il jouit de l'influence la plus importante jusqu'en 1540. Nommé connétable en 1538 après la défense de la Provence contre les Impériaux, il perd la confiance royale en 1541. Rentré en grâce avec Henri II, il plaide pour la conclusion de la paix de Cateau-Cambrésis en 1559. Hostile à la politique de concorde religieuse, il se rapproche des Guise, mais tombe mortellement blessé dans la seconde guerre contre Condé.

Mysticisme

En théologie, initiation aux mystères de la foi, c'est-à-dire à une vérité inaccessible à la seule raison et seulement perceptible par une révélation divine. Le terme désigne surtout un courant spirituel insistant sur l'expérience personnelle de l'union intime avec Dieu au bout d'un cheminement basé sur la méditation, le chant, la musique, la contemplation et pouvant mener jusqu'à l'extase. L'influence des grands mystiques espagnols de la seconde moitié du XVIe siècle comme saint Jean de la Croix ou sainte Thérèse d'Avila est très forte sur le spiritualisme français du XVIIe siècle, même si le quiétisme, diffusé par Madame Guyon et défendu par Fénelon, est condamné comme déviant à la fin du siècle.

Necker, Jacques (1732-1804)

Banquier genevois fixé à Paris, il se montre assez critique face au réformisme de Turgot. Nommé directeur du Trésor en octobre 1776, il fait office de contrôleur général jusqu'en mai 1781. Administrateur habile, très soucieux de ne pas heurter l'opinion publique, il joue l'emprunt pour éviter la réforme fiscale. Sa publication des comptes en 1781 est obligée de masquer l'ampleur du déficit. Rappelé en août 1788, son renvoi le 11 juillet 1789 déclenche la crise de la Bastille.

Office

C'est une forme de service public. Selon le juriste Loyseau, l'office est à la fois « dignité ordinaire » puisque participation au pouvoir royal et « fonction publique » puisque service du roi dans le domaine judiciaire et financier, rétribué sous forme de gages. De 1483 à 1604, avec la progression de la vénalité des charges, les offices ont pris de plus en plus un caractère patrimonial. L'office, parce qu'il est au cœur du processus de construction de l'État absolutiste et des stratégies d'ascension sociale des familles, joue un rôle fondamental dans la France d'Ancien Régime. La baisse du prix des charges au XVIIIe siècle révèle le malaise social d'un monde qui se sent doublement victime de la tutelle ministérielle relayée par l'intendance et des manipulations financières du Trésor royal.

Officiers inférieurs

Procureurs auprès d'une juridiction royale, officiers des justices seigneuriales, notaires royaux et seigneuriaux, personnel d'exécution comme greffiers, huissiers et sergents.

Officiers moyens

Officiers de judicature siégeant dans les présidiaux, les bailliages et sénéchaussées, les prévôtés, mais aussi dans les juridictions spécialisées comme les traites, les eaux et forêts, les hôtels des monnaies. Officiers de finances travaillant dans les élections et les greniers à sel. Ces offices ne sont jamais anoblissant, mais peuvent être exercés par des nobles.

Officiers supérieurs

Officiers du conseil du roi (conseillers d'État et maîtres des requêtes) et surtout des cours souveraines, juridictions royales jugeant en dernier ressort : le grand conseil, les parlements, les chambres des comptes, les cours des aides et les cours des monnaies. On y intègre aussi les officiers des bureaux des finances des généralités. Ces offices anoblissent.

Ordonnance et édit

Une ordonnance est une loi générale portant règlement pour l'ensemble du royaume sur un nombre important de sujets. À partir de Louis XIV, elle ne concerne plus qu'une grande matière. L'édit est une loi donnée par le roi sur une seule matière ou qui ne concerne qu'une catégorie de sujets ou qu'une partie du royaume. Les deux sont publiés sous forme de lettres patentes, c'est-à-dire de lettres ouvertes scellées du grand sceau, donc soumises à enregistrement, à la différence des lettres closes ou de cachet.

Orléans, Philippe, duc d' (1674-1723)

Fils du frère de Louis XIV et de la Princesse Palatine. Afin d'avoir une autorité entière comme régent au nom du jeune Louis XV, il fait casser le testament de Louis XIV par le parlement de Paris en rétrocédant à ce dernier le droit traditionnel de remontrance presque annulé depuis 1673. Sa compétence comme homme d'État a été éclipsée par le caractère scandaleux de son libertinage. Après avoir suivi la réaction aristocratique, il est revenu vers les méthodes éprouvées de l'absolutisme monarchique.

Orry, Philibert (1689-1747)

Après une première inclination pour la carrière des armes, il a réalisé son ascension dans la robe du conseil : maître des requêtes, intendant de Soissons, puis du Roussillon, contrôleur général des Finances de 1730 à 1745. Sa gestion rigoureuse du Trésor s'est inscrite dans la filiation du colbertisme.

Pacte de famille

Terme désignant l'alliance diplomatique entre la France et l'Espagne au XVIIIe siècle. Celle-ci est fondée sur la solidarité entre deux branches des Bourbons depuis que Philippe V, petit-fils de Louis XIV, a pu conserver le trône légué en 1700 par Charles II, dernier représentant des Habsbourg de Madrid. Elle se nourrit d'une commune hostilité à l'impérialisme colonial et commercial anglais dans l'Atlantique.

Parlements

Terme qui ne désigne pas la représentation nationale comme en histoire contemporaine ou dans l'Angleterre moderne, mais des cours souveraines de justice coiffant la hiérarchie des présidiaux, bailliages ou sénéchaussées, prévôtés ou vigueries. La grand'chambre connaît en appel les grandes causes au civil comme au criminel et juge en première instance les crimes de lèse-majesté et les procès concernant les pairs, les villes, le domaine royal et les appels comme d'abus. La Chambre des enquêtes est spécialisée dans les procès à juger sur preuves écrites et les sentences sans peine afflictives. La Chambre des requêtes, compétente en première instance pour les causes des privilégiés, reçoit en appel les demandes des plaideurs et délivre des lettres permettant de saisir les autres chambres. La chambre criminelle juge en appel les affaires emportant des peines afflictives ou infamantes.

Les parlements interviennent dans le domaine législatif en publiant des arrêts de règlement pour préciser ponctuellement la législation royale et en exerçant leur droit de remontrance au moment de l'enregistrement. Le pouvoir royal peut toujours contraindre les parlements en tenant un lit de justice : par sa présence ou celle de son commissaire, le roi reprend momentanément sa délégation de justice pour effectuer lui-même l'enregistrement.

Pays d'élection

Désigne un type de provinces dont le système de collecte fiscale est soumis à la centralisation. Le roi fixe le brevet de la taille qui est distribuée ensuite par généralité où les officiers du bureau des finances la ventilent par élection dans laquelle les élus (officiers) la répartissent entre les paroisses. À aucun moment n'existe une procédure de concertation avec une institution représentative.

Pays d'états

Désigne un type de provinces ayant conservé leurs états provinciaux, c'est-à-dire une assemblée représentative des trois ordres dont le rôle essentiel est de négocier le montant de l'impôt avec les commissaires royaux, d'en assurer ensuite la répartition par diocèse et par paroisse et d'en contrôler la collecte. Les états conservent une partie des fonds pour aider au développement des voies de communication. Après en avoir fortement réduit le nombre pendant deux siècles, la monarchie renforce leurs attributions au XVIIIe siècle afin de mieux associer les élites sociales à la gestion de l'État.

Rentes

Revenus tirés d'une cession de propriété et surtout de placement de capital. La rente à bail d'héritage (rente foncière) est un droit immobilier perpétuel et non rachetable conservé par un propriétaire ayant vendu un immeuble, sans abandonner tous ses droits de propriété. Les opérations les plus fréquentes sont les contrats de constitution, codifiés par l'Église au XVe siècle pour ne pas tomber sous la condamnation du prêt à intérêt. L'acte prend la forme d'une vente de rente. Le débirentier (emprunteur) vend au crédirentier (prêteur) une rente annuelle et perpétuelle à un certain taux (denier x) assignée sur un immeuble. Le Trésor royal utilise le canal des rentes de l'hôtel de ville de Paris depuis 1522 : le corps de ville recueille les fonds et paie les intérêts qui sont garantis sur des recettes fiscales royales.

Réseau de parenté

Les croisements des alliances matrimoniales finissent par créer des systèmes parentélaires qui jouent un rôle essentiel dans la distribution du pouvoir au niveau local et provincial comme au sommet de l'État. Les dynasties formées par une famille-tronc et ses proches alliées en constituent la colonne vertébrale. L'extension du réseau peut se faire horizontalement sur une même génération dans une solidarité immédiate ou verticalement sur plusieurs générations à condition que la mémoire parentale soit entretenue.

Retz, Paul de Gondi, cardinal de (1613-1679)

Issu d'une famille italienne venue en France dans la suite de Catherine de Médicis, orienté vers une carrière ecclésiastique sans vocation réelle, il débute en 1643 comme coadjuteur de son oncle à l'archevêché de Paris avant de lui succéder. Nommé cardinal en 1652, il est une des grandes figures de la Fronde où il a pu donner toute la mesure de son habileté à nouer des intrigues. Emprisonné au château de Nantes d'où il s'évade en 1654, il s'exile dans les grandes villes européennes tout en restant en contact épistolaire avec le clergé parisien. Ayant normalisé ses rapports avec Louis XIV en 1662, il est utilisé comme ambassadeur à Rome. Il rédige alors ses célèbres *Mémoires* qui le haussent au rang des grands écrivains du XVIIe siècle.

Révolution agricole

Concept construit à partir du modèle de développement de l'agriculture anglaise : constitution de grandes fermes travaillant avec des salariés et suppression de la jachère permettant une hausse de la productivité. La lenteur de l'évolution constatée et la mesure des performances de la petite culture ont conduit les historiens français à renoncer à l'utilisation de cette expression.

Rohan, Henri, duc de (1579-1638)

Duc et pair du royaume, gendre de Sully, pourvu de commandements militaires, envoyé comme ambassadeur auprès des Cantons suisses et chef du parti protestant dans la reprise des guerres à partir de 1620. Après l'édit de Nîmes (1629) consacrant la défaite de sa stratégie, il s'exile à Venise pour commander les troupes de la République, mais revient au service de Louis XIII en 1635 lors de l'entrée de la France dans la guerre de Trente Ans.

Sacrement

Acte rituel qui sanctifie celui qui en est l'objet et lui confère la grâce divine. L'Église catholique en reconnaît sept : le baptême, la confirmation, la pénitence, l'Eucharistie, l'extrême-onction, l'ordre et le mariage. Les Églises protestantes n'en retiennent que deux : le baptême et la sainte cène (Eucharistie).

Saint Empire

Le Saint Empire romain germanique est une confédération de principautés souveraines fondée en 1062, rassemblant environ 350 États du monde allemand, mais aussi de l'ancienne Lotharingie (Pays-Bas, Lorraine, Alsace, Franche-Comté), avec en sus le royaume de Bohême et théoriquement les Cantons suisses et une partie de l'Italie du Nord. Cet État des États est dirigé par un Empereur et une diète impériale composée de trois collèges : celui des principaux États disposant du droit d'élire l'Empereur – sept depuis la Bulle d'or de 1348, huit en 1648, neuf en 1693 –, celui des trois cents principautés laïques et ecclésiastiques et celui de la cinquantaine de villes libres. Le Saint Empire a disparu en 1806, victime des conquêtes napoléoniennes.

Séguier, Pierre (1588-1672)

Issu d'une famille de haute magistrature, il débute comme conseiller au parlement de Paris avant de passer maître des requêtes, intendant et président au parlement de Paris. Appelé en 1633 comme garde des sceaux par Richelieu, chancelier en 1635, il est devenu le second homme fort du gouvernement, très engagé dans l'organisation de la nouvelle intendance. Sa répression exemplaire de la révolte des Nu-pieds en Normandie en 1639 est demeurée dans les mémoires. Il s'est trouvé victime de la moindre influence de sa charge sous le règne personnel de Louis XIV.

Seigneurie

Forme de propriété sur un ensemble de terres et sur la puissance publique qui s'y rapporte. Le droit féodal distingue : le domaine proche (réserve seigneuriale) où la propriété sur la terre est totale et la directe seigneuriale sous forme de propriété éminente (partielle) sur les fiefs nobles concédés à un vassal et sur les tenures (censives) concédées à des tenanciers détenant ainsi une propriété utile contre le versement de droits seigneuriaux (féodaux). Ces derniers sont souvent des paysans, mais aussi des bourgeois des villes qui louent ensuite leurs tenures à des paysans. Sous l'Ancien Régime, la propriété immobilière est donc partagée entre un seigneur et un usager, sauf dans le domaine où les deux se confondent et dans les rares alleux qui sont des terres sans seigneurs.

Sully, Maximilien de Béthune, duc de (1559-1641)

Principal ministre d'Henri IV : chargé de missions de confiance à l'étranger, surintendant des finances, surintendant des forêts et bâtiments, grand voyer de France, grand maître de l'artillerie. Gentilhomme militaire, il s'est intéressé aux finances par le biais des guerres. Très critique envers l'esprit de chicane des juristes, il a donné une première inflexion vers l'État de finances. *Les Oeconomies royales* (1638) participent à la construction de la légende du bon roi Henri.

Système fisco-financier

Concept historiographique désignant le réseau financier très complexe qui s'est greffé sur le Trésor royal en associant un ensemble de plus en plus large des élites françaises à la fortune de l'État par l'intermédiaire des financiers prenant en fermes la levée d'un grand nombre d'impôts et d'emprunts royaux ou d'opérations similaires comme les ventes d'office. Cette perspective a le mérite de rappeler que l'État prédateur est aussi redistributeur : ce qui permet de comprendre que l'absolutisme n'est pas un régime imposé par la force, mais d'abord un contrat offert aux élites de la nation pour la répartition des bénéfices générés par l'État fort.

Système presbytéro-synodal

Organisation nationale des églises calvinistes. À la base, chaque communauté est dirigée par un consistoire : conseil formé du pasteur et de fidèles élus nommés « anciens ». Les consistoires choisissent des délégués, dont le pasteur, pour former un synode provincial réuni normalement tous les ans. Chaque synode députe deux pasteurs et deux anciens pour constituer le synode national qui se tient normalement tous les deux ans. Ce dernier fixe la ligne à suivre en matière dogmatique et disciplinaire. Cette légitimation par la base oppose radicalement ce système à la hiérarchisation catholique renforcée par le concile de Trente.

Terray, Joseph Marie (1715-1778)

Conseiller clerc au parlement de Paris, ce contrôleur général (1769-1774) s'est forgé une réputation exécrable par ses méthodes fiscales brutales et ses expédients financiers.

Turenne, Henri de La Tour d'Auvergne, vicomte de (1611-1675)

Formé aux Provinces-Unies dans la famille de Nassau (lien maternel), il a mené une brillante carrière militaire récompensée par la création de la dignité de maréchal général en 1660. Un moment frondeur, il s'est rallié à Mazarin contre Condé. Calviniste, il finit par se convertir au catholicisme. Il est tué au combat lors de la guerre de Hollande.

Turgot, Anne Robert (1727-1781)

Fils d'un prévôt des marchands de Paris (maire), d'abord destiné à l'Église, il se tourne vers l'administration royale. Intendant éclairé du Limousin (1761-1774) où il ouvre le grand chantier des routes royales tout en établissant la liberté de circulation des grains dans une logique physiocratique, il donne des articles à l'*Encyclopédie*. Nommé secrétaire à la Marine par Louis XVI à son avènement, il devient presque aussitôt contrôleur général. Grand réformateur, il soulève de nombreux mécontentements qui expliquent sa disgrâce en avril 1776.

Vauban, Sébastien Le Prestre, seigneur de (1633-1707)

Issu d'une famille de petite noblesse sans grande fortune, il s'est rendu célèbre dans l'art des fortifications, tant dans le siège des villes que dans leur défense. Frondeur avec Condé, mais rallié à Mazarin, remarqué par ce dernier aux sièges de 1653-1658, il devient très célèbre au siège de Lille en 1668. Contrôleur des fortifications, il érige la ceinture de fer destiné à sanctuariser le royaume défini comme un pré carré (1673), ce qui lui vaut le grade de maréchal de France en 1703. Esprit curieux soucieux de mieux connaître la réalité économique et sociale par des enquêtes statistiques, il en tire l'idée d'une réforme fiscale radicale expliquée dans *La Dîme royale* (1703) dont la teneur déplaît à Louis XIV et provoque sa disgrâce.

Synthèses

Les crises démographiques

Une crise démographique se lit sur des courbes construites à partir des actes de baptême, mariage et sépulture inscrits sur les registres paroissiaux. Une brusque élévation des décès dessinant un clocher culminant à quatre ou cinq fois au-dessus du niveau ordinaire s'oppose à une nette réduction des conceptions et de la nuptialité. Cette tension dramatique peut durer de six mois à deux ans, soit en continu, soit en alternant crises brèves et courts répits. Cette première phase d'amputation de la population par surmortalité est suivie d'une seconde phase de récupération caractérisée par une élévation de natalité conjuguée à un abaissement inhabituel de mortalité, ce qui dégage pendant quelques années un fort surplus démographique qui compense plus ou moins l'effondrement précédent. Dans une variante, une durée excessive de surmortalité peut finir par produire une crise démographique, même sans effondrement marqué des conceptions et des naissances.

Dans ces flambées de mortalité peuvent disparaître en quelques mois le quart d'un village ou le dixième d'une ville, avec parfois des hécatombes encore plus dures. Mais le plus souvent, l'amputation se situe entre 10 et 15 %. En chiffres relatifs, c'est l'élévation spectaculaire des décès d'adolescents et de jeunes adultes qui définit le mieux la crise parce qu'il se forme alors des classes creuses qui affectent une génération plus tard l'ampleur de la natalité. La crise la plus brutale (1693-1694) a emporté environ 2,5 millions de personnes, mais celles de 1660-1662 et 1709-1710 ont aussi fait 1,5 million de victimes.

Il est classique d'expliquer la terrible surmortalité par la trilogie famine, peste et guerre, mais tous ces drames n'ont pas le même impact selon les lieux et les époques. La crise de subsistance liée à une succession de mauvaises récoltes paraît l'interprétation la plus évidente. Une multiplication d'hivers froids où le gel gêne la germination et où la glace bloque les rivières et les moulins, mais surtout d'étés pourris, trop frais et pluvieux, provoque une explosion des prix des farines. La famine entraîne la stérilité féminine, retarde les mariages, fait le lit des épidémies avant de tuer directement les plus déshérités. Ce rôle primordial de la disette a été contesté pour manque de prise en compte de la diversité de la nourriture disponible, même détestable. Les ressources de la mer et des rivières, les produits de l'élevage et des forêts atténuent le risque de mourir de faim. Le fait que les crises se déclenchent dans des zones agricoles riches ou pauvres prouve qu'elles ne sont guère liées à la famine, mais plutôt à une attaque épidémique favorisée par une insuffisance sanitaire.

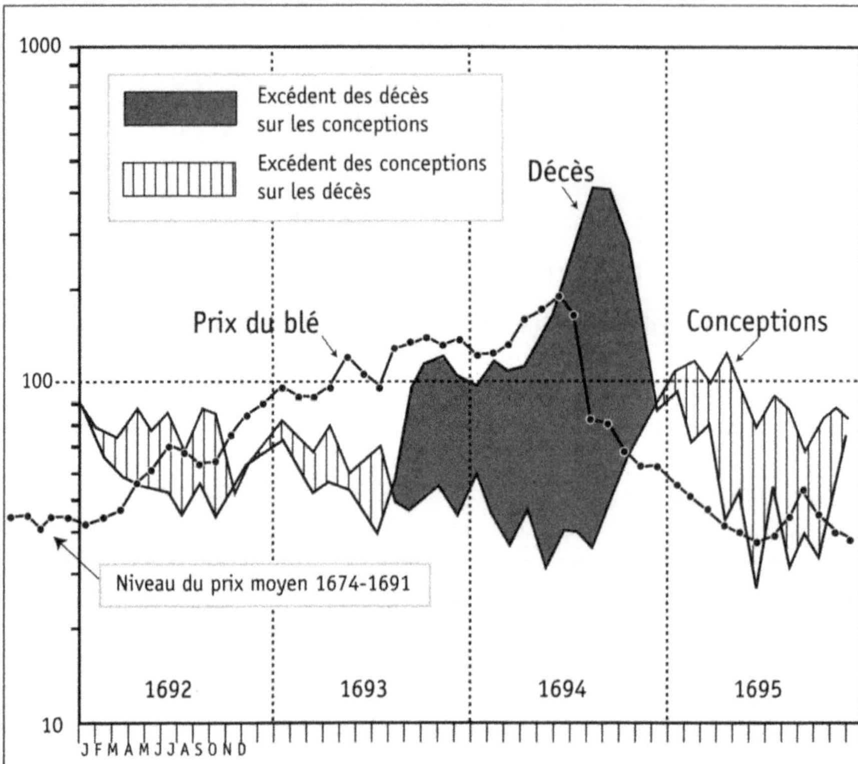

D'après P. Deyon, *Économies et sociétés préindustrielles*, Paris, A. Colin, 1970, p. 50.

Comment apprécier ces divergences d'analyse? Une interprétation unique paraît impossible. Il existe des crises uniquement épidémiques, surtout avec le retour de la peste de 1570 à 1650; de façon plus rare, des disettes sans mention de maladies. Mais toutes les crises de forte ampleur relèvent d'une complexe interaction des deux fléaux. Il ne faut pas sous-estimer la guerre qui tue moins directement par les décès de militaires qu'indirectement en excitant les deux autres causes par destruction des récoltes, fuite des paysans et diffusion de la contagion. Si les provinces intérieures ont été affectées au temps des guerres religieuses et de la Fronde, ce sont surtout les provinces du Nord et de l'Est qui en ont payé le prix fort, spécialement à l'époque de la guerre de Trente Ans.

Les crises confèrent une allure irrégulière à la croissance démographique. La succession trop rapide de crises de grande ampleur entraîne le ralentissement ou même la stagnation de la population car les phases de récupération ne sont plus assez longues, d'autant que l'enchaînement des classes creuses installe une baisse tendancielle de la natalité.

Le passage d'un régime démographique « ancien » à un régime « moderne »

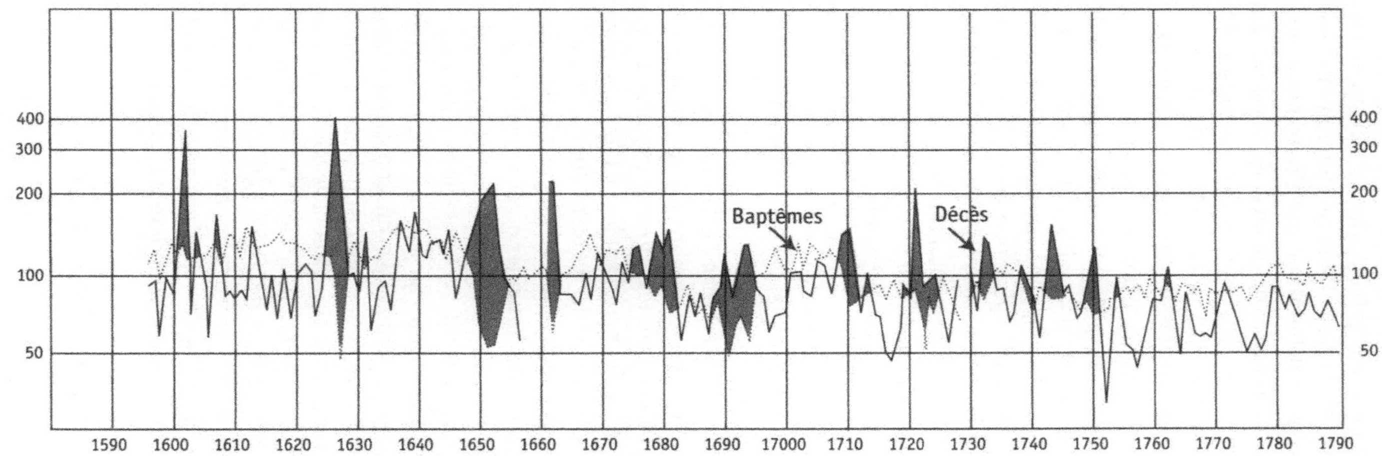

SAINT-LAMBERT-DES-LEVÉES
(Maine-et-Loire)

D'après P. Goubert cité par P. Deyon, *op. cit.*, p. 219.

La crise économique d'Ancien Régime

La crise économique d'Ancien Régime traduit, à travers un enchaînement de contractions, l'organisation structurelle de la production et des échanges d'une économie pré-industrielle. Elle débute par un affaissement de la production agricole à la suite d'une succession de mauvaises récoltes que ne peuvent compenser longtemps des réserves très limitées. Ces mauvaises récoltes sont dues à des accidents climatiques comme les hivers trop froids et les printemps et étés trop humides et trop frais. La circulation des produits agricoles demeurant très difficile de par l'insuffisance des transports et la priorité accordée par les autorités municipales et provinciales à l'approvisionnement local, le cloisonnement du marché aggrave la situation des régions déficitaires pendant que la spéculation conjuguée à la psychose des foules amplifie la hausse des prix.

L'élévation brutale du prix du pain gêne non seulement les classes populaires urbaines, mais aussi toute la petite paysannerie : non seulement les ouvriers agricoles ou les micro-exploitants, mais aussi tous les paysans petits ou moyens, vendeurs de surplus les belles années et rabaissés au rang de consommateurs pendant les années de crise. L'alimentation pour la survie accaparant l'essentiel du pouvoir d'achat des familles, la crise se diffuse au secteur artisanal qui contracte son activité pour s'adapter à la mévente de ses produits, ce qui renforce la spirale descendante en introduisant le commerce dans ce cercle infernal. Exclus des travaux saisonniers ou victimes du silence des métiers, toute une frange du menu peuple tombe dans la mendicité et l'errance sur les grands chemins.

Si la crise est terrible pour le grand nombre, elle avantage plutôt les notables. Les grands propriétaires fonciers comme les grands exploitants agricoles peuvent écouler leurs surplus agricoles à des prix très élevés. C'est une phase d'éclatement social où les endettés doivent abandonner les biens donnés en caution. La crise est ainsi une phase d'accélération dans la tendance longue à la dépossession terrienne de la paysannerie au profit des élites urbaines ou des meilleurs fermiers.

Ces mécanismes fondamentaux sont, à l'évidence, incontestables. Il convient toutefois de les nuancer en rappelant l'hétérogénéité d'un marché qui n'a pas encore de conjoncture vraiment nationale et en évitant le schématisme d'une dictature du prix des grains. La croissance du commerce international obéit aussi à des impulsions extérieures et la qualité supérieure des négociants est de savoir jouer de ces différentes conjonctures à échelle européenne ou mondiale. La prospérité des grands ports sous le règne de Louis XIV contraste ainsi avec une image excessive, parce que trop globale, de la crise générale du sombre XVIIe siècle. De même, les décalages constatés entre le mouvement des prix céréaliers et l'activité manufacturière montrent que les relations entre les trois grands secteurs de production obéissent à un ensemble complexe de variables.

L'anoblissement

Les formes d'anoblissement ont profondément évolué du XVIe au XVIIIe siècle parce que l'intégration dans le deuxième ordre, symbole de réussite sociale, ne pouvait échapper à la volonté de contrôle de l'absolutisme. D'un processus avant tout lié à la dynamique sociale, la monarchie est parvenue à faire une concession de pure grâce royale.

Au XVIe siècle, la noblesse n'a pas de définition juridique, mais sociale. Est noble celui qui se comporte selon le modèle culturel attaché à ce statut : valoriser son honneur en n'exerçant pas de métiers qualifiés dégradants car trop marqués par le travail manuel. Si le service du roi, de préférence dans ses armées, permet d'obtenir des lettres de mérite et si l'acquisition d'une seigneurie paraît indispensable pour mieux coller à l'archétype, la véritable reconnaissance se confond avec le regard des autres qui valident un genre de vie. Cette agrégation ne peut être que lente afin de respecter le temps de la formation du « sang bleu ». Il faut quatre générations pour faire un véritable gentilhomme. Au XVIe siècle, le renouvellement de la noblesse est donc particulièrement fort, ce qui légitime sa prétention à se définir comme l'élite de la société.

L'ordonnance de Blois de 1579, faisant suite aux états généraux de 1576, récuse officiellement pour la première fois l'entrée dans la noblesse par la simple acquisition de fiefs. Même si l'édit sur les tailles en 1600 réitère l'interdiction, les plaintes des cahiers nobles aux états généraux de 1614 prouvent que cette pratique n'a disparu que très lentement. Il ne reste que les lettres accordées directement par le roi, mais surtout l'achat d'offices anoblissant. Si les offices des cours souveraines attribuent une noblesse graduelle – un père et son fils devant exercer vingt ans ou décéder en charge sur deux générations –, l'office de secrétaire du roi auprès d'une chancellerie connaît un grand succès au XVIIIe siècle auprès des financiers et des négociants car il confère la noblesse directe au bout de vingt ans, sans réelle charge de travail.

Pour des raisons fiscales, Colbert fait procéder à une grande enquête à partir de 1666 pour rejeter dans le tiers état les usurpateurs. En rupture avec toute la tradition, des preuves écrites sont exigées pour le maintien : une filiation sans rupture pour ceux dont la noblesse remonte à plus d'un siècle, l'acte d'anoblissement pour les autres. Il en est résulté une limitation du renouvellement aboutissant à une diminution du nombre des nobles et l'affirmation d'une conception réglementariste propre à nourrir des réflexes de fermeture au XVIIIe siècle.

Le concept d'élites au XVIIIe siècle

Le concept d'élites a été forgé par certains historiens comme D. Richet ou G. Chaussinand-Nogaret pour insister sur le rapprochement s'opérant au XVIIIe siècle entre haute bourgeoisie et noblesse, dans une sorte de préfiguration du monde des notables du XIXe siècle. Il a été sévèrement critiqué par les historiens attachés à une lecture d'inspiration marxiste qui considèrent cette convergence comme une pure illusion vite dissipée par la radicalisation de la Révolution française principalement explicable par l'antagonisme entre noblesse et bourgeoisie.

Ses défenseurs insistent surtout sur l'ampleur des mutations dans le comportement économique de la noblesse. Les sociétés d'agriculture d'inspiration physiocratique, qui se multiplient à la suite de celle de Rennes de 1757, sont composées aux deux tiers d'aristocrates. En s'intéressant aux investissements commerciaux, mais surtout industriels, la noblesse, souvent la plus titrée, s'est laissée gagner par la logique capitaliste, partageant ainsi un ensemble de valeurs avec les grands négociants anoblis avec lesquels elle fait des affaires. La montée en puissance de l'opinion publique doit beaucoup aux cercles des Lumières où la seule référence à l'esprit de raison implique l'égalité des participants, en rejetant le peuple hors de cette sphère du débat public. Sans aller jusqu'à une suppression des distinctions d'ordres, ces interférences ont infléchi plus ou moins la culture nobiliaire comme en témoignent les cahiers de doléances du deuxième ordre en 1789 qui acceptent à 88 % l'égalité fiscale.

Il serait ainsi erroné de considérer la noblesse de la fin de l'Ancien Régime comme entièrement tournée vers le passé et hostile à toute réforme car une partie de ses membres est déjà très engagée dans la modernisation du royaume. Le véritable clivage semble plutôt passer entre une aile conservatrice unissant noblesse traditionnelle et haute bourgeoisie classique et une aile libérale regroupant noblesse moderniste et bourgeoisie entreprenante. La réserve la plus sérieuse vient de la réelle réticence du plus grand nombre, y compris dans la haute bourgeoisie, à l'annulation de toute distinction entre les ordres.

Une nouvelle lecture de la pauvreté

Le Moyen Âge lègue une vision idéalisée de la pauvreté. Même si leurs conditions d'existence sont misérables, les pauvres sont intégrés positivement dans les communautés parce qu'ils jouent un rôle spirituel essentiel. Rappelant de manière concrète l'idéal de service enseigné par le Christ d'après les Saintes Écritures, ils garantissent la vivacité d'une exigence évangélique intimement liée par le Christ lui-même dans ses paraboles à l'obtention du salut. Par leur présence, ils forcent à l'examen de conscience, empêchant ainsi des êtres déchus depuis le péché originel de glisser trop rapidement vers le mal. La conviction que la prière des pauvres est mieux entendue de Dieu se perpétue longtemps comme en témoignent les pratiques testamentaires et les cérémonies funéraires.

La croissance démographique du XVIe siècle, buttant vite sur un blocage de type malthusien, provoque un exode rural excessif générateur de graves problèmes sociaux comme l'augmentation de la mendicité et de la criminalité ou la répétition d'épidémies meurtrières. Ces milieux de l'errance et de la marginalité étant de plus en plus perçus comme un danger, l'image positive du pauvre, frère en Jésus-Christ, disparaît au profit d'une condamnation de sa fainéantise et de son immoralisme.

Les pouvoirs publics essaient de réagir. Lyon, suite à la « grande rebeyne » de 1529, crée l'Aumône générale qui reçoit comme mission une meilleure gestion de l'assistance. François Ier institue les prévôtés de la maréchaussée pour courir sus aux brigands de grand chemin. Les corps de ville prennent le contrôle des hôtels-Dieu gérés jusque-là par le clergé et ouvrent dans le dernier tiers du XVIe siècle des hôpitaux pour les pestiférés. En suivant l'exemple de Lyon qui a repris des initiatives de Flandre et d'Allemagne, ils organisent des bureaux des pauvres qui cherchent à rationaliser l'assistance avec des distributions en bon ordre réservées aux indigènes contre un travail de manœuvres auprès des fortifications ou dans le nettoyage des places. Cette politique n'est pas aisée à appliquer car chaque crise voit se déverser sur les villes un nombre considérable de miséreux du monde rural.

Aussi l'idée d'enfermement des pauvres assistés fait-elle son chemin. Lyon ouvre un hôpital général en 1624, innovation que le code Michau de 1629 aurait voulu généraliser, ce qui ne peut se réaliser qu'après la fondation de l'hôpital général de Paris en 1656. Ce grand renfermement répond en même temps à la peur sociale des notables urbains, au productivisme du colbertisme et aux objectifs missionnaires de la réforme catholique illustrée par la Compagnie du Saint Sacrement.

Le relatif échec des hôpitaux généraux conduit l'État à s'engager davantage. En 1724, le pouvoir royal repense le rôle de la maréchaussée tout en augmentant son soutien financier aux établissements. Le manque d'efficacité de la gestion tripartite assurée par le clergé, la justice et les villes l'oblige à créer des dépôts de mendicité en 1767. Financés par l'État et placés sous le contrôle de l'intendance, ces établissements s'occupent uniquement des vagabonds et des mendiants, laissant les autres miséreux à la charge des ateliers de charité où se prolonge une conception plus traditionnelle de l'assistance.

La chasse aux sorcières

La répression judiciaire brutale contre la sorcellerie est un phénomène historique qui émerge vers 1580 pour s'éteindre avec l'ordonnance royale de 1682, avec une première phase d'intensité maximale jusqu'en 1630, suivie d'une atténuation progressive de cette croisade religieuse et judiciaire. L'émergence de cette grande vague d'épuration après un siècle de diffusion de l'humanisme dans l'élite sociale ne cesse d'interroger. Les dénonciations de l'Église romaine contre les actes de superstition païenne étaient déjà fréquentes au Moyen Âge et la mansuétude de Louis XIV ne s'explique pas par l'éradication du phénomène qui resurgit en plein XIXe siècle après l'affaiblissement clérical provoqué par la Révolution. La chasse aux sorcières est donc bien avant tout le symptôme d'une profonde mutation culturelle à la jonction du politique et du religieux.

Les Églises catholique et protestante lancent le mouvement dans les années 1570 en s'inspirant du *Marteau des sorcières*, ouvrage célèbre paru en 1489 et réédité à Venise en 1574. Ce discours inspire la rédaction de nombreux traités de démonologie, dont la *Démonomanie* de Jean Bodin (1580), par ailleurs grand théoricien de la monarchie absolue. La concurrence pastorale issue de la rivalité confessionnelle explique largement cette radicalisation puisque chaque Église entend faire la preuve de sa plus grande fidélité au véritable christianisme en répudiant le plus vivement des pratiques anciennes interprétées comme éléments d'une stratégie démoniaque. Le délit de sorcellerie étant identifié comme crime de lèse-majesté donc valant bûcher, il revient à la justice royale d'en traiter les coupables, les officialités ne pouvant condamner à mort.

Bardés de leur certitude religieuse d'agir pour l'édification d'un ordre politique nouveau, les juges locaux s'acharnent sur leurs victimes, essentiellement des campagnardes plutôt âgées, car la procédure inquisitoriale exige des preuves irréfutables ou des aveux complets pour prononcer une condamnation. La seule chance des suspects est de résister à la torture afin d'être bannis. La plupart n'en ont pas la force et dénoncent parenté et voisinage, ce qui peut provoquer de terribles vagues de bûchers comme en Lorraine ou au Pays Basque au début du XVIIe siècle.

La géographie de la chasse aux sorcières dessine une France périphérique avec les frontières du Nord et de l'Est où l'influence de la Contre-Réforme espagnole se fait sentir, le Languedoc, où la compétition entre papistes et huguenots atteint une intensité maximale, et toutes les provinces où le renforcement du pouvoir royal remet en cause des privilèges communautaires et une tradition d'autonomie gestionnaire. La répression est d'autant plus efficace si, pour des raisons d'efficacité missionnaire ou d'intégration économique au marché favorisant une perméabilité culturelle, une partie de la communauté villageoise est gagnée à la nouvelle éducation tridentine. Pour qu'il y ait des accusés, il faut d'abord des dénonciateurs qui ne règlent pas uniquement des comptes locaux.

Selon R. Muchembled, la sorcière « n'est ni la révoltée sociale qu'invoque Michelet, ni la prêtresse inspirée d'un culte. Elle n'est que la victime expiatoire d'un affrontement entre une modernité conquérante et la résistance paysanne ». Dans le choc de deux cultures, l'intensité de cette répression judiciaire spécifique résulte d'un choix pédagogique de l'apprentissage de l'obéissance au sein d'une révolution culturelle politico-religieuse soutenue par l'alliance du trône et de l'autel.

Déchristianisation ou sécularisation au XVIIIe siècle ?

Qualifier l'érosion qui affecte l'influence de l'Église catholique dans la seconde moitié du XVIIIe siècle pose problème aux historiens. Certains ont d'abord parlé de déchristianisation avant d'être récusés par d'autres qui estiment que ce concept ne traduit pas bien une évolution qui révèle peut-être plus une mutation du sentiment religieux et des règles morales qu'un éloignement du mystère central du christianisme.

Cette perte d'influence peut se lire à travers quatre grandes directions. Le moindre engagement religieux se manifeste aussi bien dans la réduction des vocations qui affecte surtout le clergé régulier masculin que dans le déclin des confréries de dévotion concurrencées par de nouvelles formes de sociabilité comme les loges de la franc-maçonnerie. La ruralisation du bas clergé paroissial n'est que la conséquence d'un moindre intérêt de la bourgeoisie urbaine pour la carrière ecclésiastique. La baisse de participation des fidèles aux pèlerinages peut être associée à une moindre croyance dans les guérisons miraculeuses auprès des sanctuaires sacrés. Les modifications de la composition interne des ex-voto laissant la représentation anecdotique prendre une place majeure au détriment du symbolisme divin et la diversification des lectures, qui fait perdre au livre religieux la prépondérance massive dont il jouissait dans les bibliothèques du XVIIe siècle, sont aussi des signes de forte mutation.

La baisse de l'influence morale du catholicisme se mesure à la diffusion d'une limitation volontaire des naissances en descendant la hiérarchie sociale, mais surtout à la hausse brutale des conceptions prénuptiales et du nombre d'enfants illégitimes. Cela va donc bien au-delà du célèbre libertinage aristocratique. La rédaction des testaments révèle une baisse des références religieuses et des demandes de messe ou des donations aux œuvres religieuses, ainsi qu'une plus grande indifférence aux pompes funèbres et au lieu d'inhumation.

Plusieurs raisons se croisent pour expliquer ces phénomènes. L'Église n'est pas exempte de responsabilités : sa défense pointilleuse de ses privilèges fiscaux, son intolérance envers les protestants, ses déchirements internes entre jésuites et jansénistes ont pu dresser une image négative d'un ordre peu charitable. L'excès de zèle pastoral de la minorité janséniste a pu détourner des fidèles se sentant méprisés dans leur culture. Le succès de l'image du tribunal de l'opinion publique, où toutes les questions sont soumises au jugement d'êtres éclairés par la seule raison universelle, et l'inclination de la philosophie des Lumières vers le déisme ont raidi l'Église dans une stricte défensive. L'accélération de l'exode rural liée à la croissance démographique a déstabilisé les communautés de croyants : à l'inverse du XVIIe siècle où la ville était un pôle de catholicisation, celle-ci est devenue le lieu de la désaffection.

Au-delà, il faut invoquer les effets d'une intériorisation plus forte de l'expérience religieuse qui se rattache à une inflexion culturelle profonde vers l'individualisme favorisant la recherche de l'intimité comme en témoigne une nouvelle conception du logement. Cette nouvelle sensibilité aboutit à l'abandon d'une extériorisation ressentie comme inutile dans une expression religieuse relevant d'abord de la conscience individuelle. L'approfondissement de la foi n'est plus forcément aussi ostentatoire. Tout cela s'accompagne d'un début de laïcisation dans la réflexion sur les fondements de l'État monarchique, ce qui travaille à un transfert de sacralité du religieux vers le profane. C'est au nom de cette complexité d'interprétation qu'il est préférable de parler de processus de sécularisation.

Les rituels cérémoniels

Le sacre est un acte essentiel de la religion monarchique car il permet de souligner la fonction sacerdotale du roi comme intermédiaire entre Dieu et ses sujets en assimilant la cérémonie de Reims à l'ordination des prêtres. Pourtant certains gestes du rituel s'adaptant mal à la célébration de l'absolutisme, l'importance du sacre se réduit à partir du XVIIe siècle. L'onction est donnée par l'archevêque de Reims avec l'huile de la Sainte Ampoule qui, selon la tradition, avait été apportée du ciel par une colombe à la prière de saint Rémi pour le baptême de Clovis. Six pairs ecclésiastiques et six pairs laïques représentent le royaume, avec la caution de la foule présente dans la cathédrale ouverte, symbolisme supprimé en 1654 où il n'y a plus que des invités dans un temple fermé.

Si le serment de poursuivre les hérétiques est maintenu, même pour Henri IV, tout en étant édulcoré pour Louis XVI, l'engagement envers le royaume qui appelle un acquiescement des présents est abandonné dès Henri IV car cela suggère trop l'idée de consentement. Jusqu'en 1594, le roi veille la nuit précédente comme le chevalier avant son adoubement, sauf pour Charles IX censé dormir par symbolisme solaire : comme l'astre céleste triomphe sans cesse des ténèbres, le roi renaît naturellement. Cette nouvelle interprétation s'impose à partir de Louis XIII. Au sacre est lié le pouvoir thaumaturgique du roi qui reçoit le pouvoir miraculeux de guérir les écrouelles, ganglions d'origine tuberculeuse.

Les funérailles sont un autre temps fort du cérémonial monarchique qui atteint son apogée au XVIe siècle. Si l'effigie remplace le cadavre royal dans les processions depuis le décès de Charles VI en 1422, ce n'est qu'en 1498 que le mannequin, dont la figuration devient beaucoup plus réaliste, symbolise le corps éternel de la monarchie dans une assimilation à la double nature du Christ, homme mortel et Dieu éternel. Entre le décès de son père et son inhumation, le dauphin doit se tenir caché. En 1610, dans l'inquiétude des conséquences de l'assassinat d'Henri IV, le jeune Louis XIII préside tout de suite un lit de justice au parlement de Paris pour installer la régence. L'effigie perd alors toute signification et disparaît aux funérailles de 1643. L'absolutisme est incompatible avec la théorie des deux corps du roi : la souveraineté ne se transmet pas par l'intermédiaire du corps mystique du royaume, mais bien de père en fils selon le droit du sang.

Les mutations idéologiques dans le modèle monarchique influencent donc directement l'ordonnancement de la liturgie royale. Avec la montée de l'absolutisme, les deux grands cérémonials régressent au profit des lits de justice, promus comme fondateurs de règne, et de la multiplication des Te Deum où une élite sélectionnée est invitée à contempler la gloire du roi élevé au-dessus des humains dans un face-à-face avec Dieu.

Le tyrannicide

Le massacre d'une partie de l'aristocratie protestante à Paris lors de la Saint-Barthélemy (1572) a traumatisé les calvinistes. Le geste royal radicalise un courant déjà critique envers une pratique trop personnelle du gouvernement du royaume, car le roi semble avoir trahi le serment de son sacre en se muant en meurtrier de ses propres sujets. Le courant monarchomaque représenté par François Hotman (*Franco-Gallia*, 1573), Théodore de Bèze (*Du droit des magistrats*, 1575) et Duplessis-Mornay (*Vindicae contra tyranos*, 1579), réactualise la théorie du contrat qui légitime le droit de résistance contre un roi devenu tyrannique. Soucieux de modération, ils entendent réserver cette possibilité de déposition à l'élite de la nation : aristocratie féodale ou robe des cours souveraines.

Leur thématique est reprise et radicalisée par la Ligue lorsque Henri III ordonne l'assassinat des Guise aux états généraux de Blois en décembre 1588, geste perçu par les catholiques intransigeants comme une preuve aveuglante de la tyrannie du roi qui préfère s'allier avec les huguenots plutôt que de défendre la vraie foi. Le moine dominicain Jacques Clément est convaincu d'être le bras armé de la punition divine lorsqu'il blesse à mort Henri III occupé au siège de Paris, le 1er août 1589. Son geste est approuvé par une bonne partie des catholiques, celle qui place la défense de la vérité religieuse au-dessus des contingences politiques. Tous les auteurs des attentats manques contre Henri IV jusqu'à Ravaillac, qui parvient à ses fins en mai 1610, se maintiennent dans cet imaginaire.

Les ultra-catholiques peuvent prétendre se référer à la théologie jésuite plus ou moins encline à la justification du tyrannicide selon les auteurs. Si le cardinal Bellarmin (*De summo pontifice*, 1581) se limite à défendre le droit pontifical de déposer un mauvais roi mettant en péril le salut de ses sujets, thème repris par les grands théologiens espagnols Molina en 1588 et Suarez en 1614, les « politiques », catholiques fidèles à Henri IV et défenseurs de l'édit de Nantes, se sont surtout offusqué des idées de Juan Mariana (1598) défenseur d'une monarchie tempérée sous contrôle de l'épiscopat et apologiste du tyrannicide.

La plupart des officiers royaux, partisans d'un renforcement du pouvoir royal et pétris de gallicanisme, se sont reconnus immédiatement dans le célèbre article du tiers de Paris et Ile-de-France, placé en tête du cahier de doléances rédigé pour les états généraux de 1614, exigeant une condamnation sans équivoque de la « pernicieuse doctrine » et l'inscription de ce rejet au rang des lois fondamentales de l'État. La réticence instinctive de la régente devant la procédure tendant à valoriser le rôle « constitutionnel » des états et le décalage entre le gallicanisme militant du tiers et l'inflexion tridentine du clergé expliquent l'échec de cette initiative, figure exemplaire de l'impuissance générale de cette assemblée nationale victime de la division des ordres, la dernière à se réunir avant 1789.

Le système fisco-financier

La gestion provinciale de la fiscalité royale repose sur trois principes : la spécialisation par type de taxes, l'assignation annuelle de chaque source de revenu à un type de dépenses et la non-différenciation par les officiers de finance des fonds royaux et des fonds privés qui leur appartiennent ou qui sont placés par des particuliers. Les trésoriers de France et les receveurs placés sous leurs ordres collectent les revenus du domaine royal. La taille est rassemblée dans des élections par des élus, suivant la répartition des généraux des finances, pour être remise aux receveurs généraux qui centralisent au niveau d'une généralité. Les receveurs des parties casuelles gèrent toutes les opérations touchant aux offices. Les trésoriers payeurs des généralités s'acquittent des dépenses (gages des offices, rentes, travaux de défense et de voirie) sous la surveillance des contrôleurs généraux. Le solde est envoyé au Trésor de l'Épargne en monnaie métallique ou par lettre de change tirée sur un marchand banquier parisien. Le pouvoir royal laisse volontiers ses officiers faire fructifier cet argent en le mêlant à leurs spéculations privées, tout en les soumettant au contrôle des chambres des comptes et surtout à la tutelle de l'intendance.

Dès le XVe siècle, le pouvoir royal a commencé à bailler à ferme la perception de l'impôt du sel. Des particuliers, rassembleurs de capitaux, avancent une somme fixée afin de se voir confier le recouvrement d'une taxe moyennant un profit intéressant. En 1576 apparaît le premier affermage à grande dimension pour les pays de « grande gabelle », les preneurs sous-traitant ensuite les greniers à sel. Entre 1596 et 1604, cette pratique est étendue aux aides et aux traites. La facilité de gestion incite Colbert à tout regrouper dans la Ferme générale en 1681.

Parallèlement, le pouvoir royal s'est aussi déchargé dans la même période des ventes d'offices, des placements des emprunts, de la levée des nouvelles impositions, voire parfois de la taille elle-même, de la réintégration des parcelles du domaine royal aliénées, du recouvrement des amendes. De 1594 à 1657, la monarchie a conclu environ 2 410 traités dont plus la moitié dans la phase de crise 1635-1648. Réduite avec Colbert, cette méthode connaît ensuite une explosion avec des contrats beaucoup plus gros à cause des énormes dépenses de guerre. De 1688 à 1715, 680 traités font au total 853 millions de livres, soit 12 millions en moyenne par ferme. François Ier a lancé le recours aux emprunts à long terme assignés sur des recettes en les faisant placer soit auprès des officiers, soit par l'intermédiaire des municipalités des grandes villes, spécialement l'hôtel de ville de Paris. Le recours massif à l'emprunt à court terme pendant les guerres est une habitude prise avec Richelieu pendant la guerre de Trente Ans.

Tout cet appel d'argent est confié à des financiers qui se recrutent parmi des bourgeois rentiers, des marchands banquiers, des fournisseurs aux armées et même des officiers de finances. Ces traitants ou partisans – le terme parti étant synonyme de traité, donc de ferme – ne sont que des intermédiaires qui drainent les capitaux de toute l'élite sociale qui, derrière un écran de prête-noms, se trouve ainsi associée à la gestion financière de l'État. Parmi les plus grands investisseurs se trouvent des nobles de cour et de bonne position provinciale, des prélats, des parlementaires et autres officiers de cours souveraines. La déclinaison des sous-traitances permet de descendre fort loin dans la bourgeoisie provinciale. Le fait qu'une large partie des élites françaises ait lié l'évolution de sa fortune à la capacité de l'État à drainer de plus en plus de ressources explique pourquoi l'absolutisme du XVIIe siècle n'a pas été imposé par la force, mais largement accepté comme particulièrement profitable.

Le mythe de l'intendance

Fort de sa commission royale lui attribuant le contrôle de la justice, de la police et des finances dans une généralité, l'intendant est souvent présenté comme le symbole de la centralisation administrative opérée par l'absolutisme monarchique. Cette image d'omnipotence, présentée comme une préfiguration de la centralisation préfectorale du XIXe siècle, est certainement exagérée.

Placé en position d'arbitre entre les officiers royaux et les institutions représentatives locales, l'intendant a constamment besoin de l'appui du conseil du roi. Cet impératif commande de ne pas créer beaucoup de récriminations en province, de disposer d'alliés solides à la cour grâce à une bonne intégration dans de puissants réseaux d'influence centrés sur les ministères et de s'assurer l'oreille du gouvernement central par la qualité de son travail. Œuvrant avec un faible effectif, soumis aux contraintes de l'espace et du temps, l'intendant ne dispose pas de grands moyens financiers. Le recrutement de subdélégués ne peut s'appuyer que sur l'honorabilité gagnée au service du roi. Les longues commissions, ouvrant sur plus de continuité dans l'action, ne sont guère utilisées par crainte d'une éventuelle notabilisation territoriale du commissaire royal. Toutefois, l'esprit de carrière de ces maîtres des requêtes au conseil d'État ou de ces conseillers de cours souveraines, dont les plus ambitieux rêvent de terminer dans une ambassade ou même un ministère, demeure une solide garantie pour l'autorité royale.

Les questions financières sont restées primordiales à cause des réformes fiscales du XVIIIe siècle ; mais certains ont pu hésiter entre l'application intraitable des exigences du contrôle général à l'image de D'Étigny à Auch et une écoute relative des plaintes des administrés comme La Tour en Provence. Dans la tutelle des communautés, les attitudes ont été variables, que ce soit dans le contrôle politique des corps de ville ou l'introduction du libéralisme économique dans les communautés rurales. Dans l'économie, l'intendant a plus joué le rôle d'enquêteur et de régulateur que de responsable de grands plans d'action.

L'urbanisation et la construction des routes sont cependant deux terrains d'intervention qui ont fait la gloire de certains intendants comme Feydeau de Brou en Bretagne, Tourny à Bordeaux, Du Cluzel à Tours et Turgot dans le Limousin. Pour l'aménagement des villes, si la prise en charge administrative des opérations est réelle, l'initiative du projet et la conception de sa réalisation semblent partagées avec d'autres agents royaux et surtout les oligarchies municipales. Pour les routes, l'influence du corps des ingénieurs des Ponts et chaussées s'est étendue bien au-delà de la compétence technique, jusqu'à prôner par exemple la réforme de la corvée royale, expertise dont devait se souvenir Turgot promu au contrôle général.

L'action de l'intendance n'est pas celle d'un homme seul obligé de tout inventer et de porter à bout de bras des projets d'avenir face à des élites locales passives ou même hostiles. Elle s'inscrit dans la durée sur plusieurs commissions royales et elle opère la synthèse d'interventions variées. Cette réévaluation n'aboutit pas à une dévalorisation de la fonction qui demeure le meilleur outil de transformation dont dispose la monarchie, mais à une approche plus pertinente de la monarchie administrative basée sur l'idée d'imbrication profonde des structures de pouvoir, d'où la part grandissante tenue par l'art de la conciliation.

Les révoltes populaires : l'expression d'une culture

Dans le demi-siècle (1625-1675) d'intensité maximale des révoltes populaires, les villes et les campagnes semblent vouées à une subversion anarchique liée au caractère spontané de ces explosions sociales engendrées par la misère. Pourtant, cette violence n'est ni aveugle, ni sans logique. Elle choisit ses victimes : les notables impliqués dans la gestion des nouvelles impositions suivent de près les sergents et gabeleurs sur qui sont tombés les premiers coups. Les émeutiers ne sont pas des marginaux, mais des habitants intégrés dans les diverses structures corporatives urbaines ou les communautés villageoises, simplement broyés entre les insuffisances de récolte et la hausse extraordinaire de la fiscalité royale. Les pillages ne s'opèrent pas de manière sauvage, mais sont destinés à sanctionner les abus des traitants. La volonté punitive légitimant toute l'insurrection est soigneusement mise en scène en référence aux procédures royales réinterprétées dans une logique d'inversion propre à tous les grands moments festifs de type carnavalesque. Les supplices infligés aux gabeleurs imitent souvent des jeux de mort sur des animaux si fréquents dans toutes les réjouissances publiques. Les grandes libations qui fêtent le succès provisoire puisent directement dans la tradition des banquets qui sont partie intégrante des cérémonials des confréries.

Les meurtres collectifs, justifiés comme des actes de justice, ne sont que l'aboutissement d'une sorte de procédure criminelle. Les mutilations de cadavres, avec exposition des corps aux carrefours, défilés macabres dans les rues aboutissant souvent à la rivière pour y jeter les corps, ne sont que les répliques des rites judiciaires de la monarchie. Cette transposition légitime aussi le sac des maisons qui finissent incendiées comme les grands criminels qui expient sur le bûcher, dans un rituel de purification. Cette dimension judiciaire de la violence populaire appelle une double interprétation : ou il s'agit d'une pure reproduction d'un pouvoir régalien par une foule se substituant à un roi défaillant, ou il s'agit d'une stratégie pour inviter le monarque à reprendre les affaires en mains en recadrant son gouvernement. En instrumentalisant la punition du criminel comme pédagogie de l'apprentissage de l'obéissance, la monarchie dote les sujets d'une culture politique qui se retourne contre son action lorsque celle-ci paraît suffisamment aller contre la tradition pour être considérée comme criminelle.

Dans toute cette démarche punitive, la violence reste collective parce qu'elle ne peut se justifier que dans la légitime défense communautaire. La participation active des femmes et des enfants, évidence de l'innocence et dont le rôle est de porter les premiers coups, demeure la manière la plus démonstrative de signifier l'unanimité de la communauté. Le désordre entend se montrer comme une entreprise de rétablissement d'un ordre ancien perturbé par des innovations étatiques contraires à la tradition, ne pouvant être appuyées que par des traîtres à l'idéal communautaire. Cette orientation permet de mieux comprendre la longueur de la phase d'apprentissage des exigences nouvelles de l'État de finances. Malgré les répressions qui s'abattent sur les révoltés, le long mouvement des émotions du XVIIe siècle apparaît bien comme l'expression agitée d'une pulsion irrésistible des communautés qui, happées dans un grand mouvement d'acculturation à l'absolutisme administratif, retrouvent par moments un réflexe défensif de solidarité.

La Fronde

Il est classique de distinguer une Fronde parlementaire et une Fronde des princes, avec une articulation complexe entre les deux contestations qui ne se laisse pas aisément interpréter. La tentation est grande de considérer qu'il s'agit, au-delà de la défense d'intérêts catégoriels, d'une forte réaction anti-absolutiste de corps fondamentaux du royaume après la profonde inflexion politique impulsée par les cardinaux de Richelieu et de Mazarin. Le fait que le gouvernement royal ne perde presque jamais l'initiative politique au cours d'une phase tumultueuse et que la sortie de crise contribue à la relance du processus absolutiste invite à reformuler l'interrogation en ne plaçant plus la question sur la nature du régime, mais plutôt sur la méthode de gouvernement.

En arrière-plan se joue la dernière scène de la crise séculaire entre l'État et ses « bonnes villes ». Au lieu de s'appuyer sur de fortes communautés urbaines en garantissant leurs privilèges, la monarchie, dans la synergie de ses penchants idéologiques et du coût exorbitant de la guerre de Trente Ans, pratique une stratégie de grignotage des franchises qui heurte de plein fouet l'idéal de la citoyenneté entretenu par la gestion des corps de ville. Paris offre ainsi l'exemple éclairant d'une solidarité bourgeoise traditionnellement assise sur ses structures miliciennes de quartier, mais démantelée par l'action manipulatrice des Grands frondeurs en 1652.

La rébellion parlementaire s'inscrit dans un grand débat sur le mode d'action gouvernemental dont on peut résumer l'enjeu dans l'alternative entre pratiques de l'ordinaire et de l'extraordinaire. Selon R. Descimon, face au style Richelieu représenté par l'addition du ministériat, de la priorité à la guerre contre les Habsbourg, du recours massif aux financiers et de l'administration des commissaires, les parlementaires veulent défendre une tradition de l'ordinaire caractérisée par la formule inversée de la direction étatique par le roi lui-même, de la paix dans la chrétienté catholique, d'une gestion financière par les officiers royaux et du maintien de la supériorité de l'État de justice sur l'État de finances, légitimant ainsi pour les cours souveraines un droit de conseil auprès du roi.

La Fronde des princes révèle les discordances dans la culture politique du deuxième ordre. Dans le processus de ralliement à l'absolutisme, tous n'ont pas évolué à la même vitesse. Alors que Condé ne réclame qu'une distribution équitable des bienfaits d'un État fort selon la hiérarchie traditionnelle des dignités, plusieurs de ses amis en sont encore au devoir de révolte dans son éthique du XVIe siècle, c'est-à-dire la restauration d'une monarchie tempérée dont le signe emblématique demeure le recours aux états généraux. Si les idées des princes divergent sur la nature du régime, ils partagent une même culture de l'action politique. Chefs de partis de type clientélaire avec le devoir de placer leurs créatures, ils se révèlent habiles dans l'action manipulatrice comme l'illustrent les 5000 mazarinades. Pénétrés de l'esprit baroque du premier XVIIe siècle, ils perçoivent le champ politique comme un théâtre où se donne une représentation. Plus préoccupés de mobiliser des partisans pour maintenir la primauté de leur parti que de faire connaître leur doctrine politique, ils confèrent ainsi à la Fronde son caractère chaotique qui rend si délicate toute interprétation.

L'Affaire des Placards, 1534

Depuis le début du règne de François Ier, les idées de réforme de l'Église romaine se sont diffusées en France. L'évangélisme, qui associe la doctrine de la justification par la foi seule et celle de la présence réelle du Christ dans l'Eucharistie, demeure le principal courant dont les grandes figures sont Lefèvre d'Étaples, traducteur du Nouveau Testament et animateur de la nouvelle pastorale du diocèse de Meaux de 1518 à 1525, Marguerite de Navarre, sœur du roi, auteur du *Miroir de l'âme pécheresse* (1531), son confesseur Gérard Roussel, Martial Masurier, ancien prédicateur de Meaux, et le théologien Claude d'Espence. Il existe également des groupes luthériens dans les villes universitaires, mais aussi des disciples de Zwingli, réformateur de Zurich, et même des sympathisants de l'anabaptisme que Calvin dénoncera comme « libertins ». L'espoir d'un rapprochement entre les discours d'Érasme et de Luther, soutenu par l'idéal iréniste de réconciliation pour la restauration de l'unité chrétienne, se heurte à la double opposition de la faculté de théologie de Paris et de certains parlements. À leurs yeux, tous les réformateurs sont des luthériens schismatiques qui fondent la renaissance du christianisme sur la rupture avec Rome en centrant leurs attaques sur le culte des saints et le mystère eucharistique.

Dans la nuit du 17 au 18 octobre 1534 est affiché simultanément à Paris, Tours, Orléans, Blois, Rouen et même à Amboise dans le château royal, un manifeste provocateur rédigé par Antoine Marcourt, réformé français d'obédience zwinglienne, pasteur à Neuchâtel. Ce brûlot provoque tout à fait l'effet escompté en obligeant François Ier à abandonner la voie médiane jusque-là suivie pour s'orienter vers une première répression. La provocation délibérée des sacramentaires est ainsi parvenue à casser l'hypothèse d'une réforme gallicane modérée que l'évangélisme français espérait promouvoir sous le patronage royal.

La crise entraîne la fuite à Bâle de Jean Calvin, jeune érudit de 25 ans ayant étudié le droit à Orléans et Bourges, éveillé au luthéranisme par l'humaniste allemand Melchior Wolman, mais converti seulement à la réforme au début de 1534 après la condamnation par la Sorbonne du discours d'inspiration évangéliste de son ami Nicolas Cop, recteur de l'université de Paris, texte qu'il avait partiellement inspiré. Appelé à Genève par le réformateur Guillaume Farel, il y rédige *L'Institution de la religion chrétienne* (1536), ouvrage en latin dédicacé à François Ier avec l'espoir que le monarque, touché par la grâce de la vérité religieuse, endosse le rôle historique de réformateur de l'Église de France sur cette base doctrinale.

La Saint-Barthélemy, 1572

L'interprétation de la Saint-Barthélemy, repère historique traumatique dans la mémoire protestante mais aussi nationale, suscite toujours des divergences entre les historiens. L'événement est d'autant plus difficile à analyser que les sources sont réduites, souvent composées de plaidoyers très orientés, et que l'option royale paraît en totale contradiction avec la politique de coexistence pacifique menée par la monarchie depuis 1560.

La cérémonie de mariage entre Henri de Navarre et Marguerite de Valois (18 août 1572) reste encore un symbole fort de cette logique politique et philosophique de dépassement de la violence, mais elle reste incomprise des catholiques intransigeants qui considèrent cette alliance comme un sacrilège. Le 22 août, l'amiral de Coligny, un des chefs du parti huguenot, est blessé d'un coup d'arquebuse. Qui a commandité l'attentat ? Sans doute l'Espagne de Philippe II ou les Guise ou les deux ensemble, avec la complicité du duc d'Anjou, frère du roi Charles IX. L'aristocratie huguenote est partagée entre le désir de rejoindre la province pour l'organisation de prises d'armes et le choix de rester pour convaincre le roi de déclarer la guerre à l'Espagne afin de soutenir les révoltés calvinistes des Pays-Bas. Après deux ou trois séances de conseil restreint est prise la décision, soutenue par Catherine de Médicis, d'éliminer physiquement les chefs huguenots les plus radicaux.

Pour J. Garrisson, c'est l'engrenage du jeu du soupçon et du complot qui mène la mère et le fils à cette volte-face. Pour J.-L. Bourgeon, cette décision est « subie comme une fatalité » par un roi pris en étau entre la crainte d'une guerre avec l'Espagne et l'affolement devant la menace de soulèvement populaire parisien brandie par les Guise. Pour D. Crouzet, Charles IX cherche à reprendre l'initiative au prix d'une élimination ciblée dans l'aristocratie huguenote, sorte de « crime humaniste » justifié par la recherche du moindre mal dans un idéal de restauration de la paix soutenu par l'orientation néoplatonicienne de l'entourage royal.

La punition royale contre un petit nombre de gentilshommes présentés comme rebelles dégénère en réalité en d'effroyables massacres qui durent du 24 au 29 août, la monarchie étant incapable d'en arrêter le cours. Après avoir présenté la mort de l'amiral comme une initiative des Guise, Charles IX renverse très vite son argumentation devant le parlement en prenant sur lui la responsabilité de toute l'épuration justifiée comme la réplique préventive à un complot d'ampleur nationale risquant de replonger la France entière dans la guerre civile. Est-ce seulement une parade tactique pour éviter de perdre publiquement la face (J.-L. Bourgeon) ou est-ce la marque de la force des réticences que la crainte du fractionnisme huguenot a toujours inspirées à Charles IX ?

Pour la plupart des historiens, l'ampleur des tueries résulte de l'explosion spontanée du ressentiment de la foule parisienne travaillée depuis plus de dix ans par les prédicateurs ultra-catholiques dans une légitimation de la violence sacrale purificatrice, juste expression de la colère divine. Le roi a donné le signe qui libère un flot de haine exacerbé par les fluctuations générées par une politique royale de « tolérance » totalement incomprise. J.-L. Bourgeon récuse cette idée de dérapage liée à la spontanéité d'un mouvement de masse à motivation religieuse et défend l'hypothèse d'une insurrection méthodique organisée par les Guise, avec la caution du parlement et l'appui logistique de la milice bourgeoise. D. Crouzet préfère invoquer l'ambiance eschatologique. La mobilisation sanguinaire est un révélateur du climat d'angoisse collective nourri des appels prophétiques des prédicateurs : la gloire de Dieu commande l'action salvatrice pour l'éradication des hérétiques avant la fin du monde dont on perçoit l'accumulation de signes annonciateurs. La Saint-Barthélemy serait ainsi « une grande geste mystique qui prend sa force dans une hallucination collective de la présence de Dieu ».

La journée des Dupes

Le 11 novembre 1630 s'est joué l'orientation définitive du règne de Louis XIII et au-delà de la monarchie française du XVIIe siècle, dans une ambiance rocambolesque qui a justifié l'appellation de « journée des Dupes ». Marie de Médicis, après avoir poussé le cardinal de Richelieu dans le conseil du roi en 1624, a trouvé que son ancienne créature s'était trop détachée d'elle tout en prenant un ascendant de plus en plus fort sur Louis XIII. À la suite d'une violente altercation entre la mère et le fils où la première a pu penser l'avoir emporté, le bruit du renvoi de Richelieu a couru tout Paris. Toutefois, après avoir laissé passer l'orage, Louis XIII a confirmé le cardinal comme principal ministre en renvoyant même ses principaux adversaires rangés derrière le garde des sceaux Michel de Marillac. Marie de Médicis, exilée à Compiègne, a préféré alors se réfugier à Bruxelles, capitale des Pays-Bas espagnols.

Cette journée à rebondissements est restée célèbre parce qu'elle marque le choix définitif de Louis XIII entre deux orientations politiques en concurrence dans son conseil, celle du parti des « bons Français » défendue par Richelieu et celle du parti dévot exprimée par Marillac. La première option plaçait la lutte contre les Habsbourg comme une priorité absolue, ce qui signifiait une diplomatie orientée vers des alliances avec les États protestants, la prolongation de l'édit de Nantes amputé de ses privilèges politiques et militaires, et surtout un énorme effort fiscal pour financer la guerre, d'où une centralisation administrative renforcée. Une alternative soutenue par les dévots s'articulait autour d'une défense du catholicisme par une politique extérieure de rapprochement avec les Habsbourg et par la suppression du pluralisme religieux en France, ce qui devait permettre des réformes intérieures visant au soulagement du peuple par la réduction des impôts et à l'abolition de la vénalité des offices au profit du patronage aristocratique.

De manière plus profonde, se jouait ici le conflit entre les modèles de l'État d'offices coiffés par la superstructure des commissaires et de l'État des clientèles aristocratiques vues comme relais principaux de l'autorité royale. Les vaincus de novembre en sont restés d'autant plus amers que Richelieu avait débuté sa carrière politique en partageant leur idéal. Cette défaite mal digérée et la profondeur du ressentiment expliquent la succession de complots et de tentatives de prises d'armes que Richelieu a dû affronter jusqu'à sa mort en 1642.

La cour de Versailles

Versailles est sans conteste l'une des plus belles réussites de Louis XIV, aussi bien pour l'affirmation de sa gloire de Roi-Soleil dans une dimension européenne que pour le ralliement de l'aristocratie à l'État absolutiste.

De 1662 à 1674, Versailles n'est d'abord qu'un jardin réalisé sur les plans de l'architecte-paysagiste Le Nôtre, espace structuré de massifs végétaux, fontaines et bassins, enrichi de sculptures d'animaux inspirés des fables d'Ésope et de figures mythologiques extraites des *Métamorphoses* d'Ovide, exaltant Apollon, dieu solaire érigé en symbole du pouvoir monarchique. Ce cadre accueille de nombreux spectacles et divertissements dont la célèbre « fête des plaisirs de l'île enchantée » offerte à six cents courtisans en 1664. Commencé en 1669 sous la direction de l'architecte Le Vau, et poursuivi par Hardouin-Mansart, le palais enveloppe progressivement les quatre pavillons de Louis XIII, surtout avec l'édification des ailes nord et sud amorcée en 1679. La cour ne peut cependant s'y installer qu'en 1682.

Palais chargé d'établir la preuve de la suprématie française en Europe, Versailles est aussi un outil d'apprentissage de l'absolutisme par l'accumulation d'une figuration allégorique qui enserre les courtisans de toutes parts. Imaginé par le peintre et architecte Charles Le Brun, le Grand Appartement (1671-1681) est une enfilade de sept pièces, dédiées chacune à une planète du système solaire, mettant en scène un traité de bon gouvernement selon la logique de Louis XIV. Pour l'iconographie de la Galerie des Glaces, Le Brun est prié en 1678 de substituer la célébration des victoires militaires dans les guerres de Dévolution (1667-1668) et de Hollande (1672-1678) au programme initial prévu autour d'Apollon et d'Hercule. Achevée en 1684, la galerie ne parle plus de la grandeur royale par la médiation de la mythologie mais à partir de la réalité du temps présent : le roi de guerre du royaume hégémonique parvient à l'apothéose en subjuguant tous ses ennemis.

En 1701, l'implantation de la chambre du roi à côté de la salle du conseil, au centre du palais, offre sa cohérence globale à la liturgie de Versailles, sanctuaire idéal pour la célébration de la fusion du corps mystique du roi et du corps symbolique de l'État dans un troisième corps sacramentel. Après la consécration de la Grande Chapelle en 1710, Louis XIV, par son isolement dans la tribune supérieure, rappelle à chaque office aux courtisans massés dans la nef comment le R.T.C. est un intermédiaire entre les hommes et Dieu qui ne peut être que son seul juge selon le discours même de Bossuet.

L'existence d'un palais de grandes dimensions, brillant de toute sa richesse décorative au milieu d'un jardin ordonné dans la même harmonie, le tout associé à l'émergence d'une ville neuve pour exalter la surpuissance constructive de la monarchie, tels sont les constituants du modèle versaillais qui rencontre un grand succès dans l'Europe princière du XVIIIe siècle. Cette imitation témoigne aussi de l'attrait exercé sur les aristocraties européennes par la culture de cour perfectionnée par Louis XIV. Un rituel centré sur les gestes du Roi-Soleil et mécaniquement répété tous les jours oblige les courtisans et les ambassadeurs étrangers à mesurer leur prestige à l'aune d'une distribution des rôles et des rangs commandée par le roi.

La réussite supérieure de Louis XIV est bien d'avoir fait accepter cette compétition par le soin extrême mis à garantir un équilibre global entre les grands lignages dans le temps long. Ce sentiment de répartition équitable des bienfaits dans le sommet de la pyramide nobiliaire est la condition politique qui a permis la régulation des réseaux clientélaires. La cour est aussi le lieu d'apprentissage d'une nouvelle civilité dans laquelle la politesse et le savoir-vivre passent par le contrôle de ses passions et l'apprentissage du propre et du sale dans un nouveau rapport à l'intimité du corps. La nouvelle civilisation des mœurs, née dans les cours italiennes de la Renaissance, trouve à s'épanouir à Versailles avant de se diffuser dans le royaume, par le relais de la notabilité urbaine.

Jansénisme et politique

Le jansénisme se définissant comme un courant spirituel à l'intérieur du catholicisme et une forme spécifique de la Réforme catholique tridentine, sans prétention de rupture ni avec Rome, ni avec le dogme de clergé ordonné, comment comprendre l'opposition radicale permanente manifestée par la monarchie à son sujet ?

Dans le jansénisme théologique du XVIIe siècle, ce n'est pas tant l'insistance sur la doctrine de la gratuité du salut par la foi qui inquiète Mazarin et Louis XIV que l'intuition fondamentale selon laquelle l'approfondissement de la foi relève bien plus de la conscience individuelle que du rôle médiateur de l'Église ordonnée. Dans cette conception élitiste de l'élévation des âmes et dans cette relativisation de la pédagogie cléricale, le roi de droit divin perçoit le risque d'affaiblissement d'une structure fondamentale de contrôle politique et moral de ses sujets. L'insistance sur l'intensité et la rigueur de l'engagement personnel du fidèle dans la méditation des exigences liées à son élection au salut ne plaît guère au souverain qui y flaire, avec raison, une tendance à l'individualisme peu compatible avec le principe de l'absorption des sujets par le corps royal dans la théorie de la souveraineté de l'absolutisme.

Lorsque la critique richériste contre l'excessive centralisation de l'Église de France, ainsi que la récupération du principe gallican de la supériorité des conciles sur la seule autorité du pontife, viennent enrichir le corpus doctrinal janséniste au début du XVIIIe siècle, les tenants de l'absolutisme y trouvent des raisons de suspecter davantage des déviants déjà soupçonnés de républicanisme. La peur d'un transfert du spirituel au temporel impose une politique répressive intransigeante. La prétention du bas clergé à intervenir dans la gestion diocésaine au détriment de l'autorité épiscopale encore renforcée par l'édit royal de 1695 ne peut être perçue que négativement en un temps de centralisation administrative soutenue par l'intendance. Si l'autorité religieuse supérieure ne peut être légitimée qu'avec le retour du pape au sein du concile, que dire du pouvoir royal qui ne pourrait plus agir légalement qu'au sein d'une procédure de concertation ouvrant la voie à la renaissance du rôle politique du parlement ou à la régénération des états généraux ?

Avec ses nombreux témoignages issus d'individus de toutes conditions, *Les Nouvelles ecclésiastiques* ont joué un rôle essentiel dans l'introduction du peuple dans le débat public. En réactualisant une tradition de monarchie tempérée, mais aussi en permettant sa mutation vers une formulation plus moderne grâce à l'affirmation du rôle de l'opinion publique, le courant jansénisant a favorisé l'émergence du thème de la souveraineté nationale. De ce point de vue, la constitution civile du clergé de 1790 est parfois interprétée comme une revanche politique d'un courant religieux laminé dans le premier XVIIIe siècle.

L'image de Louis XV

Louis XV était un homme de belle prestance, excellent cavalier, doté d'une vive intelligence. Éduqué par Monseigneur de Fleury, alors évêque de Fréjus, le jeune dauphin reçut de celui auquel il restera affectivement très attaché une éducation soignée très enracinée dans l'idéologie absolutiste et très respectueuse de l'Église catholique, dans une version gallicane pourtant fort hostile au jansénisme. Très pénétré du sentiment religieux, Louis XV a vécu comme un drame intérieur la discordance entre l'idéal moral catholique et son libertinage personnel, ce qui lui fit renoncer à la fonction thaumaturgique en 1739. Du pacifisme de son maître, le jeune roi retint un idéal de stabilisation territoriale en Europe afin d'entretenir un esprit de détente dans les relations internationales, attitude originale peu comprise de son entourage et de l'opinion en général. Sa grande insuffisance fut le manque d'assiduité à la direction de l'État, doublée d'un déficit cruel de communication avec ses ministres et d'une maladive irrésolution, le tout traduisant sans doute un profond manque de confiance en soi.

Louis XV est pourtant le « Bien Aimé » pendant la première partie de son règne, son manque d'intérêt pour la direction gouvernementale étant compensé par la délégation totale de l'autorité au cardinal Fleury depuis 1726. Le charme du brillant cavalier particulièrement habile à la chasse, du séducteur affichant de nombreuses maîtresses et du prince cultivé féru d'histoire, de géographie et de sciences opère encore. Sa popularité est au plus fort pendant la guerre de succession d'Autriche, lorsqu'il reprend la figure du roi de guerre, surtout après sa maladie à Metz en 1744.

Tout bascule en 1748. L'opinion publique, qui ne comprend pas la diplomatie royale de non-annexion, est mécontente de « faire la guerre pour le roi de Prusse ».

En 1750, le peuple de Paris l'accuse d'être l'instigateur d'enlèvements d'enfants par la police. Son soutien à l'archevêque de Paris dans le refus des sacrements aux jansénistes convaincus choque une large frange des fidèles traditionnels. Ses négociations avec le parlement de Paris lui valent la méfiance de la hiérarchie catholique, sans lui gagner le soutien des « grandes robes ». La dégradation de l'image royale se manifeste ainsi lors de l'attentat de Damiens en 1757. L'interdiction de la Compagnie de Jésus en 1764, sacrifiée au nom d'une incertaine stratégie d'accommodement avec les parlementaires, creuse un fossé avec le milieu dévot, un des plus solides piliers de l'absolutisme monarchique.

La pénétration des thèses du libéralisme économique au sein du gouvernement et leur concrétisation dans les édits sur la liberté du commerce des grains en 1763-1764 cassent l'image classique de « père du peuple » protecteur de la vie de ses sujets. Vers 1768 se forge le thème très critique du « pacte de famine » qui identifie le roi comme le complice ou même le chef de tous les spéculateurs affameurs de la population. Le renvoi de Choiseul et la réforme judiciaire de Maupeou en 1771 poussent au plus haut les attaques virulentes contre le despote entiché de sa « catin la Du Barry ». Lors des funérailles de 1774, la dépouille mortelle du « Mal Aimé » essuie quolibets et insultes tout au long d'un itinéraire qui prend pourtant bien soin d'éviter la capitale pour aller de Versailles à Saint-Denis.

Chronologie

1515 Avènement de François Ier. Bataille de Marignan
1516 Concordat de Bologne
1519 Charles Quint élu empereur
1523 Création du Trésor de l'Épargne
1534 Affaire des Placards
1536 Jean Calvin : *Christianae Religionis Institutio*
1539 Ordonnance de Villers-Cotterêts
1540 Édit de Fontainebleau confiant la répression de l'hérésie aux parlements
1542 Édit de Cognac créant seize généralités
1547 Avènement d'Henri II
1551 Édit de Châteaubriant contre les protestants
1552 Création des présidiaux
1559 Paix du Cateau-Cambrésis. Premier synode national calviniste. Avènement de François II
1560 Avènement de Charles IX. Régence de Catherine de Médicis. États généraux d'Orléans
1561 Contrat de Poissy entre l'Église de France et la couronne
1562 Édit de Saint-Germain : relative liberté du culte réformé
Massacre de Wassy : début des guerres civiles
1563 Clôture du concile de Trente
1572 Massacres de la Saint-Barthélemy
1574 Avènement d'Henri III
1576 États généraux de Blois. Jean Bodin : *Les six livres de la République*
1584 Henri de Navarre devient l'héritier de la couronne. La Ligue
1588 Journée des Barricades à Paris. États généraux de Blois
1589 Siège de Paris ligueur. Assassinat d'Henri III. Avènement d'Henri IV
1593 États généraux de la Ligue à Paris. Abjuration d'Henri IV
1594 Sacre d'Henri IV à Chartres. Entrée du roi à Paris
1598 Édit de Nantes. Traité de Vervins
1610 Assassinat d'Henri IV. Avènement de Louis XIII. Régence de Marie de Médicis
1614 Prises d'armes des Grands. États généraux de Paris jusqu'en 1615
1620 Guerre « de la mère et du fils ». Le parti huguenot choisit la guerre
1624 Richelieu, chef du conseil du roi
1628 Siège de La Rochelle
1629 Édit de Nîmes supprimant les privilèges politiques et militaires des huguenots
1630 Journée des Dupes
1635 Entrée dans la guerre de Trente Ans (1618-1648). Installation des intendants. La « dictature fiscale ». Début des révoltes populaires
1643 Avènement de Louis XIV. Régence d'Anne d'Autriche qui appelle le cardinal Mazarin comme ministre principal. Victoire de Condé à Rocroi

1648	Traité de Munster dans le cadre des traités de Westphalie. La Fronde jusqu'en 1653
1659	Traité des Pyrénées qui clôt la guerre contre l'Espagne
1661	Début du gouvernement personnel de Louis XIV. Chute de Fouquet et de son réseau remplacés par Colbert et sa clientèle
1664	Création des compagnies des Indes occidentales et orientales
1667	Guerre de Dévolution (Traité d'Aix-la-Chapelle, 1668)
1672	Guerre de Hollande (Traité de Nimègue, 1678)
1673	Les parlements sont obligés d'enregistrer avant de remontrer
1675	Dernières grandes révoltes à Bordeaux et en Bretagne
1682	Déclaration des Quatre articles gallicans. Installation à Versailles
1684	Apogée de l'hégémonie française en Europe
1685	Édit de Fontainebleau révoquant l'édit de Nantes. Exil clandestin d'une partie des réformés vers les pays du Refuge
1689	Guerre de la Ligue d'Augsbourg (Traité de Ryswick, 1697)
1693	La plus grave crise démographique des Temps modernes
1695	Création de la capitation
1702	Guerre de Succession d'Espagne (Traité d'Utrecht, 1713). Révolte des Camisards dans les Cévennes
1709	Crise démographique, défaite militaire, sursaut national.
1713	Louis XIV obtient du pape la bulle *Unigenitus* contre les jansénistes
1715	Avènement de Louis XV. Régence de Philippe d'Orléans. Polysynodie
1716	Création de la banque de Law
1720	Effondrement du « Système » de Law. Déclaration royale en faveur de la bulle *Unigenitus*
1726	Le cardinal de Fleury, principal ministre. Stabilisation de la livre
1730	Déclaration royale faisant de la bulle une loi d'État
1733	Guerre de Succession de Pologne (Traité de Vienne, 1738)
1741	Entrée dans la guerre de Succession d'Autriche (Traité d'Aix-la-Chapelle, 1748)
1743	Mort de Fleury. Gouvernement personnel de Louis XV
1748	*L'esprit des Lois* de Montesquieu
1749	Création de l'impôt du vingtième
1753	Grandes remontrances du parlement de Paris. Exil
1754	Rappel du parlement et interdiction de parler de la bulle *Unigenitus*
1756	Guerre de Sept Ans (Traité de Paris, 1763)
1757	Attentat de Damiens contre le roi
1758	Appel de Choiseul comme ministre principal
1761	Lit de justice au parlement pour un troisième vingtième
1762	*Du contrat social ou des principes du droit politique* de Rousseau
1763	Déclaration royale sur la libre circulation des grains. Échec d'un projet de cadastre
1764	Édit royal sur la libre exportation des grains. *Dictionnaire philosophique* de Voltaire. Expulsion des jésuites du royaume
1765	L'affaire de Bretagne : démission du parlement de Rennes
1766	Discours de la « Flagellation »
1771	Réforme Maupeou sur l'administration de la justice
1774	Avènement de Louis XVI. Turgot, contrôleur général. Rétablissement du parlement de Paris
1775	Guerre des farines

1776 Disgrâce de Turgot. Necker, directeur du Trésor royal
1778 Guerre d'Indépendance américaine (Traité de Versailles, 1783)
1781 *Compte rendu au Roi* de Necker, suivi de la démission de ce dernier
1783 Calonne, contrôleur général des Finances
1786 Traité de commerce franco-anglais
1787 Renvoi de Calonne, appel de Loménie de Brienne. Création d'un état-civil pour les protestants
1788 Annonce de la convocation des états généraux pour le 1er mai 1789

Bibliographie

Face à l'immensité de la bibliographie, il a paru plus raisonnable de se limiter au premier cercle d'ouvrages, en englobant tous les aspects étudiés.

Instruments de travail

BÉLY Lucien (dir.), *Dictionnaire de l'Ancien Régime*, Paris, PUF, 2010 (1997).

BOURQUIN Laurent *et alii*, *Dictionnaire historique de la France moderne*, Paris, Belin, 2005.

BLUCHE François (dir.), *Dictionnaire du Grand Siècle*, Paris, Fayard, 1990.

CABOURDIN Guy et VIARD Georges, *Lexique historique de la France d'Ancien Régime*, Paris, A. Colin, rééd. 2012.

DELON Michel (dir.), *Dictionnaire européen des Lumières*, Paris, PUF, 1997.

GRENIER Jean-Yves (dir.), *Dictionnaire de la France moderne*, Paris, Hachette, 2003.

MUCHEMBLED Robert (dir.), *Dictionnaire de l'Ancien Régime*, Paris, A. Colin, 2004.

RAYNAUD Philippe et RIALS Stéphane (dir.), *Dictionnaire de philosophie politique*, Paris, PUF, 1996.

Manuels généraux d'histoire de France

BÉLY Lucien, *La France moderne, 1498-1789*, Paris, PUF, 2013 (1994).

BEAUREPAIRE Pierre-Yves, *La France des Lumières, 1715-1789*, Paris, Belin, 2011.

BIGET Jean-Louis et HAMON Philippe, *Les Renaissances (1453-1559)*, Paris, Belin, 2014.

BURGUIÈRE André et REVEL Jacques (dir.), *Histoire de la France*, Paris, Le Seuil, 1989-1993, t. 1 : *L'espace français*, 1989 ; t. 2 : *L'État et les pouvoirs*, 1989 ; t. 3 : *L'État et les conflits*, 1990 ; t. 4 : *Les formes de la culture*, 1993.

CORNETTE Joël, *Histoire de la France*, t. 1 : *L'affirmation de l'État absolu*, 1515-1652 ; t. 2 : *Absolutisme et Lumières*, 1653-1789, Paris, Hachette, 1993.

DREVILLON Hervé, *Les Rois absolus. 1629-1715*, Paris, Belin, 2015 (2011).

JOUANNA Arlette, *La France du XVIe siècle, 1483-1598*, Paris, PUF, « Ier cycle », 2016 (1996).

LE ROUX Nicolas, *Les guerres de religion (1559-1629)*, Paris, Belin, 2014.

Ouvrages thématiques sur la France moderne

AUBERT Gauthier, *Révoltes et répressions dans la France moderne*, Paris, A. Colin, 2015.

AVEZOU Laurent, *Les institutions de la France moderne, XVIe-XVIIIe siècle*, Paris, A. Colin, « Cursus », 2014.

BARBICHE Bernard, *Les institutions de la monarchie française à l'époque moderne*, Paris, PUF, 2e éd., 2012 (2001).

BAYARD Françoise et GUIGNET Philippe, *L'économie française aux XVIe-XVIIe et XVIIIe siècles*, Paris, Ophrys, 1991.

BEAUREPAIRE Pierre-Yves, *Échec au roi. Irrespect, contestations et révoltes dans la France des Lumières*, Paris, Belin, 2015.

BEAUVALET-BOUTOUYRIE Scarlett, *La population française à l'époque moderne.*

Démographie et comportements, Paris, Belin, « Sup », 2008.

BÉROUJON Anne, *Peuple et pauvres des villes dans la France moderne*, Paris, A. Colin, 2014.

BLANQUIE Christophe, *Les institutions de la France des Bourbons (1589-1789)*, Paris, Belin, 2003.

BOIS Jean-Pierre, *Les guerres en Europe, 1494-1792*, Paris, Belin, « Sup », 2003 (1993).

BOISSON Didier et DAUSSY Hugues, *Les protestants dans la France moderne*, Paris, Belin, 2006.

BONZON Anne, VENARD Marc, *La religion dans la France moderne, XVIe-XVIIIe siècle*, Paris, Hachette, « Carré-Histoire », 2008 (1998).

BOURQUIN Laurent, *La noblesse dans la France moderne*, Paris, Belin, 2002.

CORNETTE Joël, *Le roi de guerre. Essai sur la souveraineté dans le Grand siècle*, Paris, Payot, 2010 (1993).

CORNETTE Joël (dir.), *La monarchie entre Renaissance et Révolution, 1515-1792*, Paris, Le Seuil, « Points », 2006 (2000).

COSANDEY Fanny, DESCIMON Robert, *L'absolutisme en France. Histoire et historiographie*, Paris, Le Seuil, 2002.

COSTE Laurent, *Les bourgeoisies en France du XVIe au XVIIIe siècle*, Paris, A. Colin, 2013.

DEREGNAUCOURT Gilles, POTON Didier, *La vie religieuse en France aux XVIe-XVIIe et XVIIIe siècles*, Paris, Ophrys, 2002 (1994).

DREVILLON Hervé, *Le Roi absolu. Louis XIV et les Français, 1161-1715*, Paris, Belin, 2015.

DURAND, Stéphane, *Les villes en France, XVIe-XVIIIe siècle*, Paris, Hachette, 2006.

FIGEAC Michel (dir.), *L'ancienne France au quotidien. Vie et choses de la vie sous l'Ancien Régime*, Paris, A. Colin, 2007.

FIGEAC Michel, *Les noblesses en France, du XVIe au milieu du XIXe siècle*, Paris, A. Colin, 2013.

FOLLAIN Antoine, *Le village sous l'Ancien Régime*, Paris, Fayard, 2008.

GAINOT Bernard, *L'empire colonial français, de Richelieu à Napoléon*, Paris, A. Colin, 2015.

GODINEAU Dominique, *Les femmes dans la France moderne, XVIe-XVIIIe siècle, Paris,* A. Colin, 2015.

GOUBERT Pierre et ROCHE Daniel, *Les Français et l'Ancien Régime*, Paris, A. Colin, 2 vol., 1984.

GUICHETEAU Samuel, *Les ouvriers en France, 1700-1835*, Paris, A. Colin, 2014.

GUIGNET Philippe, *Les sociétés urbaines dans la France moderne*, Paris, Ellipses, 2006.

HOURS Bernard, *L'Église et la vie religieuse dans la France moderne, XVIe-XVIIIe siècles*, Paris, PUF, 2000.

JOUANNA Arlette, *Le devoir de révolte. La noblesse française et la gestation de l'État moderne*, Paris, Fayard, 1989.

LECLERCQ Yves, *Histoire économique et financière de la France d'Ancien Régime*, Paris, A. Colin, « Cursus », 1998.

LEUWERS Hervé, *La justice dans la France moderne*, Paris, Ellipses, 2010.

LE MAO Caroline, *Les villes portuaires maritimes de la France moderne, XVIe-XVIIIe siècle*, Paris, A. Colin, 2015.

LE PAGE Dominique, *De l'honneur et des épices. Les magistrats de la Chambre des comptes de Bretagne, XVIe-XVIIe siècle*, Rennes, Presses Universitaires de Rennes, 2016.

LE PAGE Dominique et LOISEAU Jérôme, *Pouvoir royal et institutions dans la France moderne*, Paris, A. Colin, 2018.

LE ROUX Nicolas, *Le Roi, la Cour, l'État. De la Renaissance à l'absolutisme*, Seyssel, Champ Vallon, 2013.

LE ROY LADURIE Emmanuel, *Histoire des paysans français. De la peste noire à la Révolution*, Paris, Le Seuil, « Points », 2016.

LIGNEREUX Yann, *Les rois imaginaires. Une histoire visuelle de la monarchie, de Charles VIII à Louis XIV*, Rennes, Presses Universitaires de Rennes, 2016.

LILTI Antoine, *L'héritage des Lumières. Ambivalence de la modernité*, Paris, EHESS-Gallimard-Le Seuil, 2019.

MARAL Alexandre, *Le Roi, la Cour et Versailles. Le coup d'éclat permanent, 1682-1789*, Paris, Perrin, 2013.

MEISS Marjorie, *La culture matérielle de la France, XVIe-XVIIIe siècle*, Paris, A. Colin, 2016.

MILLIOT Vincent et MINARD Philippe, *La France d'Ancien Régime. Pouvoirs et Société*, Paris, A. Colin, 2018.

MINVIELLE Stéphane, *La famille en France à l'époque moderne*, Paris, A. Colin, 2010.

MORICEAU Jean-Marc, *Terres mouvantes. Les campagnes françaises du féodalisme à la mondialisation, 1150-1850 : essai historique*, Paris, Fayard, 2002.

MUCHEMBLED Robert, *Société, cultures et mentalités dans la France moderne*, Paris, A. Colin, 1990.

NICOLAS Jean, *La rébellion française. Mouvements populaires et conscience sociale, 1661-1789*, Paris, Le Seuil, 2002.

NOËL Érick, *Être Noir en France au XVIIIe siècle*, Paris, Tallandier, 2006.

PETRE-GRENOUILLEAU Olivier, *Les négoces maritimes français, XVIIe-XXe siècles*, Paris, Belin « Sup », 2000.

POULOT Dominique, *Les Lumières*, Paris, Belin, 2000.

RICHET Denis, *La France moderne. L'esprit des institutions*, Paris, Flammarion, 1973.

ROCHE Daniel, *La France des Lumières*, Paris, Fayard, 1993.

SABATIER Gérard, *Versailles ou la figure du roi*, Paris, Albin Michel, 1999.

SARMANT Thierry et STOLL Mathieu, *Régner et Gouverner. Louis XIV et ses ministres*, Paris, Perrin, 2010.

SAUPIN Guy, *Les villes en France à l'époque moderne*, Paris, Belin, 2002.

TERRIER Didier, *Histoire économique de la France d'Ancien Régime*, Paris, Hachette, « Carré-Histoire », 1998.

Sources

CADILHON François (éd.), *La France d'Ancien Régime, textes et documents, 1484-1789*, Pessac, Presses universitaires de Bordeaux, 2003.

GREVET René et MINARD Philippe, *La France moderne, 1498-1653*, Paris, Hachette, 1997.

JESSENNE Jean-Pierre et MINARD Philippe, *La France moderne, 1653-1789*, Paris, Hachette, 1999.

SOLNON Jean-François (dir.), *Sources d'histoire de la France moderne, XVIe-XVIIe siècles*, Paris, Larousse, 1994.

Index des noms de personnes

(Les folios en gras renvoient aux Synthèses)

Table des matières

262618 - (I) - OSB 90 - NCO - SPU
Dépôt légal : juillet 2020
Achevé d'impression par Dupli-Print
N° d'impression : 2020060010

www.dupli-print.fr

Imprimé en France